일본인이 본 한민족 문화 **한국인
조센징
조선족**

카세타니 **토모오** 綛谷智雄 **지음**

범우사

차 례

머리말 · 7

제1장 내가 바라본 한국사회
　　　결혼 안 한 사람은 애? · 13 | 검은 돈 · 19 | 피의 신토불이 · 23 | 정의의 카메라가 무섭다 · 28 | 여운이 없는 극장 · 34 | 일본을 없애려고 하는 사람들 · 42 | 한국인의 우월성 · 48 | 똑바로 말해! · 54 | 마이크 내밀지 마세요! · 61 | 카세타니가 아닙니다 · 68 | 정신대와 종군위안부 · 74 | 임진 '倭' 란 · 81 | 남자친구는 있습니까? · 85 | 두 편의 영자 이야기 · 92

제2장 내가 느낀 한국문화
　　　백자와 두부 · 101 | 아마조네스의 활 · 107 | 개밥과 보신탕 · 112 | I'm from Japan이에요 · 118 | 가짜 할머니? · 124 | 곱창구이와 자장면 · 128 | 인사동과 탑골공원 · 135 | 음식문화의 일본화? · 140 | 세계일류의 정치가와 동네일류의 구멍가게 · 145 | 나의 고래사냥 · 150 | 숭례문에 대한 아쉬움 · 156 | 톱스타 이병헌씨와의 공연 · 161 | 홍길동은 HONG Gil-dong이다 · 168 | 월드컵과 위스키 · 173 |

제3장 내가 만난 재일동포
두 명의 '아라이' · 179 | 겨울 여행을 떠난 가을 남자 · 188 | 일본 프로야구계의 거인들 · 197 | 해가 뜨는 고서점 · 203 | '조센징'은 욕이 아니다 · 210 | 재일동포는 우리에게도 동포이다 · 216 | 의무만 있는 사람들 · 221 | 〈호르몬 문화〉를 아시나요? · 226 | 어느 재일동포 친구의 심정 · 235 | 재일동포를 왜곡시킨 《남벌》 · 241 | 누나의 〈봉선화〉 · 249 | 선생님은 정말로 재일동포입니까? · 256 | 유미리씨 왜곡사건 · 263

제4장 내가 본 연변 조선족
악수를 합시다 · 271 | 나의 사랑 구육가(狗肉街)여! · 278 | 두 선배님의 죽음 · 285 | 고량주가 좋아요 · 291 | 두 가지 언어 사이로 · 297 | 네네, 야야, 응응 · 304 | 인민공원으로 갑시다 · 308 | 다시 만난 윤동주 · 313 | 나를 변화시킨 사람들 · 319 | 사과배 향기 · 325 | 타향의 봄 · 330 | 연변 사람들의 고민 · 337 | 나의 은둔 생활 · 343

한국인, 조센징, 조선족

머리말

한국과 중국, 그리고 일본. 이 세 나라는 옛날부터 지금까지 여러 면에 있어서 아주 깊은 관계를 유지해 왔다. 음식이나 언어, 생활 습관 등 한·중·일 간에는 유사점도 많지만 서로 다른 점도 적잖이 존재한다.

그러한 공통점과 유사점을 가진 세 나라에서 태어나서 자란 한민족(韓民族)은 각각 과연 어떤 특징을 지니고 있는가?

같은 씨앗을 뿌려도 그 땅이 다르면 수확될 작물에도 차이가 난다. 그것은 인간사회에도 해당한다는 것이 내 생각이다.

한국에서 태어난 한국인, 중국에서 사는 조선족, 그리고 일본에 있는 재일동포들. 그 세 가지 집단을 민족(民族)이란 개념으로 묶으면 한민족(韓民族)으로 하나가 되지만 그들과 직접 사귀어 온 나에게는 그 민족이란 틀만으로 한국인, 조선족, 재일동포들을 이야기한다는 것은 너무나 무모한 시도로 보인다.

내가 한국에서 생활한 약 9년 동안에 남북관계는 눈에 띄게 진전되었다. 이에 따라 남북간 인적교류가 활발해지면서 서로의 언어차이나 습관차이 등에 대해 거론될 때가 많아졌다. 그 때마다 등장 하는 말이 '민족동질성 회복'이란 말이었다.

이 말은 "한민족(韓民族)은 다 똑같은 특징을 가져야 한다"라는 대전제(大前提)를 바탕으로 한 것 같은데 나는 그 말에 좀 거부감을 느낀다. 왜냐하면 그것은 우리 인간을 마치 붕어빵처럼 똑같은 모습으로 하나의 틀에 맞추려는 것 같이 느껴지기 때문이다.

물론 남북통일은 한민족의 염원이며 비원(悲願)이기 때문에 서로 간의 거리를 좁히려고 노력하는 것이 결코 나쁜 일이 아니다. 하지만 차이가 있다는 것, 즉 다르다는 것을 무조건 '틀리다'고 생각해서 하나의 기준만을 내세우는 것보다 그 차이점을 인정하고 존중하는 것이 현실적으로 보면 오히려 필요한 것 같다.

한일관계, 그리고 한중관계의 진전에 따라 한국인과 재일동포, 조선족 간에 교류도 전에 비해 비약적으로 빈번해졌다. 한국인에게 있어서 재일동포나 조선족과의 교류는 남북통일이란 어려운 숙제를 풀기 위한 하나의 중요한 연습문제가 아닐까 싶다.

일본에서 태어나서 성장한 후 한국과 중국에서 장기체류한 나는 적지 않은 재일동포와 한국인, 그리고 중국조선족과 친분을 맺을 수 있었다. 그들과의 교류를 통해서 내가 실감한 것은 각각 한민족(韓民族) 사회가 다양(多樣)한 매력적인 문화를 가지고 있다는 사실이다.

한국인, 조선족, 재일동포들은 서로 공통점과 차이점을 가지고 있다.

이 책을 읽어 주신 독자께서 그 차이점을 '틀린 점'이 아닌 그냥 '다른 점'으로 인정하시고 차이가 있다는 것의 매력, 즉 다양성의 매력으로 느껴 주신다면 저자로서 더 이상 기쁜 일은 없겠다. 건방진 말을 허락해 주신다면 그것은 내가 남북통일에 미력하나마 간접적으로 기여하게 될 것이라고 생각한다.

이 책이 출간되기까지 많은 분들의 도움을 받았다. 내 거친 원고를 잘 정리해 주신 편집아카데미 박영실 원장님, 출판을 맡아주신 범우사 윤형두 회장님, 그리고 한·중·일 세 나라에서 많은 도움을 주신 여러 선생님과 친구들에게 진심으로 감사를 드린다.

카세타니 토모오
紹谷 智雄

제 1장 내가 바라본 한국사회

결혼 안 한 사람은 애?
검은 돈
피의 신토불이
정의의 카메라가 무섭다
여운이 없는 극장
일본을 없애려고 하는 사람들
한국인의 우월성
똑바로 말해!
마이크 내밀지 마세요!
카세타니가 아닙니다
정신대와 종군위안부
임진 '倭' 란
남자친구는 있습니까?
두 편의 영자 이야기

결혼 안 한 사람은 왜?

 한국에 살면서 내가 가장 많이 받았던 질문은 바로 결혼에 관한 질문이었다. 처음 만난 사람은 "결혼하셨어요?"라고 묻고, 오랜만에 만난 사람은 "언제 결혼해요?"라고 질문한다. 그리고 자주 만나는 사람도 화제가 일단락되면 "그런데 결혼은 왜 안 해요?"라고 물어본다. 아마 결혼에 관한 질문을 듣지 않고 일주일을 지내는 것은 거의 불가능할 것 같다.
 그것은 내가 결코 매력적인 남자여서가 아니라(그 정도는 나도 잘 안다) 마흔 살이나 먹은 내가 독신이라는 것을 그들은 이상하게 생각하고 있기 때문이다.
 한국 사회에서는 결혼은 선택이 아닌 필수다. 요즘은 나이를 먹어도 결혼하지 않는 사람이 많아지고 있기는 하지만 그러한 사람들은 주위로부터 호기심과 연민이 섞인 시선을 받을 때가 적잖다.
 내가 생각하기에는 결혼이란 것은 하나의 사회적 제도이기 때문에 그것을 경시할 순 없지만 너무 얽매이는 것도 그리 좋지 않은 것 같다. 그래서 나는 '결혼해야 비로소 어른이 된다'는 따위의 말을 별로 믿지 않는다.

 몇 년 전에 나는 나보다 서너 살 어린 남자가 "결혼을 안 한 사람은 애예요"라고 진지하게 말하는 것을 들었다. 그 때 나는 웃음을 참으면서 그 사람 얼굴을 바라보았다. 왜냐하면 나는 아내도 아들도 있는 그 사람의 언행을 보면서 '이 도련님이 어른이 되기까지는 아직은 멀었구나'라고 느낄 때가 많았기 때문이다.

 만약 그 사람 말이 맞다면 김수환 추기경이나 테레사 수녀 같은 성직자도 애란 말인가? 어떻게 결혼만 하면 다 어른이라고 말할 수 있겠는가?

 지금 한국의 큰 사회문제가 되어 있는 아동 학대, 아내 구타 등은 과연 누가 하고 있는가? 그것은 사람들의 축복을 받고 결혼해서 당당한 어른이 된 사람들이 저지른 일이지 결혼하지 않은 애가 한 것이 아니다.

 한국 사회에는 '결혼만 하면 어른'이라는 이상한 사회 통념이 강한 것 같다. 그것은 아마 일족의 핏줄을 물려주어야 한다는 의무감이나 시작이 반이라는 인식에서 나온 것 같다. 그래서 한국에서는 생활 능력이 없는 자녀에게도 결혼을 권하고 결혼한 후에도 경제적 지원을 계속하는 부모가 적잖다.

 그것은 한국 사회의 문화이기 때문에 내가 이렇다 저렇다 참견할 생각은 하나도 없다. 하지만 결혼하지 않은 사람을 우습게 여기는 한국 사회의 풍토는 혼자 사는 사람에게 적잖이 사회적 억압을 가하고 있다.

 그래서 나는 별로 친하지 않은 사람에게는 때때로 "저는 일본에 아내와 아들이 있다"고 거짓말을 한다. 친한 사람이 "왜 결혼을 안 해요?"하고 물어보면 "나는 결혼 안 한 게 아니고 못 한 거지. 이런 한물 간 아저씨를 좋아하는 아가씨가 어디 있어?"라고 농담(사실은 농담이 아닌 진담?)으로 대답하지만 친하지 않은 사람에게 "저는 결혼하지 않았습니다"라고 솔직하게 말해봤자 득될 것은 하나도 없기 때문이다.

결혼 생활은 다른 환경에서 자란 다른 인격을 가진 남녀(동성애 커플의 경우는 남남 또는 여녀)가 같이 생활하면서 서로 배려하고 노력하는 과정이라고 생각한다. 그 배려와 노력을 통해서 당사자들이 인간적으로 성숙될 경우가 많은 것은 사실이다. 그것은 주위에 있는 사람을 봐도 알 수 있다.

몇 년 전에 방영되었던 TV드라마 〈모래시계〉에서 강우석 검사(박상원 분)가 하숙집 딸(조민수 분)에게 청혼할 때의 대사는 아주 멋진 말이었다. 그는 "사랑이란 노력하는 것이며, 자기는 준비가 다 되어 있다"고 말했다. 그런 마음을 가지고 결혼할 사람이라면 틀림없이 결혼 생활을 통해서 인간적으로 크게 성장할 수 있을 것이다.

하지만 사람은 꼭 결혼해야 인간적으로 성숙될 수 있는 것도 아니다. 결혼을 해야 어른이 된다는 식의 안이한 생각으로 결혼하다가 상대방을 학대하거나 불량 부모가 되어 가능성이 풍부한 아이들을 망치는 경우도 우리 주변에는 적잖다. 우리 아이기 살리기만을 고집하고 버릇없는 아이들을 만들어버려서 사회적으로 해악을 제공하는 부모도 있다.

그러한 사례들을 보면 결혼을 통해서 인간적으로 성숙될 수 있는 사람도 있고 그렇지 못하는 사람도 있다는 것을 알 수 있다. 즉 '결혼을 안 한 사람은 애'라는 말에는 아무런 설득력이 없다는 것이다.

인간적 성숙도를 결혼이란 제도만으로 측정하려고 하는 것은 참으로 어리석은 짓이다. 위에서 말한 바와 같이 결혼 생활을 통해서 상대방에 대한 이해력이나 인내심을 기를 수 있는 사례도 많지만 가정 안에서의 폭력, 또는 자녀에 대한 무리한 기대나 맹목적인 애정 때문에 온 가족을 불행하게 만드는 사람들도 적잖다. 나는 "결혼을 안 한 사람은 애예요"라고 자신 있게 말한 그 사람의 가정이 그러한 불행에 빠지지 않기를 바랄 뿐이다.

서울 지하철 2호선 이대역에서 아현역으로 가는 도로를 지나갈 때마다 한국 사회에서 결혼이 얼마나 큰 의미를 가지고 있는가를 실감한다. 도로 양편에는 신부가 입을 화려한 웨딩드레스 가게가 줄지어 서 있다. 밤이 되면 유리창 속에서 형광 불빛을 받고 무표정하게 있는 신부 인형의 모습은 정말 장관이다. 만약 내가 한국에서 태어나서 한국 사회의 가치관 속에서 자란 여자였으면 마흔이 다 된 내가 그 유리창 앞을 지나갈 때 마음이 편치 못할 것은 틀림없다.

경복궁이나 창경궁 등 고궁에서 예비 신랑 신부가 기념 촬영하는 모습도 나에게는 아주 신기하다. 장소를 옮기면서 촬영기사가 시키는 대로 여러 포즈를 취하는 그들의 모습은 일본에서는 볼 수 없는 풍경이다. 그것은 한국 사회에서 결혼의 의미가 일본보다 훨씬 크다는 것을 보여주는 증거라고 말할 수 있다.

물론 일본에서도 결혼은 사회적으로 큰 의미를 가지고 있다.

전반적으로 보면 결혼을 하는 사람이 안 하는 사람보다 많고 결혼상담소도 성업중이다. 그러나 결혼을 선택으로 생각하는 사람 숫자는 한국보다 확실히 많을 것이다. 그래서 나처럼 어느 정도 나이를 먹고 혼자 사는 사람에 대해서도 주위 사람들은 한국보다 관대하게 대해 준다. 그리고 몇 년 전에는 결혼을 하지 않은 것, 즉 '비혼(非婚)'을 권하는 책(『非婚のすすめ』(비혼으로의 권유)란 책)도 나왔다. 물론 그런 책이 팔린다는 것은 아직 '결혼은 필수'란 생각이 일본 사회에서도 강한 지배력을 가지고 있다는 것을 거꾸로 말해주는 것이지만.

나는 앞으로 결혼을 할지도 모르고 안 할지도 모른다. 결혼 제도는 나름대로 의의도 있고 장점도 있다고 인정하지만 억지로 할 필요도 없다고 생각한다. 거듭 말하지만 결혼은 필수가 아니라 선택이다. 결혼을 해도 안 해도 본인이 행복하다고 생각하면 좋은 것이 아닌가? 나는 20년 가까이 혼자 살아도 늘 행복했다.

나는 '비혼'이란 말이 아주 마음에 든다. 미혼이나 기혼이란 분류는 결혼을 필수라고 인식하는 발상에서 온 것이다. 미(未)란 말은 아직이란 뜻을 가지고 있기 때문이다. 그러나 비혼이란 말은 결혼을 필수라고 생각하는 것도 아니고, 거부하는 것도 아니다. 그냥 결혼한 상태가 아니라는 사실을 설명할 뿐이다.

몇 년 전에 내 친구인 재일동포 Y씨가 한 TV프로에 나왔다. 사회자가 "Y씨는 미혼입니까? 기혼입니까?"라고 묻자(이런 질문을 하는 것도 아주 한국적이다) 여성학을 전공한 그녀는 이렇게 대답했다.

"저는 미혼도 기혼도 아닌 비혼입니다."
멋진 Y씨여! 그래, 나도 비혼이다.

검은 돈

 한국에서 장기 체류하는 일본인들에게 3·1절은 마음이 무거워지는 날이다. 그 날은 과거 이 땅을 빼앗은 우리 조상들이 독립을 외치는 수많은 민중들을 탄압한 날, 말하자면 강도가 집주인을 다시 한 번 때렸다는, 우리 일본인들에게는 몹시 부끄러운 날이기 때문이다.
 나는 3·1절에는 친구들과 만나는 것도 되도록 피하고, 밖에서 술을 마시지도 않고 집에서 조용히 지내기를 원한다. TV방송사가 마련한 특집 프로를 보면서 그 날의 의미를 생각하면서 집에서 지내는 것이 나의 3·1절 행사이다.
 한국에 온 지 7년째였던 1997년 3월 1일, 나는 예년처럼 집에서 조용히 보내려고 했다. 꼭 만나야 하는 사람이 있어서 잠시 나가서 커피숍에서 이야기했지만 그 일이 끝나자마자 집에 돌아가 TV를 보고 있었다.
 방송사마다 여러 특집 프로가 있었는데 그 중 나를 경악시킨 프로가 있었다. 그것은 전 종군위안부 피해자들의 실태를 직접 증언과 재현 방식으로 방영하고 피해자들을 위한 생활지원 모금을 시청자에게 호소하는 내용의 특집 프로였다.

나는 일본의 한 시민단체 사람들과 친분이 있어서 위안부로 끌려갔던 할머니 몇 명과 안면이 있었다. 그래서 그 프로에 나오는 피해자들 중에도 낯익은 얼굴들이 있었다. 그런데 내가 놀랐던 것은 그 프로에서, 그 일본 시민단체 대표 U씨가 검은 돈의 전달자로 완전히 적(敵)으로 취급되었다는 점이다.

그 '검은 돈'이란 무엇인가? 그것은 일본의 '여성을 위한 아시아평화국민기금(여성기금)'이다. 그러면 그 돈은 정말로 검은 돈인가?

여성기금은 위안부 문제에 대한 국가보상을 요구하는 피해자와 지원자측의 주장에 대응해서 발족되었다. 1990년대에 들어와 주목받기 시작한 위안부 문제에 대해 일본 정부는 당초 국가 관여를 부정했다가 피해자들의 용기 있는 고백과 지원자들의 끈질긴 추구로 결국 국가 관여를 인정했다. 그리고 1993년에는 일본 정부로서 정식으로 한국에서 현지 조사(피해자 여성들에 대한 인터뷰)를 실시한 후 사죄 성명을 발표했다.

그러나 일본 정부는 사죄는 했지만 1965년의 한일협정으로 전후처리는 다 끝났다는 입장을 고수해 왔기 때문에 피해자와 지원자들이 요구하는 국가보상 대신 무언가 다른 방법을 강구할 필요가 있었다. 거기서 탄생한 것이 바로 여성기금이다. 그 기금의 재원은 민간으로부터 모금한다는 것이 원칙이었지만 실제로는 일본 정부가 지원한 돈도 포함된다.

나는 위안부 문제에 대해서는 일본 정부가 국가보상을 하는 것이 도리라고 생각한다. 그러나 보상문제에 대한 일본 정부의 소극적 태도나 개인보상을 위한 법률 제정까지 걸리는 시간 등을 생각하면 여성기금은 차선책이라고 생각한다.

그리고 여기에서 아주 중요한 것은 그 여성기금을 받았다고 해서 일본 정부에 국가보상을 요구할 수 없게 될 이유는 없다는 것이다. 정부가 일부 지원해도 여성기금의 기본적 취지는 일본 국민이 스스로 혹은 윗세대의 만행을 사죄하는 마음으로 모금한 것이기 때문이다. 그러므로 여성기금은 위안부 문제 해결의 한 단계이지 끝이 아니다.

그러한 상황에 대해 한국에서는 거의, 아니 전혀 보도되지 않는 것이 나는 이해되지 않는다. 왜 '할머니들을 두 번 욕되게 하는 짓' 등 감정적 보도만 계속되는가? 심지어 검은 돈이란 모욕까지!

그 특집 프로에서 유명한 모 방송인이 U씨의 말 일부분만을 인용해서 멋대로 왜곡시킨 것도 참기 어려운 것이었다. 그것은 "나는 일본인이기 때문에 일본을 위해 일한다"란 말이다. 그 방송인은 U씨가 마치 '일본인이기 때문에 일본 정부를 위해' 일하는 것처럼 그를 완전히 매도해버렸다.

세상에! 정말 몰라서 하는 소린가? 아니면 무언가 저의가 있어서인가? 일본에 대해 잘 안다는 그 사람이…….

U씨가 자주 쓰는 그 말은 '나는 일본인이기 때문에 일본이 더 나은 사회가 되도록 일한다'는 뜻이다. 그 시민단체를 U씨가 결성한 것도 "언제까지 우리 나라는 전후처리 문제를 소홀히 한 채 '부끄러운 유산'을 후세에게 넘길 것인가. 그 부끄러운 유산은 우리 세대에서 청산해야 한다"는 사명감에 의한 것이다.

U씨가 자기 본업보다 시민운동에 더 많은 힘을 기울여서 경제적으로 어려워지고 일본에서도 오해를 받으면서도 시민활동을 계속해온 것은 애국심 때문인데……. 나는 TV화면에 무언가 던지고 싶은 충동을 간신히 참았다. TV가 무슨 죄가 있으랴 싶었고 또 내 형편에서는 TV를 다시 살 수도 없어서…….

대신 나는 그 프로를 만든 깨끗한 분들께 마음속에서 물어보았다.

"제가 넉넉지 못한 형편에서 여성기금에 낸 돈도 검은 돈입니까? 선생님들께서 호소하시는 모금만이 '깨끗한 돈'인가요?"

피의 신토불이

　내가 한국에 온 지 10년 가까이 되었지만, 한국 사회를 지배하는 강한 순혈주의에 놀랄 때가 많다. 2,3년 전에 한 TV프로에서 헌혈을 권장하는 촌극을 보았을 때도 그랬었다. 그 촌극 마지막 부분에서 출연자는 혈액 수입을 억제하자는 주장을 했다.
　외화유출을 되도록 막기 위해 혈액 수입을 억제하자는 주장은 상당히 설득력이 있다. 의약품 제조 등에 필요한 혈청 수요에 대응하기 위해 많은 혈액을 외국으로부터 수입하고 있는 한국의 현황을 생각하면 그것은 지극히 당연한 주장이라고 볼 수 있다. 그리고 외국으로부터 혈액을 수입하려면 검사나 관리 등 그것에 필요한 비용이나 시간도 만만찮다. 일본에서 발생한 의약품을 통한 에이즈감염 사건은 수입된 혈액에 대한 소홀한 관리와 당국의 무책임한 대응에서 나온 비극이었다.
　그러한 사례도 있기 때문에 나도 혈액 수입은 되도록 억제하는 게 좋다고 생각한다.
　그런데 문제는 그 촌극이 끝난 후 다른 출연자 입에서 나온 말에 있었다. 그것은 '우리 몸에 외국피라니……' 란 말이었다.

그것은 마치 한국인의 순수한 피에 순수하지 못한 외국인의 피가 섞이면 안 된다고 말하고 싶은 것 같은 느낌을 주었다.

말하자면 우리 몸엔 우리 농산물이 아닌 우리 몸엔 우리 피란 피의 신토불이라고나 할까…….

그러한 신토불이 정신은 한국 사회에서 흔히 접할 수 있는 것이다. 외환위기가 심각해졌을 때 학교에서 벌어졌던 '외제 학용품 안 쓰기 운동' 등의 모습은 TV나 신문에서 많이 보도되었다. 내가 본 한 잡지에는 여중생들이 운동장에서 외국제품을 상징하는 허수아비를 화형시키는 장면이 나와 있었다. 또 한 신문에는 모아진 외제 학용품을 화풀이하듯 신나게 짓밟고 있는 남학생들의 모습이 실려 있었다. 그리고 회사 이름이 영어로 되어 있는 '순 한국' 문구회사가 외국회사란 오해를 받아서 매상에 차질이 생겼다는 뉴스도 본 적이 있다.

나는 그런 기사나 사진을 볼 때마다 뭐라고 말할 수 없는 허탈감을 느낀다. 화형식이나 외제품 짓밟기를 하는(시키는) 사람들이나 보도하는 사람들은 자신들의 행동(기사)이 외국인들에게 어떻게 비치고 있는지 전혀 상상하지 못하고 있다. 단적으로 말하면 그 기사를 본 외국인의 거의 전부가 '외국제품을 배척하면서 자기 나라 물건만을 보호하려고 하는 이기적인 한국인'이란 부정적인 인상만을 받았을 것이다.

"여기는 한국인데 왜 외국인 눈치를 볼 필요가 있나? 너나 잘해!"라고 말씀하실 분도 계시겠지만 '배타적이고 이기적인 한국인'이란 그릇된 이미지를 외국인들에게 심어주는 것은 한국과 한국인들에게 손해만 가져올 것은 불을 보듯 뻔하다. 그리고 내 개인적인 소감인데 학생들에게 짓밟힌 외제 학용품은 버리기에 너무 아깝다는 것이다. 어차피 수입대금 지불이 벌써 다 끝나버린 물건들인데 단지 외제란 이유만으로 충분히 쓸 수 있는 것들을 짓밟고 그냥 버리는 것은 어리석은 낭비가 아닐까? 물론 지금 쓰고 있는 앞의 제품을 다 버리고 대신 한국 제품을 구입한다면 한국 회사에게는 어느 정도 도움이 되겠지만 멀쩡한 물건을 마구 짓밟고 버리는 행위는 아이들에게 반드시 나쁜 영향을 미칠 것이다.

내가 20년이 넘게 쓰고 있는 샤프 펜슬은 일본의 한 유명한 회사 제품이다. 나는 그 물건을 구입했을 때 그 제조회사가 일본 최대의 군수 관련산업 회사와 같은 계열에 있다는 사실을 몰랐었다. 그 사실을 안 후 나는 그 샤프 펜슬을 버릴까 생각했지만 아까운 마음에 지금까지 쓰고 있다.

그것은 이미 대금을 치른 것이기 때문에 그 회사가 마음에 들지 않는다고 샤프 펜슬을 버려봤자 아무 소용이 없기 때문이다. 그것은 다만 슬픈 화풀이에 불과하다. 그럴 바에야 오히려 그 제품을 '노예' 삼아 혹사시키는 것이 더 좋은 화풀이가 아닐까 싶다.

혈액의 경우 일단 수혈된 피는 인체로부터 뽑을 수 없기 때문에 학용품처럼 화형식이나 짓밟기 같은 수단을 동원할 수 없다. 그래서 그 프로 제작자들은 예방처치, 즉 외국인의 피가 한국인에 몸에 들어오지 않도록 한국인에게 헌혈을 호소하고 있는 것이다. 한국인의 순수한 혈통을 지키기 위해!

하지만 그것은 이미 늦었다. 왜냐하면 한국인의 순수한 피에 외국인인 나의 순수하지 못한 피도 벌써 어느 정도 섞여버렸기 때문이다.

　나는 신세를 지고 있는 한국 사회에 조금이라도 보답도 하고 건강 진단도 받을 겸, 지금까지 열 번 정도 헌혈을 했다. 그 혈액들은 아마 수술을 받거나 사고를 당해서 치료를 받아야 했던 한국인들의 몸 속으로 들어갔을 것이다.

　나는 일본에서도 헌혈을 스무 번 이상 해왔다. 그리고 중국 연변에서도 네 번 했다. 헌혈은 자기가 다른 사람에게 작지만 확실히 도움이 될 수 있다는 것을 느낄 수 있는 좋은 기회다. 그 뿐만 아니라 혈액검사를 통해서 간 기능 등 건강 검진도 받을 수 있어서 일석이조이다(요즘은 헌혈차나 헌혈센터에서 과자나 음료수까지 제공해 주니까 일석삼조라고 할 수 있다). 그리고 나 같은 성질 급한 사람은 가끔 적당히 피를 뽑는 것이 좋을지도 모른다.

　몇 년 전에 나는 신문에서 이런 기사를 읽었다. 난생 처음으로 헌혈을 해 본 고등학생이 집에서 부모님에게 그 이야기를 자랑스럽게 하다가 야단을 맞았다고 한다. 그 학생은 "몸이 상하게 되면 어떻게 하나? 쓸데없는 짓 하지 말고 공부나 해!"란 말을 들었다고 한다. 나는 못난 부모 밑에서 자라는 그 아이의 장래가 여간 걱정스럽지 않았다. 그런 부모는 자녀를 낳고 기를 자격도 없고 어른으로 대접받을 자격도 없다.

　그 부모가 헌혈의 안전성을 이해 못한 것에 대해 비판할 수는 없다. 그렇지만 잘 알지도 못하면서 무조건 화를 내고 자기 아이만이 잘하기를 바라는(실제로는 망치게 하는) 그 태도가 참으로 딱할 뿐이다.

 만약 그 학생이 "오늘 학교에서 외제품 화형식을 했어요. 그리고 일제 학용품을 마구 짓밟았어요"라고 말했다면 어떻게 대답을 했을까? 내 생각으로는 절대로 야단을 치지 않고 "그래? 그것 참 잘했어"라고 대견스럽게 받아들였을 것 같다.

 요즘 아이들이 어른을 우습게 본다고 야단이다. 물론 버릇없는 아이들도 문제가 있지만 어른이 나잇값을 하지 못하고 권위만 내세우려고 하니까 아이들이 우습게 보는 것이 아닌가?

 신토불이도 좋지만 좀더 주위를 잘 살피고 자기의 행동에 대해 잘 생각한 후 큰 소리로 외쳐도 늦지는 않을 것이다.

 앞으로도 나는 한국에서 헌혈을 계속할 작정이다. 그러므로 한국인의 순수한 피를 지키려고 하시는 분들에게는 대단히 미안하지만 그 분들이 원하는 피의 신토불이의 실현 가능성은 매우 희박하다.

정의의 카메라가 무섭다

나는 여권이 네 개나 있다. 첫번째는 1985년에 내가 처음 한국으로 오기 위해 만든 것이고, 두 번째는 1990년에 한국으로의 유학을 결심한 후 만든 것이다. 그리고 세 번째는 한국으로 온 지 5년 지난 1995년에 주한일본 대사관에서 받은 것이고, 지금 쓰고 있는 것은 중국 심양 일본 영사관에서 2000년에 발급된 것이다.

일본 여권의 유효기간은 지금은 최고 10년이지만 예전에는 5년이었다. 따라서 내가 지금 보고 있는 네 개의 여권에 붙은 사진들을 통해 5년 단위로 내 얼굴의 변화를 볼 수 있어서 아주 흥미롭다.

대학 졸업을 눈앞에 두고 찍은 첫번째 사진은 아직 세상을 잘 모르는 젊은 순진함과 치기, 그리고 사회에 대한 기대감과 약간의 불안감이 보인다. 또 회사를 퇴직하고 한국 유학을 결심한 약 10년 전에 찍은 사진에는 세상 살아가는 법을 어느 정도 안 좀 뻔뻔스러운 기운을 읽을 수 있다. 그리고 재미있는 것은 나머지 2장, 즉 1995년과 2000년 사진에 나온 내 얼굴은 1990년에 찍은 것보다 더 젊어 보인다는 것이다.

그것은 아마 일본에서의 직장생활과 달리 한국과 중국에서 나보다 훨씬 나이 어린 학생들과 많이 어울렸기 때문에 그들의 젊은 생기를 받은 까닭이 아닐까 싶다. 그렇다면 내가 그들의 젊은 기를 **빼앗은** 셈인데…… 학생들이여, 미안해…….

사진도 여러 가지가 있지만 여권 등에 붙어 있는 증명사진은 피사체가 카메라를 의식한 상태에서 찍은 것이기 때문에 그 사람의 본성이 나타나는 경우가 드물다. 역시 사람의 됨됨이가 나타나는 것은 자신도 모르는 사이에 찍힌 사진들이 아닐까?

한국으로 온 일본인들을 안내하고 경복궁이나 창경궁에 갔을 때 결혼기념 사진을 찍는 예비부부의 모습을 곳곳에서 볼 수 있다. 그들의 행복한 모습은 참으로 보기 좋고 진심으로 축복을 드리고 싶다. 하지만 좀 아쉬운 것은 그 많은 예비부부가 모두 사진작가가 지시하는 대로 움직이고 포즈를 잡는 인형처럼 보인다는 점이다. 모처럼 좋은 기회인데 두 사람이 좀더 자연스럽게 대화하거나 웃거나 걸어가는 모습들도 찍으면 좋을 텐데. 예비부부가 카메라를 의식하지 않고 다정하게 지내는 모습을 몰래 촬영하고 나중에 그 분들에게 드린다면 얼마나 좋은 선물이 될까.

한국의 정원은 자연을 잘 살려서 보는 사람의 마음을 편하게 만드는 특징이 있다. 정밀하게 다듬어진 일본 정원도 물론 매력적이지만 그 꼼꼼함은 때로는 틀에 박힌 답답한 느낌을 준다. 한편 한국 정원들은 어딘가 틈이 많아 보여서 한결 여유로워 보인다. 그것이 한국 정원의 큰 매력이다. 그러한 자연스러운 정원에서 예비부부들도 자연스러운 모습으로 찍히면 더욱 좋을 텐데……

그러나 '자연스러운' 사진은 때로는 아주 무섭다. 얼마 전에 친구 결혼식에 가서 재미있게 놀았는데 나중에 그때의 사진을 받은 나는 놀라고 말았다. 거기에는 주정뱅이 아저씨가 고성방가하는 모습이 적나라하게 찍혀 있었기 때문이다.

아니, 이럴 수가……

그때 분명히 아주 세련된 청년이 점잖게 앉아 친구들과 청담(淸談)을 나누고 있었을 텐데 웬 주정뱅이 아저씨?

하지만 그것이 현실이며 진실이다. 사진이란 정말로 재미있고 또 무서운 것이다.

사진의 힘은 신문이나 잡지를 봐도 실감할 수 있다. 특히 재해 보도에 있어서 몇백 자의 기사보다 한 장의 사진이 그 피해의 심각성을 극명하게 전달해 주는 사례를 우리는 흔히 볼 수 있다.

그러나 사진의 호소력은 잘못하면 사람을 해치고 만다. 협박 도구로 사진을 사용하는 것이 대표적 예이지만, 유명인사를 표적으로 삼아 몰래 결정적 순간을 찍으려고 하는 것도 사람을 해치는 것이다. 그것은 일종의 카메라의 폭력이다.

영국 왕세자비를 죽음으로 몰아간 것도 다름 아닌 카메라의 폭력이 아닐까 싶다.

하지만 악의 없이 아니 오히려 양심적인 보도 의도로 찍은 사진이 피사체를 해치는 경우도 있다. 하나 예를 들어보자.

현재 노인문제는 해가 갈수록 심각해지고 있다. 몇 년 전부터 탑골공원이나 효창공원은 갈 곳이 없는 노인들의 휴식터가 되었다. 신문이나 잡지 기사는 거기에 모이는 노인들의 사진을 게재하고 노인복지의 개선을 호소하고 있다.

그런데 문제는 그 사진이다. 얼마 전에도 노인문제를 거론하는 모 신문 특집기사에 탑골공원에서 술에 취해 잠든 한 할아버지의 사진이 크게 나왔다.

나는 그 사진을 보자마자 "내가 이 할아버지였다면 사진을 찍은 사람을 가만히 두지 않았을 거야"라고 중얼거렸다. 김건모씨의 노랫말이 아니지만 '입장 바꿔 생각을 해봐'라고 말하고 싶다.

자기가 모르는 사이에 찍힌 모습, 그것도 취해서 잠든 모습이 전국에 알려지다니……. 그것은 앞에서 소개한 고성방가하는 부끄러운 내 모습이 전국으로 알려지는 것과 무슨 차이가 있는가? 그것은 결혼 기념사진을 찍는 사진작가가 예비부부의 다정한 모습을 몰래 찍는 것과는 전혀 다르다.

아마 할아버지 사진을 찍은 사진작가는 그 할아버지의 초상권에 대해 상상도 못 했을 것이다. 그리고 그 할아버지의 초라한 모습을 담은 사진을 할아버지 가족들이 볼지도 모른다는 생각도 전혀 못 했을 것이다.

사회에서 냉대받는 노인들의 실상을 널리 알리고 문제 제기를 하겠다는 의도는 물론 나쁜 것이 아니다. 그러나 그 정의의 카메라가 당사자를 해칠지도 모른다고 왜 생각할 수 없었을까? 할아버지의 가족이나 친척이 그 사진을 보고 할아버지를 괴롭히지 않는다고 누가 단언할 수 있을까?

내가 한국에서 만난 기자 중에는 좋은 분이 많았지만 일부에선 '아, 이 사람은 상상력과 자질이 모자라구나'라는 인상을 주는 기자들도 있었다. 뉴스 프로그램에 나오는 기자 중에도 그런 실망감을 주는 기자가 몇 명 있다. 예를 들어 상대방이 열심히 이야기하는데도 맞장구 하나 치지 않고 그냥 상대방 얼굴만 쳐다보고 있는 사람. 아주 기본적인 사항마저 사전조사를 하지 않고 일일이 물어보려는 사람 등…….

나는 사회학을 연구하기 때문에 면접 조사를 할 때가 많다. 그것은 기자의 취재와 다를 바가 없다. 그래서 내가 가끔 보는 일부 '모자란' 기자들의 모습은 나에겐 아주 좋은 '선생'이 된다.

탑골공원이나 서울역 대합실에 수많은 노인들이 모이고 멍하게 앉아 있거나 술에 취해 자고 있는 것은 엄연한 현실이다. 그 현실을 널리 알리는 것은 아주 의의 있는 일이다. 그러나 그들의 모습을 양해 없이 그대로 노출시키는 것은 분명히 초상권 침해이다.

취재 상대에게 사진 게재 여부에 대해 일일이 양해를 구하는 것이 가장 바람직하지만 그것이 어려울 경우에도 얼굴을 가려서 게재하는 등 다른 방법을 택할 수 있지 않을까?

그것과 관련해서 TV프로에서 취재원을 보호하기 위해 목소리를 변조하거나 모자이크 처리 장면을 흔히 볼 수 있다. 그러나 모자이크가 너무 흐려서 조마조마할 때가 가끔 있다. 그럴 때 나는 '왜 그렇게 처리하는가? 더 철저하게 진하게 해야지' 하는 답답한 기분이 되어서 그 프로를 계속 보기가 싫어진다.

나도 조심하지 않으면 안 된다. 언제 어디서 정의의 카메라에 찍힐지 모르기 때문이다. 어느 날 신문에 '포장마차가 연구실?', '쪽발이가 족발을 잘도 먹네'란 제목과 함께 술에 취해 헤매거나 서울 장충동에서 족발을 먹고 있는 내 모습을 생생하게 찍은 사진이 게재될 가능성도 없지 않다. 그런 악몽 같은 사태가 발생하지 않도록 나는 술을 자제하기로 결심했다.

정의의 카메라만큼 무서운 것은 없다.

가만 있자, 그 결혼식 때 사진도 태워버려야지.

여운이 없는 극장

    영화를 보러 극장에 온 사람들은 각자 여러 생각을 가지고 어둠 속에 앉는다. 순수하게 그 영화를 보고 싶어서 온 사람들은 광고가 빨리 끝나고 영화가 시작했으면 좋겠다고 생각한다. '다들 봤으니까 나도……' 란 이유로 온 사람들은 휴대폰으로 "난 지금 그 영화 본다"라고 친구에게 메일을 보낸다. 그런가 하면 영화보다 옆자리 애인에게 신경을 더 쓰는 사람들도 있다.
    그런 사람들에 끼어서 나도 가끔 극장 의자에 앉는다. 내가 좋아하는 자리는 극장 맨 뒷좌석이다. 그 자리는 다른 관객들의 반응을 쉽게 알 수 있어서 영화를 보면서 '한국 사회 관찰'도 할 수 있기 때문이다.
    여러 극장에서 많은 영화를 보면서 느낀 것은 영화가 끝나자마자 불을 켜버리는 극장들이 압도적으로 많다는 것이다. 그것이 내가 한국에서 영화를 볼 때 가장 아쉽고 기분이 안 좋은 일이다.
    내가 생각하는 영화 한 편은 제작회사 표시가 나오는 부분부터 시작해서 이야기가 끝나고 출연자나 제작자들의 이름이 나오고 사용된 음악 곡명이나 협찬단체 등 이름들도 다 나와야 끝나는 것이다.

그러나 한국 극장에선 영화가 다 끝나기 전에 '이야기만 끝나면 됐지, 빨리 일어나서 나가라'는 듯 성급히 불을 켜버린다. 계란이 먼저인지 닭이 먼저인지 모르겠지만 대부분 관객들도 이야기가 끝나자마자 자리에서 일어난다.

나는 그런 풍경을 맨 뒷자리에서 보면서 항상 이렇게 생각한다. '이 극장 책임자도, 관객들도 영화를 좋아하지 않는구나. 극장은 영화를 돈벌이 도구 따위로 여기고 관객들은 그냥 심심풀이 정도밖에 보지 않는군' 하는 생각으로 우울해진다. 그리고 '역시 이번에도 영화의 여운을 맛볼 수 없었네. 한국 극장에서 여운을 원하는 것은 사치인가' 라는 씁쓸한 기분이 든다.

우리는 맛있는 음식을 먹었을 때 그 맛의 여운을 즐긴다. 혓바닥에 남은 맛과 감촉의 여운을 즐긴다. 또 좋은 음악을 들었을 때 잠시 누구와도 이야기를 하고 싶지 않고 혼자만 그 여운을 즐기고 싶을 때도 있다.

그것과 마찬가지로 나는 좋은 영화를 봤을 때 어둠 속에서 여운을 즐기고 싶다. 이야기가 끝나고 출연자나 제작자들의 이름이 자막으로 나오는 시간은 나에게는 소중한 '여운 시간'이다. 그런데도 한국 극장과 관객들은 그러한 미미한 즐거움마저 나에게 허용하지 않는다.

얼마 전에 종로에서 〈이웃집 토토로〉란 일본 애니메이션 영화를 봤다. 약 10년 전에 만든 영화지만 잘 만든 영화란 평을 많이 들었다. 나는 일본에서 그 작품을 볼 기회를 놓쳤기 때문에 꼭 보고 싶어서 큰 기대를 하고 극장 의자에 앉았다.

영화는 아주 감동적이었다. 그런데 문제는 여운 시간이었다. 끝나고 불이 켜진 후 화면에는 성우나 제작자들의 이름이 나오기 시작했다. 나는 그 좋은 영화를 만든 사람들에게 감사하면서 화면을 바라보고 있었다. 그런데 나보다 세 줄 앞에 앉아 있었던 사람들이 자리에서 일어난 채 출구로 가지 않고 그냥 서서 화면을 보는 것이 아닌가! 나는 그들이 빨리 나가기를 바랐는데 그들은 계속 서서 화면을 볼 생각인 것 같았다. 할 수 없이 나는 큰 소리로 그 사람들에게 자리에 앉아달라고 부탁해야 했다.

내 소중한 여운 시간은 이번에도 그렇게 빼앗기고 말았다. 어휴~, 내게 무슨 죄가 있다고…….

여운 시간은 대개 3분 정도, 길어봤자 5분을 넘을까 말까인데 무엇이 그리 바빠서 빨리 나가라고 재촉하는가? 그리고 관객에게도 문제가 많다. 그들에게 여운을 즐기라고 강요할 생각은 하나도 없지만 영화를 만든 사람들에게 최소한의 예의는 지켜야 하는 게 아닌가?

〈아름다운 청년 전태일〉이란 영화를 봤을 때 느낀 허탈감은 며칠 동안 나를 우울하게 만들었다. 그 영화는 일반인들 몇백 명의 후원으로 만들어진 영화였고 그 중에는 일본인도 있었다.

영화가 끝나고 여운 시간이 되었다. 출연자, 제작자들의 이름에 이어서 후원자 몇백 명의 이름이 나오기 시작했다. 그것은 그야말로 장관이었다. 그러나 대부분 관객들은 그 자막에 별 관심을 표시하지 않은 채 출구로 향하고 있었다. 나는 그 장면을 보면서 느낀 허전함을 아직 잊지 못한다.

신촌에 있는 한 극장에서 〈레옹〉을 봤을 때도 심했다. 이 영화의 마지막 부분에서 죽은 레옹의 동지이자 친구였던 소녀가 레옹이 남긴 화분에서 관상식물을 뽑아서 땅에 심어준다. 그때 가수 스팅의 노래가 흘러나오고…….

그런데 그 극장은 소녀가 관상식물을 땅에 심어주자마자 필름을 끊어버렸다. 나는 그 만행에 기가 막혀서 어안이 벙벙했다. 하지만 다른 관객들은 아무 일도 없었던 것처럼 그냥 일어나서 출구로 향했다.

나는 도저히 납득할 수 없어서 현장 책임자처럼 보이는 사람에게 말했다.

"영화 마지막 부분은 아주 감동적이었는데 저렇게 잘라버리면 안 되죠. 마지막 부분까지 다 상영해 줬으면 좋겠어요."

내 말을 들은 그 사람은 "네, 알겠습니다"라고 대답은 했지만 그 표정은 '아무것도 아닌 것 가지고 이 사람은 무얼 그렇게 따지고 있나?'라고 말하고 있었다.

한국 극장에서는 술도 팔지 않는데 왜 그렇게 필름이 끊기는가? 나는 술을 좋아해서 과음을 할 때가 많다. 그때 가끔 '필름이 끊길' 때가 있다.

일본 양주회사에서 근무한 경험이 있는 나는 일반사람들보다 술에 대한 지식도 많고 주도(酒道)에 대해서도 이해하고 있다고 자부한다. 하지만 나는 아직 주도(酒徒)로서는 병아리에 불과하다. 많은 술을 마셔도 큰 소리도 내지 않고, 시비도 걸지 않고, 토하지도, 자지도 않아서 술버릇은 좋은 편이지만 한 가지 단점이 있다. 그것은 일단 마시기 시작하면 적당한 선에서 끝내기가 어렵다는 점이다. 그래서 가끔 끝장을 봐야 직성이 풀린다는 식으로 과음을 해버린다는 말이다.

아침에 눈을 떠 보면 주위에 윗도리와 바지, 양말 등이 어수선하게 보인다. 가방은 있는가? 있다. 좋아, 다친 데는 없나? 없다. 좋아. 그리고 지갑을 점검한다.

세종대왕은 계신가? 안 계신다. 율곡 선생은? 안 계신다. 혼자 남은 퇴계 선생만이 '이 어리석은 놈아……'라고도 말하는 듯 차가운 표정으로 나를 보고 계신다.

그러한 경험을 할 때마다 다시는 과음하지 않겠다고 맹세하지만 몇 개월에 한번 내 머리 필름은 끊기고 만다. '필름이 끊기는' 것은 아주 무서운 일이다. 정신이 나간 상태로 밤길을 가면 교통사고를 당할 위험성이 높고 아리랑치기 등 범죄의 표적이 될 수도 있다. 그리고 그 공백의 시간에 남에게 폐를 끼쳤을지도 모르는데 기억이 없다는 것은 주도로서 참으로 창피스러운 일이다. 술의 즐거움에 대한 욕심을 좀 자제하고 멋진 주도가 되는 것이 내 과제이다.

끊긴 필름이라고 하면 나에게 잊지 못할 영화가 하나 있다. 〈시네마천국〉이란 영화를 기억하시는 분들이 많을 것이다. 그 영화가 많은 관객들을 감동시킨 것은 주인공인 소년과 영화기사와의 우정이 아름다웠던 때문이기도 하지만 영화에 대한 영화기사의 애정이 우리 마음에 와 닿았기 때문이다. 그 기사가 주인공에게 남긴 유품은 극장주의 명령으로 잘라야 했던 키스 장면을 편집한 필름이었다.

그 기사가 어떤 마음으로 필름을 잘랐는가, 어떤 마음으로 그 필름을 편집하고 주인공에게 남겼는가를 생각하면 지금도 내 가슴은 찡한다.

그래, 머릿속의 필름도, 영화 필름도 끊기면 안 되는 것이다.

이상과 같이 한국에 있어서 극장측도 관객들도 영화 끝 부분에 별로 신경을 쓰지 않는 경우가 대부분이지만 TV드라마를 보면 그것과는 대조적이다. 그것은 방송국이 TV드라마 끝 부분에 신경을 쓴다는 이야기가 아니라 앞부분에 신경을 덜 쓴다는 것이다.

〈옥이 이모〉란 드라마가 있었다. 나는 그 시간대에 TV를 볼 수 없을 때가 많았지만 그 드라마 타이틀곡을 좋아했었다. 서정적이고 어딘가 한국적인 냄새가 나는 선율이 아주 마음에 들어서 시간이 없을 때는 타이틀곡만이라도 들으려고 했다. 하지만 어느 날부터 그 드라마 타이틀 부분은 거의 잘려버렸기 때문에 내가 좋아했던 그 곡을 들을 수 없게 되었다.

그런 '타이틀 잘리기'는 지금도 흔히 볼 수 있는 반갑지 않은 현상이다. 드라마 방영 첫회부터 몇 번은 그대로 타이틀을 방영하다가 그 뒤엔 잘라버리는 경우도 적잖다.

왜 그런 일이 일어나는가? 타이틀을 줄이면 시간 여유가 생기기 때문에 광고를 더 넣을 수 있다는 상혼 때문에 일어나는 것 같기도 하고 '타이틀 따위는 아무도 안 보니까 빨리 드라마를 보여줘야지'란 배려에 의한 것일지도 모른다.

하여튼 그 타이틀 잘리기는 두 가지 결과를 낳는다. 하나는 타이틀을 즐기고 싶은 나 같은 사람의 기분을 망친다는 것, 또 하나는 그 타이틀을 만든 제작자의 노고가 헛수고가 되어버린 다는 것이다.

드라마 타이틀에 관해서 내가 잊지 못할 아쉬운 사건이 하나 더 있다. 그것은 〈서울의 달〉이란 드라마였다. 서울 달동네를 무대로 신분상승을 꿈꾸는 청년을 주인공으로 한 이 드라마는 한석규, 최민식, 채시라 등 여러 연기자들의 호연으로 나에게 깊은 인상을 남긴 걸작이었다.

게다가 그 드라마는 타이틀 음악이 아주 좋았다. 기타 연주가 주도하는 그 음악은 경쾌한 리듬 속에 선굵은 분위기로 흘러 참으로 멋있었다. 내가 지금까지 들어본 한국 드라마 타이틀곡 중에도 〈모래시계〉와 〈서울의 달〉의 타이틀곡은 특히 인상적이었다. 그래서 나는 〈서울의 달〉을 타이틀부터 즐기고 있었다.

하지만 어느 날 〈서울의 달〉을 보려고 TV를 켠 나는 타이틀 음악이 연주 대신 노래로 바뀐 것을 알고 크게 실망했다. 선율은 그대로였지만 확실히 김이 빠진 느낌이 들었다(그 가수에겐 미안하지만). 그 타이틀곡 교체도 나와 그 멋진 기타 연주자를 허탈하게 만든 것만은 틀림없는 사실이다.

영화가 다 끝나기 전에 극장측에서 불을 켜버리고 방송국에서는 타이틀을 마구 잘라버리거나 멋대로 바꿔버린다. 그러한 만행이 아무렇지도 않은 양 행해지는 것은 현장에서 고생하는 사람들을 우습게 보는 사회풍토 때문이 아닐까 싶다. 그것은 좋은 작품을 만들려고 노력하는 장인(匠人)을 무시하는 짓이고 나와 같은 관객들을 무시하는 것이기도 하다.

한국은 캠페인 왕국이다. TV를 켜면 '~하기 캠페인', '~안하기 캠페인'들이 나오지 않는 날이 없다. 나는 '영화가 끝날 때까지 불 안 켜기 캠페인'이나 '영화 끝까지 보기 캠페인', '드라마 타이틀 안 자르기 캠페인'이 펼쳐졌으면 하고 간절히 희망한다.

일본을 없애려고 하는 사람들

　한국에서 출판된 일본 관련 서적은 아주 많다. 그것을 다 읽는 것은 도저히 무리한 일이었지만 그 중 화제가 된 책들을 나는 몇 권 읽어봤다. 그것은 한국인이 일본을 어떻게 보고 있는가를 알 수 있는 아주 좋은 참고서가 되었다.
　그 중에도 특히 인상이 깊었던 것은 베스트셀러가 된 《일본은 없다》란 책이었다.
　이 책은 일본 사회의 여러 문제점을 지적함으로써 '우리가 생각해온 일본은 없다'라고 외친다. 내가 이 책을 읽은 뒤 가진 느낌은 '이렇게 해서 한·일간의 정신적 거리는 더 멀어져가는구나'란 것이었다.
　좀더 구체적으로 말하자면 이 책을 읽은 많은 사람들은 일본에 대한 막연한 반감만을 더 증폭시키겠구나란 것이었다. 그리고 설마 이 저자는 한·일 관계를 더 악화시키려고 책을 쓴 것은 아니겠지 하는 생각이 들었다.
　《일본은 없다》에서 저자는 '일본인들은……'이란 표현을 자주 사용하는데 나는 먼저 그 점을 이해하기 어렵다. 과연 일본인들을 그렇게 간단히 묶어서 설명할 수 있을까? 예를 하나 들어보자. 저자는 이 책에서 종군위안부 문제를 언급하며 "처음 일본인들은 그런 일은 전혀 기억에 없다고 잡아뗐다"라고 쓰고 있다. 게다가 "종군위안부 문제를 거론하는 모든 일본인들은 하나같이 돈 이야기를 끄집어낸다. 그리고 강제가 아니었다고, 증거가 없다고 한다"라고 잘라 말한다. 나는 그 부분을 읽고 고개를 갸우뚱했다.

1991년에 종군위안부 문제가 한일간의 심각한 문제로 거론되기 훨씬 전부터 그 문제에 관한 책은 일본에서 숫자는 적지만 분명히 나와 있었다. 그것은 1970년대와 80년대에 몇 명의 뜻있는 일본인들이 쓴 것이다. 그리고 극히 일부에 불과했지만 1970년대말에 TV에서도 위안부 문제를 거론한 프로가 있었다. 일본의 패전기념일(8월15일) 특별 프로로 제작된 그 프로를 우연히 보고 받은 충격을 나는 지금도 생생히 기억한다.

내가 아는 일본인들 중에도 위안부 문제에 관심을 가지고 적극적인 활동을 하는 사람들이 있다. 어떤 이는 자신의 일에 지장을 받으면서까지 시민운동을 전개했고, 또 어떤 이는 일본의 전후 책임을 고발하는 사진전을 한일 양국에서 열었다.

그렇게 적극적으로 활동을 하지 않아도 문제의식을 가지고 있는 사람들도 많다. 나는 어느 날 한 일본인 후배에게 이렇게 물어봤다.

"만약 위안부 문제에 대한 국가배상이 실시되었을 때 그 재원을 위한 새로운 세금을 징수한다면 어떻게 할래?"

후배는 주저 없이 대답했다.

"당연히 우리가 부담해야죠."

그 말을 듣고 나는 '아, 이 녀석도 생각이 있구나' 싶어 아주 기뻤다.

나는 결코 그들의 행동을 면죄부로 삼고자 하는 것은 아니다. 일본 전체를 통틀어 보면 위안부 문제에 무관심한 사람들이 더 많은 것이 사실이다. 그리고 소위 '지한파(知韓派)'를 자처하는 사람 중에도 오히려 문제를 더 왜곡시키려고 하는 사람들이 있다.

그러나 조상이 남긴 부채를 부끄러워하고 그 빚을 갚으려고 노력하는 일본인이 적잖이 존재한다는 것도 부정할 수 없는 사실이다. 그리고 그들의 영향력이 결코 적잖다는 것도 잊지 말아야 한다. 그래서 그런 사람들마저 '일본인들은……' 이란 말로 잘라버리는 것에 나는 수긍할 수 없다.

저자는 또 "일본의 부부들은 거의 부부 싸움을 하지 않는다"라고 단언하고 있다. 나는 그 부분을 읽으면서 웃고 말았다.

8년 전에 돌아가신 내 아버지는 어머니와 자주 부부 싸움을 하셨다. 그리고 내 일본인 친구 부부도 때때로 말다툼을 한다. 저자의 말에 의하면 아마 내 부모님도 친구 부부도 일본인이 아닌 것 같다.

나는 그 저자가 라디오에 나와 "한일 양국 모두 서로를 객관적으로 볼 필요가 있다"라고 말하는 것을 들은 적이 있다. 나도 그 말에 전면적으로 동감한다. 그러나 《일본은 없다》의 머리말에는 "절대로 객관적으로 쓴 글이 아니라 주관적인 글이다"라는 전제를 달고 있다.

도대체 어떻게 이해해야 하는가. 보는 것은 객관적으로 하고 쓰는 것은 주관적으로 한다는 말일까. 적어도 한 나라에 대해 논평하려고 할 때 그러한 일관성이 없는 자세를 가지고 독자들에게 무엇을 전달할 수 있겠는가? 애들이 마구 욕하는 것도 아닌데…….

《일본은 없다》는 '졸고 있는 사람들'이란 글로 시작한다. 그것은 어느 날 오후 지하철에 탄 저자가 차량 안에 있는 사람들을 관찰해 보니 다들 졸고 있거나 자고 있었다는 것이다. 저자는 그 장면을 보고 일본인들의 무기력함을 느낀 것 같았다.

하지만 내 추측으로는 그 사람들 중에는 분명히 자는 척하는 사람들도 있었을 것이다.

일본인들 중에는 열차 안에서 남과 눈이 마주치는 것을 피하기 위해 졸리지 않아도 그냥 눈을 감고 자는 척하는 사람들이 많다. 나도 가끔 졸리는 것 같은 '연기'를 하거나 그냥 눈을 감고 있을 때가 있다. 일본인뿐만 아니라 한국인 중에서도 그런 사람이 있는 것 같다. 그것은 그 사람들이 열차 안에서 타인을 관찰하는 행위를 남에게 불쾌감을 주는 짓이라고 생각하기 때문이다. 열차 안 사람들을 유심히 관찰하면서 "야, 일본 여자들, 참 못생겼구나"라고 중얼거리는 사람보다 타인과 시선이 마주치는 것을 피하고 눈을 감고 있는 사람이 사회인으로서 훨씬 예의가 바르지 않을까 싶다.

나는 원래 호기심이 많다. 그래서 지하철을 타도 한국인들은 지하철 안에서 어떤 행동을 하는지 늘 관심을 가지고 있다. 하지만 위에서 말한 것처럼 타인을 유심히 관찰하는 것은 예의에 어긋난다. 그래서 나는 지하철 유리창에 비치는 사람들 모습을 보면서 관찰을 할 때가 많다.

 10년 가깝게 한국에서 살면서 나는 수백 번 지하철을 탔고, 그 때마다 유리창을 통해서 많은 한국인들을 관찰했다. 그러나 나는 '야, 한국 여자들은, 참 잘생겼구나'란 생각을 해본 적도, 그 반대 생각을 해본 적도 전혀 없다. 사람의 얼굴을 마치 공업제품처럼 여기는 잘생겼다, 못생겼다란 표현에 거부감을 느끼는 것도 있지만 '한국 여자들은……'이라고 판단하기엔 내가 본 한국 여성들의 숫자가 너무나 적었기 때문이다.

 《일본은 없다》가 출판되었을 때 한 '진보적' 일간지에 그 책 광고가 나왔다. 그 광고에는 그 신문에서 일하는 기자가 쓴 추천문이 붙어 있었다. 그 기자는 《일본은 없다》의 저자가 '일본을 없애버린' 것에 대해 '대단하다'고 칭찬하고 있었다. 물론 그 기자가 그 진보적 신문을 대표하는 것은 아니지만 내가 그때까지 가지고 있었던 그 진보적 일간지에 대한 신뢰감은 상당히 떨어졌다.

 나는 그 광고를 보고 중얼거렸다. "이것이 한국식 민족주의의 하나의 전형이구나……."

 먼저 '일본=악(惡)'이란 대명제를 세워놓고 모든 것을 그 등식을 바탕으로 설명하려고 하는 《일본은 없다》식의 논의는 한국인의 반일감정을 부채질하고 일본에 대한 편견을 심화시킨다. 그리고 그런 모습을 보는 일본인은 한국인에 대한 거부감을 느낌으로써 양국 국민간의 마음거리는 점점 멀어져간다.

 《일본은 없다》는 먼저 한국에서 출판되었고, 베스트셀러가 된 후 일본어로 번역되어 일본에서도 판매되었다. 만약 그 순서가 반대였다면 나도 이 책을 그다지 문제삼지 않았을 것이다. 한국에서도 물의를 일으킨 《추한 한국인》이란 책의 문제점은 저자가 한국인이냐 아니냐가 아니라 일본에서 일본어로 일본인들에게 한국에 대한 그릇된 내용을 전달했다는 점에 있다고 나는 생각한다.

그 자리에 없는 사람을 욕한 적이 없는 사람은 아마 극히 소수에 불과할 것이다. 하지만 어떤 나라나 그 나라 사람들에 대한 편견을 담은 비판을 당사자가 모르는 사이에 자기 나라에서 먼저 하는 것은 상대방에 대한 왜곡된 이미지를 심어 줄 우려가 크다.

나는 《일본은 없다》가 많은 한국 독자들에게 상당히 왜곡된 일본인, 일본 상(像)을 심어주지 않았을까 걱정이 된다. 양약고구(良藥苦口 : 좋은 약은 입에 쓰다)라는 말도 있듯이 기탄없는 지적은 상대방에게 좋은 약이 될 수 있다. 나도 친구인 재일동포들한테서 일본인과 일본 사회에 관한 솔직한 의견을 듣고 뉘우친 점이 많다. 그러나 상대방이 없는 곳에서, 그것도 하나를 전체로 묶어 속단해서 하는 비판은 단순한 화풀이나 욕설로 전락할 위험성이 있다.

한국인의 우월성

한국에 사는 외국인의 한 사람으로서 나는 외국인들이 출연하는 TV프로를 관심 있게 본다. 나와 같은 입장인 그들이 과연 어떤 생각으로 한국 땅에 와서 살고 있는지, 그리고 한국인들은 그들을 과연 어떤 눈으로 보고 있는지 아주 궁금하기 때문이다.

추석이나 설날 등 명절 때면 자주 볼 수 있는 이러한 프로는 재한 외국인들에 대한 한국인의 이해를 깊게 하는 데도 도움이 될 것이다. 외국인에 대한 편견이나 혐오감은 자기가 외국인으로부터 직접적 피해를 받아서 발생하는 것보다 근거 없는 소문에 기인하는 경우가 많다. 어떤 나라에 대해 편견을 가지고 있었던 사람이 그 나라에 가서 직접 그 곳 사람들과 접촉한 후 자기의 어리석은 생각을 반성하게 되는 사례도 적잖다.

그래서 나는 외국인들이 나오는 TV프로가 많아지기를 바라고 있다. 그리고 그러한 내 소원대로 TV에 나오는 외국인들의 숫자가 많아지고 있을 뿐만 아니라 인종, 민족도 다양화되어가고 있다. 그것은 아주 바람직한 현상이다. 그러한 흐름에 따라 외국인들에 대한 한국인의 편견이나 거부감은 확실히 줄어들고

48 한국인, 조센징, 조선족

있다는 느낌이 든다.

 그러나 그러한 프로들을 보다가 거기에 나오는 한국 출연자들의 언행에 고개를 갸우뚱거릴 경우가 있다. 모 방송국에서 제작한 한국인과 결혼한 외국인들이 나와서 자기 모국 요리를 만드는 프로를 봤을 때였다. 각자 능숙한 솜씨를 자랑하면서 만드는 음식들은 너무나 먹음직스럽고 시청자들의 흥미를 끌기에 충분하였다. 그리고 스튜디오 분위기도 화기애애한 것이어서 나는 '아, 이 프로는 외국인에 대한 친근감을 느낄 수 있는 좋은 프로구나' 란 기분으로 느긋하게 시청했다.

 그러나 그 프로를 보던 나는 점점 기분이 나빠져서 결국 TV를 끄고 말았다. 출연자들에게 과연 그러한 무례한 태도를 취해도 되는 것인가란 생각이 들었기 때문이다.

 먼저 눈에 거슬린 것은 프로 진행을 보좌하는 모 코미디언의 태도였다. 그는 출연자 중 한 사람인 이한우씨(독일 출신. 현재 이름은 이참씨)가 자녀가 몇 명이냐는 질문에 "남자 한 명, 여자 한 명입니다"라고 말하자 "일남일녀라고 해요!"라고 조소하는 어조로 말했다. 그리고 한국어를 잘 모르는 사람에게 가르쳐주겠다는 양 이씨에게 "일남일녀!"라고 다시 외쳤다. 그때 이한우씨의 얼굴이 확실히 굳어진 것은 TV화면을 통해서도 충분히 알 수 있었다.

 나는 다음과 같이 중얼거렸다. 물론 좋은 말이 아니라는 것은 잘 알고 있었지만 나도 모르게 입에서 욕이 나왔다.

 "그래 너 잘났다. 일남일녀 좋아하네. 코미디언은 남을 웃기는 것이 일이지, 남을 웃음거리로 만드는 게 일인가? 너나 잘해, 이 ××야……."

한국인 중에는 가끔 그 코미디언처럼 외국인(이한우씨는 독일계 한국인이지만)에게 한국어 실력을 자랑하고 싶어하는 이상한 사람들이 있다. 외국인이 말하는 한국어 억양을 흉내내거나 발음을 웃음거리로 만드는 것이 그들의 취미인 것 같다. 최근에도 모 방송프로에서 한국인과 결혼한 중국인이 나와 사회자와 이야기를 나누고 있었는데 그 사회자는 이야기 내용과 전혀 관계가 없는 그 사람의 한국어 실력을 꼬집었다. 외국인을 웃음거리로 만드는 그러한 전통은 〈왕서방 연가〉에서 볼 수 있듯, 어제 오늘의 일이 아닌 것 같다.

"일남일녀 좋아하네"라고 욕하면서 그래도 나는 다시 그 프로를 봤다. 그 후 큰 문제없이 프로는 진행되었다. 그리고 일단 각자가 만든 요리를 소개한 다음 한국인 출연자들이 그 요리들에 대해 평가할 차례가 되었다.

그때 모 대학교수란 분이 세계 각국 음식에 대한 소견을 말했다. 나는 그분이 어떤 좋은 평가를 해줄지 크게 기대했다. 각국 요리의 특색을 간결하게 설명해주고 자기 경험담도 말씀해 주겠지 하는 생각으로 화면을 지켜보고 있었던 나는 그 사람의 말에 놀라고 말았다. 그 말은 아까 코미디언의 말보다 더 충격적이었다.

그는 "세계에서 프랑스 요리가 최고다"란 뜻의 말을 자신있게 말했다. 설마 대학교수란 사람이 그런 말을 하다니……. 충격을 받은 사람은 나뿐이 아닌 모양이었다. 사회자가 "이한우씨 얼굴색이 변했다"라고 말하자 이씨는 "독일 음식은 잘 알려져 있지 않지만 맛있다"고 반론했다. 이씨가 항의한 것은 당연하다. 앞에서의 모욕에다가 그 무신경한 한 마디에 반발하지 않는 사람이 어디 있겠는가.

그 장면을 본 내 입에서 또 자연히 욕이 나왔다. "야, 당신 교수 맞아? 당신 같은 교수한테서 배우는 학생이야말로 불쌍하다, 불쌍해……."

나는 교원으로서 별로 능력이 뛰어난 사람도 아니고 빛나는 업적이 있는 것도 아니다. 그러나 적어도 학생들을 가르칠 때는 '어떻게 하면 그 학생들의 시야를 넓히고 다양한 생각을 할 수 있도록 내가 도움을 줄 수 있을까?' 늘 생각한다. "세계에서 프랑스 요리가 최고다" 따위의 어리석은 망언은 한 번도 한 적이 없고 앞으로도 죽어도 할 생각이 없다.

그 교수에게 나는 여쭤보고 싶었다.

"어떻게 각국 요리에 등급을 매길 수 있습니까? 만약 그것이 가능하다면 그 기준은 무엇입니까? 선생님께서 '세계에서 프랑스 요리가 최고다'라고 말씀하신 이상 물론 세계 각국 각 지방의 모든 요리를 다 드셔 보신 거죠?"

말할 나위도 없지만 음식은 하나의 문화이고 문화에는 우열이 없다. 내가 늘 이상하게 생각하는 말 중에 고급 문화란 말이 있다. 아니, 그러면 그 고급 문화 외의 문화는 저급이라도 된다는 말인가? 그리고 고급의 기준은 과연 무엇인가?

요리 하나 하나를 들어서라면 비교할 수도 있을 것이다. 예를 들어 소시지는 독일이 좋고 볶음요리는 중국이 좋다……— 식으로 말이다. 그렇게 비교하면 김치는 당연히 한국이 최고이다.

일본식 김치, 즉 기무치도 맛있지만 내가 보기에는 기무치가 김치를 능가할 날은 영원히 오지 않을 것이다.

그러나 그러한 비교도 어디까지나 개인의 취향일 뿐이다. 어떤 사람에게는 김치보다 기무치가 더 맛있게 느껴질 수도 있고 또 어떤 사람은 "나는 독일 소시지보다 미국 소시지가 더 좋더라"라고 생각할 것이다. 그래서 이러한 사항은 공식적인 자리에서 '그것이 최고다'라고 단언할 수 있는 것이 아니다.

나는 프랑스 요리가 최고다라고 단정한 그 교수님의 용기에 놀라지 않을 수가 없다. 더욱이 독일, 태국, 미국 등 여러 나라에서 온 사람들 앞에서 그런 말을 할 수 있다니 그 배짱만은 대단하다고 칭찬하고 싶다.

모든 사항에 대해 반드시 우열을 따지는 경향은 가끔 나를 당황하게 만든다. 몇 년 전에 방송되었던 모 TV드라마에 일본인 며느리가 등장한다고 시청자들로부터 항의가 왔다는 이야기를 들었다. 그 항의에 대응해서 연출자와 며느리 역을 맡았던 배우는 똑같은 답변을 했다. 그것은 '이 드라마는 일본인 며느리를 한국에 동화시키는 한국인의 우월성을 보여주는 드라마다'란 말이다.

나는 신문에서 그 기사를 읽고 겁이 났다.

입향순속(入鄕循俗)이란 말이 있듯이 어떤 나라에 가면 그 나라 풍습에 따르는 것은 상대국가와 국민들에 대한 예의이다. 그래서 일본인 며느리가 한국에서 생활하려면 한국의 풍습을 따르는 것이 필요할 때도 있을 것이다. 그러나 그것은 그 풍습이 우월해서가 아니다. 풍습과 문화에는 우열이 있을 수가 없다.

나는 일본인 사장에게는 일본어로 그냥 '샤초(社長)'라고 말을 걸지만 한국인 사장에게는 반드시 '사장님'이라고 말한다. 그것은 내가 일본인 사장을 한국인 사장보다 우습게 봐서가 아니라, 일본인 사장에게 '샤초사마(사장님)'라고 하면 너무 어색하고 한국인 사장에게 '사장'이라고 말을 걸면 큰 실례가 되기 때문이다. 그것이 바로 문화 차이이다. 결코 우열의 문제가 아니다.

외국인의 한국어 실력을 웃음거리로 삼고 한국인의 우월성을 외치는 사람들 모습을 볼 때, 나는 솔직히 겁이 난다. 과거 일본은 최고다란 어리석은 생각을 가지고 한국을 비롯한 아시아 여러 국가들에게 막대한 피해를 입힌 우리 조상들의 추한 모습이 떠오르기 때문이다.

똑바로 말해!

세상에는 호불호(好不好)가 뚜렷한 사람들이 있다. 즉 좋아하는 것과 싫어하는 것의 차이가 극단적인 사람들이 이 세상에는 적잖다. 사람에 대한 호불호, 색깔에 대한 호불호, 음식에 관한 호불호, 음악에 대한 호불호 등 그 종류도 여러 가지다.

나는 사람에 대한 호불호는 그다지 심하지 않다. 내 자신이 잘난 것도 없는데 어찌 남에 대해 이렇다 저렇다 할 수 있겠는가? 그리고 음식에 관한 호불호는 전혀 없다. 내가 한국과 중국에서 약 10년이나 생활할 수 있었던 것은 좋은 분들을 많이 만날 수 있었다는 것과 편식을 하지 않고 어떤 음식이든 맛있게 먹을 수 있었기 때문이라고 생각한다. 물론 한국과 중국 음식이 일본 음식과 유사한 부분이 있다는 것도 무시할 수 없지만.

또 색깔이나 음악에 대한 호불호도 별로 없다. 이제 나이 마흔이 되었기 때문에 너무 밝은색의 옷을 입을 생각은 없지만 남이 그런 색깔 옷을 입고 다니는 모습은 보기 좋다고 느낀다. 음악에 대해서도 클래식이든 락이든 재즈든 가요든 가리지 않고 즐긴다.

하지만 우리의 일상 언어 구사에 대해서는 할 말이 좀 있다. 나는 국어학자도 아니고 한국어를 모어(母語)로 하는 사람도 아니다. 그러나 그러한 내가 들어도 거슬리는 표현들이 적잖다.

먼저 내가 아까 말한 모어란 말과 모국어(母國語)란 말을 혼동해서 쓰는 사람들이 너무 많다. 모어란 용어는 'mother tongue'이란 영어를 번역한 것인데 그 말을 직역하면 '어머니의 말'이 된다. 즉 부모로부터 배우는 말이란 뜻이기 때문에 모어란 말을 쓰는 것이다. 그래서 한 인간이 태어나서 자라는 과정에서 자연스럽게 배우는 말이 모어란 것이다.

그러나 모국어라고 하면 사정이 달라진다. 그 사람이 어떤 나라를 모국으로 삼느냐에 따라 같은 나라, 같은 지방에서 태어나서 살아도 모국어란 개념은 달라진다.

예를 하나 들자. 일본에서 태어나서 자란 재일동포 3, 4세 중에는 한국어를 말할 수 있는 사람이 아주 적다. 그들이 태어나서 자라는 과정에서 자연스럽게 배운 말은 한국어가 아닌 일본어이다. 그래서 많은 재일동포 3, 4세들에 있어서는 모어와 모국어가 일치되지 않는다. 즉 그들의 모어는 일본어이지만 모국어는 한국어란 뜻이다. 또 한국에서 태어나서 말도 배우기 전에 유럽이나 미국으로 입양되어가는 유아들에게는 모국어는 한국어이지만 입양되어가는 나라의 언어가 모어가 될 것이다.

나는 모어와 모국어를 혼동하는 사람들을 볼 때마다 이렇게 느낀다. '재일동포도 해외입양아도 이 사람에게는 남의 나라 이야기와 같구나.'

번역 이야기가 나오니까 그것과 관련된 표현을 들어보겠다.

신문이나 잡지에서 자주 나오는 '홍길동은 가장 인기 있는 인물들 중 한 사람' 식의 표현도 어색한 느낌을 준다. 그것은 'one of the most~' 식의 영어 표현을 그대로 옮긴 것이다.

왜 뛰어나게 인기 있는 사람들이나 특히 인기가 높은 사람들이라고 하지 않는가? 가장 인기 있는 사람들? 가장 인기 있는 사람은 한 사람이 아닌가? 혹시나 홍길동과 임꺽정, 그리고 심청이가 똑같은 지지율을 얻고 공동 1위를 차지하고 있다는 말인가? 그렇지는 않은 것 같은데…….

그리고 그 가장 인기 있는 사람들 중 한 사람식의 표현을 쓰는 사람들은 마치 그 표현이 무언가 더 세련된 표현인 양 생각하고 있는 것 같아서 더욱 마음에 거슬린다. 내가 보기에는 그들은 가장 큰 착각을 한 사람들이다.

'다르다' 라고 표현해야 할 때 '틀리다' 를 대신 쓰는 것도 좀 걸린다. '그 사람 생각은 (우리와는) 다르다' 라고 하면 우리 생각과 그 사람 생각 사이에는 아무런 우열관계는 없다. 그러나 '그 사람 생각은 틀리다' 라고 하면 사정은 달라진다(틀려진다?). 그렇게 되면 마치 그 사람 생각이 잘못된 생각인 것 같은 인상을 준다. 짐작하건대 다르다 대신 틀리다를 애용하는 사람은 다르다는 것이 틀린 것이라는 생각을 가지고 있어서 그러는 게 아닐까 싶다. 그것은 나의 틀린 상상일지도 모르지만…….

나는 지금 독자가 읽고 있는 이 부분까지 쓰고 기분전환을 하기 위해 TV를 켰다. TV에서는 부산을 무대로 한 〈피아노〉란 드라마를 방영하고 있었다(2001년 11월 당시 SBS에서). 거기에는 혼자 힘으로 두 아이를 기르는 피아노 강사인 어머니(조민수

분)가 나와 아들에게 말하고 있었다.

"우리 집에는 아빠가 없어. 다른 집과는 달라. 근데 세상 사람들은 다르다는 것을 틀리다고 생각하고 있는 것 같아······."

역시 내 추측은 틀리지 않았다.

이런 말을 하면 '외국인 주제에 건방지게 아는 척하고······'라고 기분 나쁘게 생각하실지도 모른다. 하지만 한국어를 모어(모국어 아닌······)로 하지 않는 나와 같은 외국인의 견해도 틀린 것만은 아니다. 한국어를 모어로 쓰는 사람들은 항상 무의식적으로 한국어를 사용하기 때문에 때로는 자기도 모르게 잘못된 표현에 빠져버릴 경우가 있다. 반면 우리는 외국어라고 의식하면서 조심해서 한국어를 듣고 말할 때가 많기 때문에 사람들이 무의식적으로 하는 실수를 발견할 때도 있다는 것이다.

예를 들어 "일본어를 가르치고 있어요"라고 말한 나에게 "어디서 가리켜요?"라든가 "누구에게 가르켜요?"라고 물어보는 사람들이 의외로 많다. 나는 그 '가르치다'와 '가리키다'의 혼동 현상에 좀 신경질이 나지만 오용하는 한국인들은 아무렇지도 않는 것 같다.

물론 내가 모르는 한국어 표현이나 단어는 수없이 많고 나도 틀린 표현을 할 때도 많다. 그리고 이 책에 나오는 문장에도 어색한 부분이 적잖을 것이다. 그래도 일단 너그러운 마음으로 이 건방진 외국인의 잡담을 들어주시면 고맙겠다.

사람의 외모에 대해 자주 쓰는 '잘생겼다', '못생겼다'란 말은 아주 재미있는 표현이지만 솔직히 거부감을 느낀다. 나는 될 수 있는 대로 그 표현을 쓰지 않는다. 그 말을 들을 때마다 마치 우리 얼굴이 공산품처럼 비인격화·상품화된 것 같은 느낌이 든다. 아마 실제로 공산품처럼 여기고 있는 사람들도 적잖을 것이다.

　TV에 나오는 탤런트나 미인대회 참가자들 얼굴을 보면 그 사실을 당장 이해할 수 있다. 자기 마음에 들지 않는 부분(얼굴뿐만 아니라 몸까지도)을 '수정'한 '잘생긴' 사람들이 TV에는 넘쳐난다. 과학기술의 진보는 정말 무섭다. 바야흐로 점심시간에 쌍꺼풀 수술을 받을 수 있는 시대가 되었다. '잘'과 '못'의 이분법으로 사람의 얼굴을 표현할 수 있느냐는 의문을 품고 나는 잘생긴 사람들이 넘치는 한국 사회를 바라보고 있다.

　그리고 TV프로의 즉석 인터뷰 등에서 대답하는 사람들이 자주 쓰는 표현 중 나를 짜증나게 만드는 것은 '좋은 것 같습니다', '재미있는 것 같아요' 식의 '같다'의 남용이다. '……것 같다'란 말은 추측이나 상상할 때 쓰는 말이 아닌가? 좋다고 느끼는 사람은 누구인가. 재미있다고 느끼는 사람은 누구인가. 바로 대답하는 본인이 아닌가?

　한국인들은 일본인을 겉과 속이 다르다라고 표현할 때가 있다. 그 표현 속에는 우리 한국인은 항상 당당하고 솔직하다라는 자부심이 깔려 있다고 생각한다. 그래서 나는 한국인의 솔직함을 증명하기 위해서라도 당당하게 '좋습니다', '재미있습니다'란 표현을 쓰시기 바란다.

　하지만 실제로는 가치판단에 있어서 한국인들은 자기 가치관에 대한 자신감을 점점 잃어버리고 있는 것이 아닐까. 그리고 좋습니다, 재미 있습니다라고 확실히 평가하면 나중에 추궁당

할지도 모른다는 무의식적 강박관념이 점점 강해지고 있는 것이 아닐까. 그것은 어디까지나 내 추측에 불과하지만.

'무식하다'는 말도 듣기 싫다. 많은 지식을 가진다는 유식한 것이 그렇게 잘난 것인가? 그 표현은 얼마나 많은 지식을 머릿속에 넣을 수 있을까가 중요했던 과거 시험에 유래하는 것이 아닐까 싶다. 하긴 지금도 고시촌에서 현대판 과거시험에 대비하는 선비들은 수도 없이 많기 때문에 무식하다, 유식하다란 표현은 설득력을 유지하고 있는 것 같다.

유식함을 따진다면 컴퓨터가 으뜸이다. 그러나 그 '유식한' 컴퓨터 나리도 전기가 없으면 1+1=?란 문제도 풀 수 없는 '무식한' 존재에 불과하다. 그리고 컴퓨터는 1+1=2란 틀에 박힌 대답밖에 할 수 없다. 하지만 '무식한' 우리는 1+1=3, 1+1=4 등 다양한 대답을 할 수 있다. 즉 남녀가 결혼해서 아이를 낳으면 1+1=3이 되고 결혼한 남녀가 남자측, 아니면 여자측의 부모와 같이 산다면 1+1=4가 된다.

우리 인간에게 중요한 것은 지식의 양을 따지는 것이 아니고 (물론 어느 정도의 지식은 반드시 필요하지만), 그 지식을 어떻게 활용하는가, 또는 어떤 것을 창조하는가에 있다고 생각한다. 그리고 메마른 감성을 가지고 아무리 많은 지식을 자랑해도 소용이 없다. 인간성의 뒷받침이 없는 지식이나 과학은 오히려 사람을 해칠 수도 있다.

말이란 도구도 잘못하면 사람을 해칠 수 있다. 친한 사이라면 거친 표현을 써도 문제없고 오히려 그것이 친근감을 증폭시킬 경우도 많다. 하지만 칼을 남에게 전할 때 상대방을 향해서 내미는 것처럼 처음 만난 사람에게 말을 걸 때나 인터뷰를 할 때는 세심하게 신경을 쓸 필요가 있지 않을까.

그래서 TV프로에 등장하는 리포터들이 농어촌에 가서 함부로 아줌마!라고 말을 거는 장면을 볼 때도 내 기분은 나빠진다. 그 리포터들은 아줌마라고 부르는 것이 친근감을 더할 수 있다고 생각해서 아줌마를 연발하는지도 모르지만 만약 내가 그 아줌마 가족이나 친척이라면 별로 좋은 느낌이 들지 않을 것이다. 그래서 나는 시장이나 가게에서 중년 이상의 여주인이나 종업원에게 말을 걸 때는 절대로 아줌마라고 하지 않고 반드시 아주머니라고 말한다. 그것이 말이란 도구를 쓸 때 최소한의 예의라고 생각하기 때문이다.

그런 생각을 하면서 다시 TV를 켠 나는 모 프로에서 '유식'하게 생긴 리포터가 지방에 가서 거기서 일하는 여성에게 말을 거는 장면을 봤다. 그 리포터는 이렇게 말을 걸었다.

"아줌마, 이것 뭐예요?"

나는 얼굴을 찌푸리면서 중얼거렸다.

"쯧쯧, 그렇게 말하면 안 되지. 아주머니, 이건 무엇입니까? 라고 말해야지, 이 '유식한' 양반아……."

마이크 내밀지 마세요

　외국어를 공부하는 사람에게는 그 나라 노래를 듣고 부르는 것이 많은 도움이 된다.
　외국어 공부의 비결은 반복이라고 흔히들 말한다. 나는 영어를 별로 잘하는 편은 아니지만 서양인들과 간단한(물론 아주 간단한 것이지만) 회화를 하는 데 큰 어려움을 느끼지 않는다.
　그것은 내가 중학교 때 영어교과서를 몇 번이나 소리를 내고 열심히 읽어서 영어에 대한 저항의식이 없어졌기 때문이다. 고등학교에 들어가서는 게으름을 많이 피워서 실력이 별로 늘어나지 않았지만, 그래도 중학교 때 열심히 음독(音讀)을 한 것은 확실히 밑천이 되었다고 생각한다. 하지만 사실은 똑같은 교과서 문장을 계속 소리를 내고 읽는 것은 지루하기 짝이 없다. 더욱이 우리가 배웠던 시절의 영어교과서는 내용도 별로 재미있는 것이 아니었다. 지금 중학생들이 어떤 영어 교과서를 쓰고 있는지 잘 모르지만 내 생각으로는 남녀간의 사랑 이야기나 스포츠 이야기 등 사춘기 아이들의 관심을 끌 수 있는 내용을 좀 더 담았으면 좋겠다.

그런 의미에서 노래는 음률과 가사의 상승 효과 덕분에 여러 번 불러도 별로 지루함을 느끼지 않는다. 가사를 해석하려다가 어느새 언어 실력이 늘었다는 경험을 해본 사람들도 많을 것이다.

나는 고3 때 라디오 대입 강좌를 애청했다. 그 강좌는 오랜 전통을 자랑하는 강좌답게 우수한 강사진과 잘 정리된 교재로 많은 수험생들에게 큰 도움을 주어 왔다.

내가 특히 좋아했던 것은 영문해석 강좌였다. 그것을 담당하는 강사는 당시 유행했던 빌리 조엘이나 아바의 노랫말을 매번 교재로 사용해서 재미있게 강의를 했다. 그때(1980년경) 라디오에서 흘러나오는 노래에 맞추어서 불렀던 가사와 관련된 중요한 표현들 중 몇몇은 아직 내 기억에 남아 있다. 그것은 외국어 공부에 있어서 노래가 효과적이란 것을 증명하는 것이다.

나의 한국어 공부에도 노래가 도움을 주었다고 생각한다. 원래 음악을 좋아하는 나는 한국어학당에서 공부한 1990~91년에 한국 노래를 많이 듣고 불렀다. 처음에는 가사를 거의 못 알아들었기 때문에 멜로디만을 즐겼다.

그 당시 유행했던 노래를 생각나는 대로 열거하면 〈거울도 안 보는 여자〉(태진아), 〈나만의 것〉(김완선), 〈당신은 어디 있나요〉(양수경), 〈희망 사항〉(변진섭), 〈싫다 싫어〉(현철), 〈혼자 있고 싶어요〉(설운도), 〈연인이여〉(박남준) 등이다. 그래, 〈보고 싶은 얼굴〉(민해경), 〈인디언 인형처럼〉(나미), 〈잠깐만〉(주현미)도 잊으면 안 되겠다.

이러한 대중가요의 가사가 수록된 노래책을 서점에서 발견했을 때 내가 얼마나 기뻤는지. 나는 사전의 도움을 빌려서 그 노래책을 '해독'하면서 노래연습을 했다. 위에서 소개한 그 당시 유행가들은 좋은 곡들이 많았다. 그 중에도 특히 내가 지금도 애창하는 노래는 〈추억의 책장을 넘기며〉(이선희)와 〈우리 순이〉(송대관)이다.

1985년에 처음 한국에 여행왔을 때 이선희씨의 〈J에게〉를 듣고 나는 감동했다. 당연히 가사는 하나도 못 알아들었지만 서정적인 선율과 청순한 목소리가 절묘하게 조화를 이르고 있었고 풍부한 성량과 표현력은 나를 압도했다.

그 당시 한국 가수의 음반을 일본에서 구입하는 것은 어려운 일이었기 때문에 그 후 나는 이씨 노래를 들을 수 있는 기회를 갖지 못했다. 하지만 '이선희=노래를 아주 잘하는 가수'란 인식은 내 머릿속에 확실히 새겨졌었다. 그때부터 5년이 지난 1990년, 한국에서의 새로운 생활을 시작했을 때 나는 이선희씨 음반을 6개나 한꺼번에 사서 즐겨 들었다.

그때 이선희씨가 TV에서 많이 불렀던 노래가 〈추억의 책장을 넘기며〉였다. 그 노래는 〈J에게〉 못지 않은 명곡이라고 생각한다. 반음(半音)을 효과적으로 쓴 섬세한 선율도 좋고 옛사랑을 회상하는 가사 내용도 좋다. 조용히 시작하다가 점점 익어가는 듯한 이씨의 창법도 매력적이다. 가을날에 차나 한잔하면서 듣는다는 그 노래 말고 다른 어떤 노래가 있겠는가?

하지만 여럿이 모인 술자리에 이 노래는 어울리지 않는다. 혼자 부르기에는 좋지만 술자리에서 부르기에는 선율도 가사 내용도 너무 서정적이고 가련한 것 같다. 그리고 이선희씨와 같은 가련한 여성이 부른다면 몰라도 나처럼 덩치도 크고 나이도 먹은 아저씨가 부르면 술맛이 떨어지는 것이 뻔하기 때문에 나는 술자리에서 '추억의 책장을 넘기며'를 부른 적은 한 번도 없다. 나에게 이 노래는 혼자 노래를 부를 때의 애창곡이다.

그러면 술자리에 어울리는 노래는 무슨 노래일까? 내 술자리용 애창곡은 〈우리 순이〉이다. 서울로 간 순이란 여성을 그리워하는 이 노래는 송대관씨의 남성적인 굵은 음색에 잘 맞아서 애절한 감정을 자아낸다. 그리고 이 노래는 선율의 묘미가 있으면서도 간결하기 때문에 사람들이 모이는 자리에서 부르기에 안성맞춤이다. 사람들 앞에서 노래를 부를 때는 자기가 좋아한다는 것 외에도 듣는 사람 생각도 해야 한다. 아무리 좋은 노래라고 해도 〈아름다운 강산〉이나 〈마이 웨이〉와 같은 노래는 되도록 피하는 것이 좋다.

이와 같이 여러 가수들의 노래를 듣고 마음에 든 노래를 따라 부르다가 일상적인 한국어 표현이 어느새 내 머릿속에 남을 때도 많았다. 그래서 나는 1990년대 초반 유행가에 특별한 애착을 느끼고 있다.

이렇게 돌아보면 1990년대 초반의 유행가와 2000년대 초반인 현재의 유행가를 비교하면 큰 차이가 있는 것을 알 수 있다.

내가 보기에는 90년대 초와 비교하면 현재의 유행가들은 리듬이 현저하게 빨라졌고 가사 내용도 과격해진 것 같다. 그리고 오래 기억에 남는 선율이 적어진 것 같은 느낌이 든다. 물론 그것은 어디까지나 내 주관적인 감각에 불과하지만……

내가 나이를 먹어서 그러는지도 모르지만 무엇에 쫓기는 것 같은 급한 창법과 연주가 많아진 요즘 몇몇 유행가들을 듣고 있으면 솔직히 마음이 편하지 않다.

90년대 중반까지는 그래도 순수한 재미로 보고 있었던 TV 가요프로를 현재 나는 현대 한국문화를 이해하기 위해 의무감으로 볼 때가 많다. 그것은 내 기호와 현재 유행가의 거리가 그만큼 멀어졌다는 것을 의미한다. 십 년이면 강산도 변한다는데 그것은 어떻게 보면 당연하다고 볼 수 있다.

나와 한국 유행가의 관계가 이런 상황으로 변했기 때문에 요즘의 나에겐 TV 가요프로는 그다지 즐거운 프로가 아니다. 더욱 TV에 나오는 가수들의 행동 중 납득할 수 없는 장면을 볼 때가 많아서 TV 가요프로를 보는 시간은 점점 줄어들고 있다.

내가 이해하기 어려운 것은 TV에 출연하는 가수들 중 녹음한 노래에 맞춰서 입술만을 움직이는 이른바 립싱크를 하는 사람들이 너무 많다는 것이다. 물론 그것은 한국만에 있는 것이 아니지만 왜 노래를 부르지 않고 입만 움직이는 가수들의 창법이 허용되고 있는가? 그 행위는 분명히 관객을 우롱하는 것이며 노래를 우롱하는 것이기도 하다.

생각해 보자. 음악 프로에 색소폰 연주자 이정식씨가 출연해서 녹음된 음악에 맞추어서 연주하는 시늉만 한다면 어떻게 될 것인가? 아마 관객들은 거세게 항의할 것이고 그 이전에 방송사 측에서 그런 요구를 할 리가 없다. 그리고 무엇보다 만약 그런 어리석은 요구를 한다고 해도 이정식씨는 틀림없이 거절할 것이다.

예를 또 하나 들자. 소프라노 조수미씨가 무대에서 립싱크를 한 적이 있는가? 아니면 명창 안숙선씨가 녹음된 〈춘향전〉에 맞춰서 입만 움직인 적이 있는가? 절대로 없을 것이다. 그리고 그러한 짓은 그들에게는 상상도 못할 것이다.

그러면 왜 대중가수에 대해서는 립싱크가 허용되고 있는가. 그 원인은 대중가요를 다른 음악보다 한 단계 낮게 보는 편견과 가수들의 프로의식 결여에서 찾을 수 있을 것이다.

대중가요도, 클래식 음악도, 재즈도, 국악도 다 각각의 특성을 가진 음악 분야들이다. 물론 각 분야 내부에서는 일류도 있고 삼류도 있다. 그러나 각 분야간에는 위도 없고 아래도 없이 동등하다. 음악이란 원래 자유로운 것인데 그 분야들을 동등하게 취급하지 않는다는 부자연스러운 사고방식은 너무 우스운 것이다.

그리고 출연하는 가수들이 다 실제로 노래를 부르는 방송프로를 보면서도 나는 실망할 때가 가끔 있다. 그것은 가수가 '여러분 다 같이'라고 하면서 관객을 향해서 마이크를 내미는 장면을 볼 때이다. 물론 그것은 관객과의 보다 친밀한 분위기를 빚어내려고 하는 것이고 그 효과도 없지는 않다.

그러나 객석에 있는 사람들이 모두가 합창하고 싶어하는 것이 결코 아니다. 그 가수의 목소리만 듣고 싶은 나 같은 사람에게는 마이크 내밀기는 업무포기나 다름없다. '다 부르고 싶지'라고 생각하는 것은 오만이다. 부르고 싶지 않다는 사람이 단 한 명이라도 있는 경우 객석에 마이크를 내밀면 안 된다. 가수가 해야 하는 일은 노래를 부르는 것이지 관객에게 노래를 시키는 것이 아니기 때문이다.

잘 관찰하면 마이크 내밀기에는 공통점이 있다. 그것은 한 노래에서 가장 높은 음정 부분에서 마이크 내밀기를 하는 경우가 아주 많다는 것이다. 그것은 무엇을 의미하는가? 그 가수들은 가장 부르기 힘든 부분을 자기가 부르지 않고 대신 관객들에게 "자 불러봐!"라고 시키고 있다는 것이다. 그러한 오만하고 성의 없는 짓을 하는 가수들을 볼 때마다 나는 직업인으로서 그런 짓만은 하지 말아야겠다고 굳게 맹세한다.

가창력이 있고 실력 있는 가수마저 마이크 내밀기를 하는 장면을 보면서 '다른 프로에서 입만 움직이는 것에 너무나 익숙해졌기 때문에 실제로 노래를 부르면 손해 본 것 같은 느낌이 들어서 저러는 게 아닌가'라고 꼬집고 싶어질 때도 있다.

카세타니가 아닙니다

　한국어와 일본어가 많은 공통점을 가지고 있다는 사실은 언어학자가 아니더라도 두 언어에 대한 약간의 지식을 가진 사람이라면 누구나 알 수 있다.
　한국어에서는 한글을 쓰고 일본어에서는 '가나'란 일본문자를 쓴다는 차이점은 있어도 한자를 많이 쓴다는 점, 의태어와 의성어가 풍부하다는 점, 존경어가 발달되었다는 점 등 공통점이 많다. 그리고 문법적으로도 아주 유사하다.
　예를 들어 한국어의 '에'에 해당하는 일본어 조사 'に'(니)와, '는'에 해당하는 조사 'は'(와)를 연결하면, '에는'에 해당하는 말인 'には'(니와)가 된다. 그뿐만이 아니다. 동사에 있어서도 '먹다'에 해당하는 'たべる'(타베루)와 '보다'에 해당하는 'みる'(미루)를 합치면 '먹어보다'에 해당하는 'たべてみる'(타베테미루)가 된다.
　생각해 보자. 영어로 '먹다'에 해당하는 'eat'와 '보다'에 해당하는 'look'을 연결해서 '먹어보다'를 표현할 수 있을까. 아무리 노력을 해도 그것은 불가능하다. 'try to eat'로 해야 '먹어보다'가 된다는 말이다.

　나는 어느 날 만화책을 보다가 등장 인물이 "잘도 가지고 놀았군!" 하고 화를 내는 장면을 보면서 "역시 한국어와 일본어는 비슷한 점이 많구나!"라고 감탄했다. 그 표현도 잘, 도, 가지다, 놀다, 군에 해당하는 일본어들, 즉 よく(요쿠), も(모), もつ(모츠), あそぶ(아소부), な(나)를 동사어미를 활용시킨 후 연결해서 よくももてあそんだな(요쿠모모테아손다나)!라고 하면 된다. 그 만큼 양국 언어에는 공통점이 많다.

　하지만 경칭 표현에 있어서는 약간 차이가 있다. 예를 들면 '부장(部長)'이란 말은 양쪽에서 사용하지만 사용법은 다르다. 일본의 사회에서는 보통 '님'에 해당하는 말을 쓰지 않고 그냥 부장'이라고 부른다. 예를 들어 우리 일본인은 '부장, 이 계약서를 점검해 주십시오' 식으로 말한다. 만약 부장이 두 명 이상 있을 경우, 그냥 성(姓)에 부장을 붙여서 야마다 부장, 타나카 부장 식으로 부른다.

　그러나 한국에서 평사원이 자기 회사 부장을 김 부장이라고 부르면 틀림없이 무서운 결과가 올 것이다. 회장, 시장. 소장 등도 마찬가지로 일본에서는 평사원이 회장에게 '회장, 안녕하십니까'라고 인사를 해도 전혀 실례가 되지 않지만 한국에서는 반드시 '님'을 붙여서 불러야 한다.

　그런 사례가 보여주는 것처럼 한국어는 경칭 사용에 있어서 일본어보다 더 복잡하다는 느낌이 든다.

　그런데 신문기사를 볼 때나 라디오 프로 등을 들을 때 마음에 걸리는 것이 하나 있다. 그것은 외국인에 대한 경칭사용에 관한 것이다.

　예를 들어 야마다 에이코란 일본 여성단체 대표가 한국에 왔다는 소개기사를 쓸 때, '야마다는……' 식으로 '씨'를 빼는 경우가 가끔 있다. 물론 '야마다 대표는……', '야마다씨는……' 등의 예의 바른 기사도 많다. 그러나 '야마다는……'이라고 쓴 표현을 접할 때면 왜 범죄용의자보다 못한 취급을 하는지 불쾌한 기분이 든다.

　한국 신문은 보통 범죄 용의자에 대해서도 반드시 '씨'를 사용한다. 그 전에는 'ㅇㅇㅇ 씨' 식으로 이름을 다 밝혔지만 지금은 'ㅇ모씨'로 표시한다. ㅇ모란 사람이 어디까지나 용의자이기 때문에 그러한 태도는 지극히 타당한 것이다. 내가 기억하기에는 한국 신문이 범죄 용의자 이름에 '씨'를 빼고 기사를 쓴 것은 수년 전 지존파사건의 범인들 정도였다고 생각한다.

　그러나 한국 매스컴은 외국인의 이름을 부를 때는 자기 나라 사람에 대한 것보다 훨씬 신경을 쓰지 않는다. 아니, 경칭을 의식적으로 쓰지 않으려고 노력하는 것 같은 인상을 준다.

　몇 년 전에 한 유력 일간지에는 당시 일본 총리였던 하시모토 류타로(橋本龍太郎)씨의 사진 밑에 그냥 '하시모토'라고 씌어 있는 것을 보고 나는 깜짝 놀랐다. 그것은 국가의 대표자에 대한 분명한 모욕이기 때문이다.

　일본 유력 신문이 김대중 대통령 사진 밑에 그냥 '김'이라고만 쓴다는 것은 상상도 할 수 없다. 만약 그런 짓을 한다면 한국인들은 즉각 거세게 항의할 것이고 심각한 외교문제가 될 수도 있다.

그리고 미국에 대한 9·11테러를 지시했다는 의혹을 받고 있는 오사마 빈 라덴 씨에 대한 보도도 그렇다. 빈 라덴 씨가 테러를 지시했다는 확실한 증거는 어디에도 없다. 그런 의미에서 그는 체포된 용의자도 아니다. 그럼에도 불구하고 한국 매스컴은 빈 라덴이라고 그의 이름을 함부로 부른다. 하지만 일본 매스컴 보도에서는 반드시 씨를 붙여서 빈 라덴 씨라고 보도한다.

중국이나 미국 매스컴에서는 하시모토 식으로 외국인 이름을 그냥 부르는 경우가 있다. 그러나 그 매스컴들은 외국인에게만 그렇게 하는 것이 아니라 자국 지도자들에 대해서도 '강택민은 이렇게 지시했다', '부시는 그렇게 말했다' 식으로 할 때가 있다.

그런데 한국 매스컴은 자기 나라 사람에 대해서는 아주 세심하게 경칭을 붙이면서도 외국인에 대해서는 너무나 무신경하다. 1994년 7월 북한의 김일성 주석이 사망했을 때 '김 주석은……' 식으로 보도하는 신문기사가 많았는데 한 유력 일간지가 '왜 김 주석인가?' 란 사설을 게재했다. 그 사설은 북한측 언론은 한국 대통령 이름 석자를 그대로 부르고 있는데 왜 남쪽에서는 김 주석이라고 정중하게 불러야 하는가란 주장이었다. 그 논지에 따른다면 일본 언론에서는 항상 김 대통령이라고 예의를 지키고 있는데 왜 하시모토인가라고 물어보고 싶다.

그것은 매스컴뿐만 아니라 사회생활에 있어서도 마찬가지이다. 아는 사람이 근무하는 회사에 내가 전화를 걸 때 "카세타니라고 합니다"라고 이름을 말하면 전화를 받은 사람은 "카세타니요?" 라고 반문할 때가 많다.

물론 카세타니란 이상한 이름을 듣고 당황하는 것은 이해한다. 하지만 회사를 대표해서 전화를 받는 이상 기본적 예의를 지키는 것이 최소한의 상식이 아닐까 싶다. 아 해 다르고 어 해 다르듯 '카세타니요?' 와 '카세타니씨요?' 는 아주 큰 차이가 있다. '씨' 자 하나 유무에 따라 그 회사에 대한 인상은 완전히 달라진다. 아주 드물지만 카세타니씨요?란 말을 들었을 때 '아, 이 회사 사원들은 상식과 원칙을 아는군'이라고 생각하지만 '카세타니요?' 란 대답을 받았을 때 나는 이렇게 투덜대곤 한다.

"쳇!, '씨' 자 하나를 붙이는 게 그렇게 힘들어? 자기네 회사 상사에게는 과장님, 부장님이라고 꼬박꼬박 '님' 자까지 붙이면서 외국인에게는 카세타니요?라고 수상한 사람을 대하듯 하는군……."

얼마 전에 일본 영화를 소개하는 라디오 프로를 들었다. 그때 진행자는 일본 영화계의 거장 쿠로사와 아키라 감독 이름을 쿠로자와 감독이라고 시종일관해서 '사' 를 '자' 로 잘못 불렀다. 그리고 다른 라디오 프로에서는 일본 애니메이션계의 신화적 존재인 미야자키 하야오(宮崎駿) 감독 작품을 소개할 때 '하야오는……' 식으로 마치 자기 친구나 동생 이름을 부르듯 씨도 감독도 붙이지 않고 그냥 이름만 부르고 있었다.

만약 일본 매스컴에서 임권택 감독 작품을 소개할 때 '임건택 감독은……' 식으로 이름을 잘못 부르거나 '권택은……' 식으로 함부로 말하는 것을 한국인이 들었으면 어떻게 생각할 것인가?

또 약 5년 전에 〈추석 맞이 외국인 큰잔치〉란 TV 특집프로를 봤을 때도 비슷한 일이 있었다. 거기에 나온 와타나베란 성씨를 가진 한 일본인에게 어떤 한국인 연예인이 "와타나베!"라고 거칠게 말을 건 장면을 보고 나는 기분이 너무 나빴다. 도대체 어떻게 그런 무례한 행동을 할 수 있는지 나는 전혀 이해할 수 없었다.

그러한 문제들은 결코 사소한 문제가 아니다. 상대방 이름에 대한 기본적인 예의도 지키지 못한 사람들이 상대방 문화를 이해할 수는 도저히 없을 것이다. 이름[姓名]이란 것은 상대방의 인격(人格)과 관련되는 아주 중요한 사항이기 때문이다.

1980년대 초반까지는 일본에서 한국인 이름을 부를 때 한자 이름을 일본식으로 불렀었다. 예를 들면 '沈淸(심청)'을 'Sim Cheong'이라고 부르지 않고 'Sin Sei'라고 불렀다는 것이다. 하지만 지금은 그러한 잘못은 완전히 수정됨으로써 모든 매스컴에서 한국인 이름은 다 한국어 발음으로 부르고 있다.

이제 수많은 외국인들이 한국에서 장기 체류하는 시대이다. 그들 중에는 한국 신문을 읽고 한국 라디오프로를 듣고 TV프로를 즐겨보는 사람들도 적잖다. 자기 나라 사람 이름은 정중하게 부르고 외국인 이름은 함부로 부르는 일부 한국인들의 모습은 그러한 외국인들에게 쓸데없는 불쾌감만 주는 것이 아닐까 싶다.

나는 전화로 카세타니요? 라고 반문하는 사람에게 다음과 같이 말할 때가 있다. 속에서 상대방을 욕하는 것보다 직접 말하는 것이 낫지 않을까 하는 생각이 가끔 들어서이다.

"아니요, 카세타니가 아니고 카세타니씨입니다."

정신대와 종군위안부

　90년대에 들어서 한일 양국간의 심각한 문제가 된 것들 중 하나가 이른바 '종군위안부 문제'이다. 나는 한국에 오기 전부터 그 종군위안부 문제에 대해서는 책이나 매스컴 보도를 통해 어느 정도 알고 있었다. 그래서 한국에 온 후 일본 시민단체나 한국 피해자단체와 접촉하기도 하고 피해 당사자인 할머니들과 만나기도 하고 여러 이야기를 들었다.
　내가 생각하기에는 위안부 문제는 과거 일본인들이 가지고 있었던 성(性)에 대한 왜곡된 인식과 타민족에 대한 그릇된 우월의식, 그리고 전쟁이란 비상 상황이 낳은 죄스러운 산물이라고 본다. 그래서 1965년 한일협정으로 소멸된 국가간의 청구권과는 별도로 일본 정부가 피해자들에게 사죄와 보상을 하는 것이 마땅하다고 생각한다.
　1992년에 한국을 방문한 미야자와 키이치(宮澤喜一) 수상(당시)은 일본 수상의 입장에서 종군위안부 문제에 대해 공식 사죄를 했다. 그리고 1993년에는 일본 정부가 한국에서 직접 피해 당사자들로부터 이야기를 듣고 조사한 후 일본 정부 대변인이 정부의 공식견해로서 위안부 문제를 인정하고 공식적으로 사죄를 했다. 그 후에도 호소카와 모리히로(細川護熙) 수상도, 하시모토 류타로(橋本龍太郎) 수상도 이 문제에 대해 일본 수상으로서 사죄했다.

그래서 한국인들이 흔히 말하는 '일본은 한 마디도 사죄하지 않았다' 따위의 사실 오인은 삼갔으면 좋겠다. 사죄는 분명히 했다는 것이다. 문제는 위안부 문제를 인정하고 싶지 않은 일본 내 일부 우익 인사들의 망언이다. 그들의 망언 때문에 수상이 한 사죄의 의미가 희석되어버린다는 것이다.

그러나 한 국가의 수상이나 정부 대변인이 사죄한다는 것은 큰 의미가 있다. 그것은 일본이란 국가를 대표한 입장에서의 사죄이기 때문이다. 그래서 일본 정부의 정식 입장에서는 위안부 문제를 인정하고 사죄한 것은 틀림없는 사실이다.

남아 있는 것은 피해자들에 대한 보상 문제이다. 일본 정부는 지금까지 피해 당사자들에 대한 개인보상에 대해 인정하지 않았다. 위안부 문제를 인정하고 사죄하면서도 보상을 거부한다는 것은 논리적으로 맞지 않는다.

일본 정부가 지원하는 '여성을 위한 아시아평화기금(여성기금)'이 민간에서 모은 모금과 정부로부터의 출연금을 합쳐서 피해 여성들에게 보상금을 지급하고 있다. 하지만 그것은 어디까지나 민간 차원에서 하는 것이지 아무리 정부가 출연금을 내도 정부의 공식적 보상금이 아니다.

여성기금 발상 자체는 결코 나쁜 것이 아니기 때문에 나도 적은 금액이지만 모금을 했다. 하지만 일본 정부가 공식적인 보상금을 내야 이 문제는 일단락될 수 있다는 것이 내 생각이다.

그런 내 생각이 옳다는 것을 뒷받침해 주는 것이 1998년에 일본 시모노세키(下關) 지방재판소에서 나온 판결이었다. '위안부' 피해자들이 일본 정부를 상대로 제기한 그 소송의 판결에서 재판부는 '일본 정부가 피해자들에게 개인보상을 할 필요가 있다'고 주장했다. 나로서는 아주 기쁜 소식이었다. 나는 그 뉴스를 TV에서 보다가 나도 모르게 '옳지!'라고 외치고 말았다. 그 판결은 과거 이러한 전후 보상문제에 관한 판례를 보아도 이례적이라고 말할 수 있을 정도로 양심적 판결이었다고 평가할 수 있다.

그 판결에 대해 피고(일본 정부)측에서는 즉각 항소를 했다. 그리고 2001년에 나온 2심 판결에서 이번엔 원고(피해자측)가 전면적으로 패소하고 말았다. 다음 3심에서 어떤 판결이 나올지 아직 모른다. 그러나 나는 1심 판결에서 일본 사회에 있어서의 위안부 문제에 대한 인식이 확실히 진전되어가고 있다는 것을 실감했다.

그러한 올바른 인식을 방해하고 위안부 문제를 왜곡시키려고 하는 세력의 존재는 정말로 골칫거리다. 그들은 책이나 강연을 통해서 그 문제에 대한 일본 정부의 책임을 부정하려고 애를 쓴다. 그러나 그들의 모습은 내가 보기에는 발악인 것 같다. '개인 보상 필요파'의 힘이 점점 강해지고 있고 설득력을 더해가고 있기 때문에 '왜곡파' 사람들은 겁이 나서 초조해하고 있다는 것이다. 그래서 그들은 필요 이상으로 큰소리로 외치고 있다고 나는 생각한다. 원래 자신이 없는 자가 더 큰소리치는 법이 아닌가? 물론 그들의 행동에 대해 감시를 소홀히하면 절대로 안 되지만.

'왜곡'은 일본에서뿐만 아니라 한국에서도 벌어지고 있다. 그것은 물론 위안부 문제를 부정하는 것이 아니지만 그냥 방치하면 안 된다고 생각한다.

그것은 종군 위안부와 정신대를 동일시하려고 하는 논조이다. 오랫동안 계속돼온 이런 왜곡 작업의 결과 한국인의 대다수는 위안부 = 정신대란 등식을 당연시하고 있다. 거기에는 매스컴의 영향이 아주 크다고 본다. 각 매스컴은 정신대 할머니란 말을 항상 사용하고 그 등식을 사람들에게 심어주고 있기 때문이다.

그러나 그 정신대 할머니란 말은 사실을 정확히 표현하는 것이 아니다. 일본이 '여자 정신대 근로령'(女子挺身隊勤勞令)을 공포한 것은 1944년 8월이다. 그리고 그 이전인 1943년 5월에 '황군 위문(皇軍慰問)·여자정신대'란 명목으로 위안부 모집을 했다는 일본인의 증언도 있으나(《北海道新聞》, 1991년 11월22일), 그 이전에 정신대란 명목으로 여성을 연행하고 위안부로 만들었다는 사실은 아직 발견되지 않았다.

물론 1943~44년 이전에 위안부가 된 사람들 중에는 속아서 위안부가 되거나 강제적으로 끌려갔다고 증언하는 사람들이 있다. 하지만 그것이 정신대란 명목으로 이루어졌다는 증거는 없다. 그래서 그들에 대해 정신대라고 표현하는 것은 적절하지 않다고 생각된다. 종군위안부 또는 군대위안부라고 부르는 것이 맞다고 나는 생각한다.

그리고 1943~44년 이후 정신대란 명목으로 위안부가 된 사람들도 있지만, 사실 정신대에 있어서 근로정신대(勤勞挺身隊)가 더 큰 부분을 차지하고 있었다는 사실을 알 필요도 있다. 그 정신대 사람들은 일본 군수공장 등에서 노동자로 장시간 노동에 종사하고 착취를 당했다. 착취를 당했다는 사실에 있어서는 위안부도 근로정신대도 다름없지만 전자는 성적 착취이고 후자는 노동력 착취란 면에서 구분해서 생각할 필요가 있다. 정신대의 명목 여부는 위안부 문제의 본질과는 아무 상관이 없지만 착취의 종류 혼동을 피하기 위해 정확한 용어 사용이 필요하다고 생각한다.

내가 그 용어에 대해 꼼꼼히 따지는 이유는 두 가지 이유 때문이다.

하나는 정신대 = 위안부란 등식 때문에 근로 정신대 피해자들이 피해 사실을 공표할 수 없다는 아주 심각한 문제가 야기되기 때문이다. 일제시대 강제적으로 일본으로 연행되어 광산 등에서 일을 하게 된 한국 남성들은 지금 그 피해 사실을 당당하게 사람들에게 말할 수 있다. 그러나 성(性)에 대한 윤리의식이 강한 한국 사회에서 위안부 피해자들이 자신들의 피해 사실을 공표하는 것은 커다란 용기가 필요하다. 해방 후 45년이나 지난 1991년에 와서 김학순 할머니(1997년 작고)가 처음으로 위안부 피해자임을 공표한 것을 봐도 그것을 짐작할 수 있다.

아마 이 땅에는 위안부 피해자임에도 불구하고 성에 대한 사회적 압력 때문에 아무한테도 말하지 못하고 혼자 상처를 감추고 살아가는 할머니들이 많을 것이다. 그리고 피해 사실을 숨긴 채 돌아가신 분들도 적잖을 것이다.

그러한 사회적 상황이기 때문에 근로정신대 피해자들 중에도 위안부라고 오해를 살까 봐 걱정해서 '나는 정신대였다' 란 말을 못하는 분들이 많을 것이라고 생각한다. 나는 일본 잡지에서 그런 사례를 본 적도 있다. 그 잡지에 나온 한 여성은 익명으로 가족들이 오해할까 두려워서 그냥 숨기고 있다고 인터뷰에 응하고 있었다.

물론 성에 대한 편견을 버리고 위안부 피해자가 당당하게 피해 사실을 공표할 수 있는 사회적 인식이 일반화되어야 한다. 하지만 유교적 윤리의식의 영향을 강하게 받아온 한국 사회의 성의식은 쉽사리 바뀌기가 어렵다. 전에 비하면 한국 사회의 성의식은 점점 달라지고 있기는 하다. 하지만 그 사이에도 많은 근로 정신대 피해자들이 세상을 떠나고 있다. 정신대 = 위안부란 왜곡된 일반적 인식 때문에 말도 못한 채······.

내가 용어의 정확성을 따지는 이유의 또 하나는 정신대 = 위안부식의 부정확한 인식이 반대 세력, 즉 일본 내 왜곡파에게 반격의 구실을 제공하게 될 우려가 있기 때문이다. 실제로 '왜곡파'들은 바로 그 부정확성을 지적하고 큰소리를 친다. 어떤 우익론자는 "원래 위안부 문제는 한국측의 오해와 무지에서 비롯됐다. 이른바 정신대를 위안부로 오해한 것으로 시작된 것이다. 말해 두겠지만 내 누나도 정신대였다"라고 말하고 있다.

일본에서는 위안부와 정신대를 혼동하는 사람은 없다. 제2차 대전 때 일본에서는 많은 일본인들이 근로 정신대로 동원되어 공장 등에서 장시간의 무임 노동을 해야 했다. 그 사람들도 노동착취를 당한 셈이다.

그래서 사람들은 "전쟁 때 우리 어머니가 정신대로 고생했다"든가 "우리 할머니는 근로정신대로 끌려가서 공장에서 일하셨다"라고 흔히들 말한다.

그래서 왜곡파 인사들은 정신대 = 위안부란 한국측의 혼동을 지적함으로써 위안부 문제 자체를 부정하려고 애를 쓴다. "위안부와 정신대의 차이조차 모르는 한국 사람들의 주장을 어떻게 믿을 수가 있어? 다 거짓말이야"라고 외치면서. 사정을 잘 모르는 사람들 중에는 그 궤변에 넘어가버릴 경우도 있을 것이다. 내가 걱정하는 것이 바로 그것이다. 그래서 나는 정신대 = 위안부란 혼동을 즉각 수정하는 것이 앞으로 이 문제를 해결하는 데 반드시 필요하다고 생각한다.

임진 '倭' 란

 내가 가끔 만나는 한 할머니가 있다. 그 할머니는 남편을 여읜 후 아들과 같이 살다가 지금은 혼자 살고 있다. 얼핏 보기에는 그는 다른 한국 노인들과 아무 차이가 없지만 일단 그가 입을 열면 분명 차이가 난다.
 할머니는 한국말은 유창하지만 발음과 억양이 특이하다. 그 이유는 그녀가 일제 시대 일본에 있었던 조선인 남자와 결혼해서 해방 후 남편을 따라 한국에 온 이른바 '재한 일본인 처'이기 때문이다.
 나는 그분과 같은 수많은 '일본인 처'를 만났다. 그들 중에는 경제적으로 어려움을 겪고 있는 분들이 적잖이 있지만 할머니는 비교적 형편이 나은 편이다. 그것은 그의 남편(이미 돌아가셨지만)이 안정된 직업을 갖고 있었고, 아들들도 아주 착하게 성장했기 때문이라고 추측된다.
 그러나 그가 한국에서 경험한 고생은 적잖았던 것 같다. 나와 이야기를 하다가 화제가 그런 방향으로 가면 할머니의 입은 무거워진다. 반일 감정이 현재보다 훨씬 강했던 해방 직후의 한국에서 일본인이 느낀 중압감은 내가 상상하는 것보다 훨씬 심했을 것이다.

지난번에는 할머니는 여느 때와 달리 그 당시 이야기를 많이 해주었다. 이야기가 일단락되자 할머니는 나에게 물었다.

"그때 어떤 사람들은 나를 보고 무어라고 했는지 알아요?"

"쪽발입니까? 일본년입니까?"

내 대답에 그는 고개를 가로 저은 후 인자한 미소를 지으면서 한 마디만 했다.

"왜년."

말할 나위도 없이 '왜(倭)'란 말은 일본을 낮춰 부르는 말, 즉 비칭이다. 그래서 한일 국교 정상화 이전에는 일식을 '왜식'으로 표기하는 광고들도 있었지만, 지금 다 '일식'으로 승격됨으로써 왜식이란 표기는 어디에서도 찾아 볼 수 없다.

하지만 '왜'란 말은 아직 당당하게 살아 있다. 일제 시대를 무대로 한 드라마를 보면 일본인은 등장하지 않고, 대신 '왜놈'이 나온다. 물론 '쪽발이'가 나올 때도 있지만…….

보는 쪽도 마찬가지이다. 나는 1991년경 서울에서 하숙을 했었는데 그 하숙집 딸과 TV드라마를 보다가 그녀의 말에 항의한 적이 있다. 그는 일본인의 앞잡이가 된 조선인이 나오는 장면을 보고 "왜놈한테 아부하는 이런 사람은……"이라고 말했다.

나는 그 말을 듣고 그냥 넘어갈 수가 없어서 "그렇다면 지금 네 옆에 있는 나도 왜놈인가?"라고 따져서 작은 말다툼을 하고 말았다. 지금 만나서는 그때 이야기를 하면서 서로 웃을 수 있지만, 잘 생각해 보면 그 하숙집 딸은 나와 아주 친하게 지내왔기 때문에 나를 일본인이라고 의식하지 않아서 '왜놈'이란 솔직한 표현이 자연스레 나온 것 같았다.

한국인의 반일 감정의 근원은 분명히 일본이 만든 것이다. 그리고 그 책임을 일본이 충분히 치렀다고 보기는 어렵다. 그래서 나는 한국인끼리 모여서 '왜'란 비칭으로 일본을 욕하는 심정도 어느 정도 이해할 수 있다. 그러나 그런 술자리나 사적인 모임이 아닌 공식적인 장소에서 '왜'란 말이 당당하게 나오는 것은 이해가 가지 않는다.

내가 들을 때마나 불쾌한 기분이 드는 용어가 '임진왜란'이란 말이다.

그 전쟁은 분명히 일본에 의한 일방적인 침략전쟁이었다. 그리고 그 침략전쟁 때문에 당시 조선은 엄청난 피해를 입었다. 하지만 그렇다고 해서 '왜'란 비칭을 신문이나 교과서 등에서 공식적으로 사용하는 것은 문제가 있지 않을까 싶다.

나는 예전에 쓴 에세이에서 의도적으로 '왜'자를 빼고 '임진란'이라고 쓴 원고가 편집자에 독단에 의해 '임진왜란(壬辰倭亂)'이라고 '왜곡'돼 버린 억울한 경험이 있다.

어찌 일본인인 내가 임진왜란이라고 자신을 낮추는 '왜'란 불쾌한 말을 써야 하는가? 나는 지금도 그 편집 담당자를 원망한다.

나는 옛날에 일본이 저지른 아시아에 대한 침략행위와 마찬가지로 미국이 일본에 가한 비전투원에 대한 무차별적 대공습이나 원자폭탄 투하를 인류에 대한 큰 죄악이라고 생각한다. 그래서 그 피해를 입은 일본인들이나 유족들이 '미국놈'이라고 사석에서 욕하는 것을 말릴 생각은 추호도 없다.

하지만 만약 공적(公的)으로 '미국놈 대공습' 등의 표현이 나온다면 나는 틀림없이 항의할 것이다. 그것은 공과 사의 구별을 분명히 해야 한다는 생각 외에도 민간인에 대한 무차별적 대공습이나 원자폭탄 투하의 잘못을 인정하는 미국인의 존재를 내가 알고 있기 때문에 그들에 대한 예의를 반드시 지켜야 한다는 생각 때문이다.

남자친구는 있습니까?

'십 년이면 강산도 바뀐다'란 말이 있듯, 내가 1990년에 한국에 와서 2002년에 떠날 때까지 한국 사회에는 여러 변화가 있었다. 그 변화를 일일이 들어서 이야기하면 끝이 없을 정도로 한국 사회는 많이 변했다.

나는 매일 신문을 읽고 TV에서 뉴스를 봤는데 사건보도에서 체포된 범죄 용의자에 대한 인권 차원에서의 배려가 눈에 띄게 개선되었다는 것도 큰 변화라고 말할 수 있다.

몇 년 전만 해도 신문 사회면에서는 범죄용의자 이름이 그대로 나와 있었다. 예를 들어 'ㅇㅇㅇ씨를 절도혐의로 구속했다' 식으로 말이다. 그러나 이제 각 일간지를 보면 'ㅇ모씨를 구속했다'라고 용의자의 성씨만 표기되어 있다. 그리고 TV뉴스를 봐도 그러한 변화를 실감할 수 있다.

약 6년 전의 일이었다. 빚을 갚기 위해 어떤 남자가 유치원생을 유괴해서 부모한테 몸값을 요구하는 사건이 발생했다. 다행히 범인은 체포되었고 그 어린이도 무사히 구출되었다. 그런데 그 사건을 보도하는 TV뉴스 화면에서 벌어진 장면은 나를 너무 놀라게 했다. 체포된 용의자가 얼굴을 보여주지 않으려고 고개를 숙이고 있는데 누군가가 그 사람 뒤에 다가와 사진촬영을 하기 위해 머리를 잡아 끌어올린 것이다.

나는 그 장면을 보고 '그래도 되는 건가?' 하는 느낌이 들었다. 유괴는 악질 범죄다(양질범죄란 것이 따로 있는 것이 아니지만……). 특히 어린아이를 납치해서 돈을 요구한다는 것은 비열하고 파렴치하기 짝이 없는 범죄이다.

그러나 체포되었다고 해도 그 사람은 어디까지나 용의자이다. 그래서 보도할 때도 이름을 그대로 부르지 않고 '씨'를 붙여 부르고 있지 않는가?

용의자의 머리를 잡아당긴 사람이 경찰 관계자 아니면 보도 관계자인 것은 틀림없다. 만약 그 사람이 이 글을 보면 아마 이렇게 반박할 것이다. "아니, 그런 나쁜 놈한테 그런 신경 쓸 필요가 어디 있어?"

그러나 아무리 흉악한 범죄를 저질렀다고 해도 그 범인에게 벌을 줄 수 있는 것은 오로지 법(法)뿐이다. 내가 심정적으로 이해할 수 있는 것은 피해 당사자 또는 당사자 가족이나 애인, 친구에 의한 복수뿐이지만 그것도 분명한 범죄란 것을 나는 잘 알고 있다. 그래서 피해 당사자도 그 가족이나 애인, 친구도 아닌 제3자가 체포된 용의자에게 욕설을 하거나 신체적 공격을 가하는 것에는 큰 문제가 있다고 생각한다.

그 유괴사건에 있어서도 용의자의 머리를 잡아 끌어올려서 그 사람의 '얼굴을 가릴 권리'를 침해한 행위는 분명한 인권유린이었다. 만약 그 용의자의 머리를 잡아 끌어올리는 행위가 정당한 것이었다면 다음과 같은 경우는 어떨까? 만약 전직 대통령이 체포되어 그 유괴범처럼 고개를 숙였을 경우에도 과연 머리를 잡아당길 수 있었을까?(잡을 머리가 없을지도 모르지만……)

그러나 이제 TV뉴스에서 용의자가 옷이나 손으로 얼굴을 가려도 그것을 막으려고 하는 사람은 없다. 그것은 전에 비하면 훨씬 좋아진 것이지만 더 나아가서 촬영 자체를 하지 않았으면 좋겠다고 나는 생각한다.

자기가 말하고 싶지 않으면 침묵을 유지할 수 있다는 '묵비권'이 범죄 용의자에게 인정되어 있다는 것은 잘 알려져 있다. 하지만 그들의 '초상권'에 대해서는 거의 무시되어버린 상태이다.

왜 내가 그렇게 용의자의 인권 문제를 따지느냐 하면 사건보도는 아무리 세심하게 신경을 써도 지나치다고 말할 수 없기 때문이다. 그리고 경솔한 보도는 죄없는 사람에게 '범죄자'란 딱지를 붙여버릴 위험성이 있기 때문이다.

1997년에 일본에서 발생한 엽기적인 초등학생 살인사건에서 체포된 용의자는 14세인 중학생이었다. 그 사건은 자세히 말하기가 겁이 날 정도로 너무나 잔인한 살인사건이었고 용의자가 중학생이었다는 것도 충격적이었다. 그런데 한 주간지가 소년의 얼굴 사진을 공개해서 큰 문제를 일으켰다.

일본에서는 그러한 잔인한 사건이 발생할 때마다 주간지들은 크게 보도한다. 그런 기사 중에는 독자의 말초신경만을 자극하려고 하는 무책임하고 불성실한 기사도 적잖다. 그리고 그런 보도를 보는 우리들도 마치 그 사건을 영화나 드라마를 보는 것처럼 즐기는 경향이 있는 것 같다. 그것이 우리 일본인들이 반성해야 할 점이라고 나는 생각한다. 그러한 우리의 자세가 사건을 흥미 위주로 보도하는 일부 매스컴의 잘못을 부채질하고 사건의 본질을 은폐시켜버릴 우려가 있기 때문이다.

1995년에 일본에서 발생한 도쿄 지하철 독가스 사건은 한 광신적 종교집단이 일으킨 사건이었다. 그 교단은 그 사건 이전에도 한 지방도시에서 같은 독가스를 사용했는데 그때 무고한 한 시민이 독가스 살포 혐의를 받고 주간지를 비롯한 매스컴 보도의 희생자가 되었다.

결국 그 교단 간부들이 구속되어 일련의 범행이 밝혀져서야 그 시민은 누명을 벗을 수 있었다. 매스컴 보도와 그 보도에 의해 오도된 사람들로부터 '범인 아닌가?'란 의혹을 받고 살아야 했던 그 시민의 억울함을 생각하면 나는 매스컴이 용의자의 모습을 경솔하게 촬영하거나 공개하는 것이 너무나 위험하다고 생각한다.

이상과 같이 범죄 사건 보도에 있어서는 전에 비하면 많이 개선된 것은 틀림없는 사실이다. 하지만 사고 피해자에 대한 취재 기자들의 태도는 별로 변함이 없는 것 같다.

지금도 TV뉴스를 보면 큰 사고나 재앙으로 심하게 다친 사람들한테 기자들이 함부로 말을 시키거나 촬영을 하는 것 같다. 기자들은 다른 보도기관보다 더 빨리 피해자들의 육성을 전달해야 한다는 경쟁심과 의무감으로 그러는지도 모르지만 온몸에 붕대를 감고 누워 있는 피해자에게 마이크를 들이대고 말을 시키는 모습은 너무하다는 느낌이 든다. 내가 피해자 가족이라면 그런 무신경한 기자들을 절대로 가만히 두지 않을 것이다.

1995년 여름에 일어난 삼풍백화점 붕괴참사 생존자에 대한 일부 기자들의 태도는 지나친 정도가 아니라 역겨움까지 안겨주었다. 기적적으로 살아남은 사람이 나오자마자 쏟아지는 소나기 같은 카메라 플래시! 그 장면은 기자들의 이기주의와 무신경함을 상징하는 것이었다. 며칠 깜깜한 지하에서 지내다가 갑자기 밖으로 나온 사람의 눈에 가장 위험한 것이 무엇인가? 그것은 말할 나위도 없이 강한 빛이다. 대낮에 영화관에서 나온 사람들이 나오자마자 눈을 가늘게 뜨는 것은 영화관 안팎의 광도(光度) 차이가 너무 커서 눈이 놀라기 때문이다. 그런데 그 플래시 소나기는 도대체 무엇인가? 구조대원들이 구출된 사람의 얼굴을 타월로 가리는 이유가 무엇인지도 모른단 말인가?

학생운동이 큰 전기를 맞이했던 1990년대 초기, 분신자살하는 사람이 죽어가는 모습을 촬영한 기자의 윤리의식에 대한 논쟁이 벌어진 적이 있었는데 삼풍 생존자에게 강한 플래시를 터뜨리는 행위는 분신 자살하는 사람에게 기름을 뿌리는 것과 다름이 없었다.

우리는 매스컴, 특히 TV를 통해서 사건이나 사고를 마치 구경거리처럼 여기고 있는 것 같다. 걸프전쟁 때 어떤 사람이 이라크를 향하는 다국적군의 미사일 발사 장면을 보고 '와, 전자오락 같네'라고 외쳤는데 그 사람의 말은 나의 이런 생각을 뒷받침하는 것 같다. 미사일 발사가 무고한 이라크 시민의 죽음을 가져온다는 절박감을 그 전자오락 같은 TV화면을 통해서 느끼기는 어렵다. 이런 식으로 사건, 사고뉴스를 보도하는 기자들도, 그 뉴스를 보는 우리들도 인권에 대한 감각이 마비돼버렸는 게 아닌가 하는 생각이 든다.

다시 일본 이야기로 돌아가지만 1995년 1월 고베 대지진 때 지진에 따른 화재가 진화된 직후 현장에 도착한 한 리포터는 남아 있는 연기를 보고 '온천 같습니다'라고 말해서 시청자들의 빈축을 샀다.

물론 양심적인 기자들도 많다. 그러나 뉴스를 보면서 사건이나 사고를 이렇다 저렇다 말하기 전에 기자 자신의 인간적 기본 자질부터 재검토할 필요가 있지 않을까 하는 생각이 들 때가 가끔 있다.

내가 아는 일본 사진작가가 한국에서 사진전을 연 적이 있었다. 그 사진전은 태평양전쟁 때 일본에 의해 피해를 입은 많은 사람들의 모습과 그들을 지원하는 일본 시민단체의 활동을 담은 것이었다.

전시회 기간 중 한국 매스컴 관계자들도 취재를 왔었고 나는 통역을 담당했다. 그때 한국의 한 언론관계자가 손을 바지 주머니에 넣은 채 껌을 씹으면서 전시장을 돌아다니고 있었다. 그것은 그 사진작가에 대한 결례일 뿐더러 피해 당사자나 유족들에 대한 모욕이라고 나는 생각했다. 사진작가도 나와 같은 심정일 것이라고 판단한 나는 "취재하실 때는 껌을 뱉는 것이 예의가 아닙니까?"라고 그 사람에게 말했다.

한국에서는 기자는 확실히 특권 계급이다. 이른바 일류대학을 나와서 어려운 입사시험을 통과한 그들이 엘리트 의식을 가지는 것은 어쩌면 당연한 일이라고 생각한다.

하지만 보도는 사람을 상대로 하는 것이다. 취재 대상자가 있고 독자나 시청자가 있기 때문에 보도의 가치가 있다. 따라서 적어도 취재 대상자의 인권을 존중하고 독자나 시청자들에게 거부감을 주지 않도록 보도하는 것이 최소한의 매너가 아닐까 싶다. 그것은 기자로서가 아니라 인간으로서의 기본적 매너라고 생각한다.

나는 삼풍참사 생존자인 한 젊은 여성의 어머니에게 어떤 기자가 던진 질문을 아직도 생생하게 기억하고 있다. 너무 어이가 없어 아직도 생생하게 기억하고 있지만 아마 앞으로도 영원히 잊지 못할 것이다. 그 기자는 신나는 듯한 목소리로 이렇게 물었다.

"남자 친구는 있습니까?"

두 편의 영자 이야기

나는 1990년 9월부터 1998년 8월까지 한국에서 생활하다가 98년 9월부터 2년간 중국 연변에서 일했고 2000년 9월에 다시 서울로 돌아왔다.

2년 만에 바라본 한국 사회에는 여러 변화가 있었다. 내가 한국을 떠날 때는 별로 많지 않았던 노랑머리나 빨강머리 등 물들인 머리로 다니는 젊은이들 모습이나 지하철이나 길에서 다정하게 포옹하거나 서로 만지는 연인들의 모습 등 2년간의 변화는 결코 적잖았다.

휴대전화의 보급도 2년 전과 비교가 안 될 정도였다. 이제 삐삐(호출기)는 완전히 과거의 유물이 되어버렸다. 지하철이나 버스를 타고 목적지에 갈 때까지 휴대전화 착신음을 듣지 않을 때는 거의 없다. 바야흐로 휴대전화 중독이라고 말할 수 있을 정도로 한국인들은 휴대전화에 빠져 있다.

내가 보기에는 휴대전화는 혼자 있기를 싫어하고 특별한 일이 없어도 그냥 친구와 지내는 것을 좋아하는 한국인들에게 딱 맞는 도구라고 생각한다. 그리고 새로운 것을 좋아하고 유행에 예민한 젊은이들의 속성을 잘 아는 기업들은 여러 마케팅 수법을 동원해서 끊임없는 판촉활동을 벌이고 있다.

그런데 정말로 휴대전화가 필요한 사람은 그리 많지 않다. 항상 돌아다니면서 일하는 사람이나 환자 등 돌봐줘야 하는 사람을 다른 곳에 두고 다니는 사람들에게는 휴대전화는 필수품이라고 생각한다. 그리고 촌각을 다투는 빠른 정보가 필요한 사람에게도 휴대전화는 있어야 되는 도구일 것이다.

하지만 나를 포함해서 대부분 사람에게는 휴대전화는 있으면 편리하지만 꼭 필요한 것도 아니다. 그래서 나는 요금 지불 능력이 없는 젊은 사람들의 구매욕을 마구 부채질하는 휴대전화 광고를 보면 기분이 우울해진다.

2000년 9월 한국으로 돌아온 나는 TV를 보다가 한 이동통신 광고를 보고 '꼭 그렇게까지 해야 하는가?'란 거부감을 느꼈다. 그것은 '산골소녀'로 유명인사가 된 영자란 이름의 소박한 소녀와 아버지가 같이 나오는 광고였다.

그 광고를 본 나는 '야~, 이 회사는 정말 무섭다. 순박함이든 산골생활이든 모든 것을 동원해서 돈을 벌려고 하는구나!' 생각했다. 그리고 다음과 같은 생각도 들었다. '이 어린 소녀집은 그리 넉넉한 형편이 아닌 것 같은데 그러한 어려운 가정 아이들에게도 판촉활동을 하는군. 이런 어려운 산골에서도 이동통신을 쓰니까 당신들도 써라 그 말이지. 정말 지독한 상술이네. 그 애가 휴대전화를 많이 쓰면 사람좋게 생긴 이 아버지는 요금을 지불하느라 고생하시겠다. 당장은 광고출연료를 받아서 좀 여유가 있겠지만. 그래도 그 돈을 노리는 사람들도 있을 텐데 안 좋은 일이 생기지 않았으면 좋겠는데……."

그때 내가 품은 걱정은 몇 달 후 나온 사건보도로 '역시……'란 한숨으로 연결되었다. 그것은 유명인사가 된 그 집 돈을 노린 강도가 소녀 아버지를 살해한 사건이었다.

"흑심을 가진 사람이라면 그런 짓을 하려고 마음먹을 가능성은 충분히 있겠지. 그것을 광고주측이 모를 리도 없었을 텐데. 역시 그런 광고에 안 나왔으면 좋았을 걸." 나는 광고주인 대기업과 그 광고에 출연한 소녀의 아버지를 탓하고 싶어졌다.

그 범인의 범행 동기는 다음과 같이 추측된다. "대기업 광고에 나왔으니까 돈도 꽤 받았을 거야. 또 내가 그 집에 침입해도 산골이어서 보는 사람도 없겠지. 그리고 얌전하게 생긴 양반이기 때문에 저항도 그리 강하지 않겠지……."

나는 이 추측이 맞는지 안 맞는지를 확인하기 위해 인터넷으로 검색해 봤다. 그 결과 〈여성동아〉 홈페이지에서 다음과 같은 범인의 고백을 발견했다.

"영자 양 부녀가 텔레비전 광고에 출연해 거액의 출연료를 받았을 것 같았고 첩첩산중에 살고 있어 쉽게 돈을 빼앗을 수 있을 것이라고 생각해 범행을 계획했다."

역시 사람의 생각은 유사한 면이 많다. 나와 범인의 생각이 다른 점은 '그런 상황이기 때문에 안 좋은 일이 생기지 않았으면 좋겠는데……'란 것과 '그런 상황이기 때문에 내가 그 돈을 빼앗겠다'는 것뿐이지 상황파악에 있어서는 아무 차이가 없다.

그 사건보도를 보면서 나는 그 부녀를 광고에 출연시키지 않고 가만히 놓아 두었으면 그런 사건도 생기지 않았을 텐데……

꼭 그들을 광고에 동원할 필요가 있었는지 의문을 가졌다.

물론 그 비극의 가장 큰 책임자는 영자 양의 아버지를 살해한 범인이다. 그 회사가 영자 양 아버지를 죽인 것은 결코 아니다. 그러나 소박하게 산골에서 살아온 부녀를 광고에 출연시킴으로써 불특정 다수 사람들 앞에 노출시킨 것은 다름 아닌 그 회사였다.

TV광고는 통상적인 보도 프로나 버라이어티 프로와 비교가 안 될 정도로 많은 사람들의 주목을 받는다. 그래서 나는 걱정을 했던 것이다.

산골소녀 영자 양은 그 사건 충격 때문에 사람이 무서워져 결국 절에 가서 살게 되었다. 금전적으로는 넉넉하지 않았지만 그래도 나름대로 행복하게 살아왔던 한 부녀의 삶은 모든 것을 상품화시키려는 지독한 상혼과 돈을 위해서라면 사람까지 해치는 금전욕이란 괴물 때문에 허물어졌다.

또 하나의 영자 사건도 내가 잊지 못할 사건이다. 위에서 말한 바와 같이 2년 만에 보는 한국 사회에는 여러 변화가 있었다. 그 변화는 연예계에서도 예외가 아니었다. 그 중 나를 아주 놀라게 한 것은 개그우먼 이영자씨의 완전히 달라진 몸매였다.

이영자씨가 1990년대 전반에 등장했을 때 인상은 아주 강렬했다. 애교 있는 얼굴에다 특징 있는 뚱뚱한 몸매, 그리고 재치와 순발력이 넘치는 말솜씨는 신인으로서는 그야말로 군계일학이었다.

나는 어느 날 한 버라이어티 프로에서 그가 선배 연기자들 흉내를 내는 장면을 본 적이 있다. 그때 이씨는 중후한 명배우인 김무생씨 흉내를 냈다. 나는 김무생씨 연기를 좋아해서 그가 나온 드라마를 많이 봤기 때문에 김씨 특징을 잘 알고 있다. 그때 이영자씨는 김씨 특징을 잘 살려서 정말 재미있게 흉내를 냈다. 그 모습을 보고 나는 '역시 이 사람은 보통사람이 아니다. 연구도, 노력도 많이 하고 있네'라고 느꼈다.

이영자씨는 90년대 중반쯤에 한 다이어트관련 식품 신문광고에 나온 적이 있다. 그 광고를 본 나는 조금 실망했다. 내가 보기엔 이씨 몸매는 날씬한 것이 아니지만 보기 흉한 것은 결코 아니었다. 아니, 오히려 보는 사람에게 귀여운 인상과 안정감을 주는 그의 몸매는 하나의 귀중한 재산이라고 생각했었기 때문에 '억지로 살을 빼지 않아도 될 텐데……'라고 느낀 것이다.

그러나 그 광고 이후에도 이영자씨 몸매에는 별로 변화가 일어나지 않았다. 그 광고주와 이씨에게는 미안하지만 나는 이씨가 재산을 잃지 않았다는 것에 안도했다.

그래서 2년 만에 돌아온 한국에서 완전히 달라진 이영자씨 모습을 TV에서 봤을 때 그의 노력과 의지를 칭찬하고 싶은 마음과 잃어버린 재산을 아쉬워하는 마음이 엇갈렸다.

달라진 몸매로 '다이어트 카리스마'가 된 이영자씨는 몇 달 후 지방흡입수술 파문 때문에 우리들 앞에서 사라지고 말았다. 이씨에 관한 일련의 기사를 읽어서 그가 얼마나 자기 몸매에 대해 고민하고 얼마나 비장한 각오로 다이어트를 했는가를 어느 정도 알 수 있었다.

그후 이영자씨는 몇 달 동안의 은둔생활을 보낸 후 뮤지컬에 출연해서 연예인으로서의 활동을 재개했다. 그 만큼 소질도 있고 능력도 있는 사람이기 때문에 이씨는 어떤 방향으로 가도 성공할 것이다.

하지만 나는 아직도 이씨의 잃어버린 재산을 그리워한다. 본인에게는 고통스러운 것이었던 그 '살'이 개그우먼 이씨의 큰 재산이었다는 것을 나는 지금도 의심하지 않는다.

〈졸업〉이란 미국영화가 있다. 1967년에 제작된 이 영화는 한 순진한 청년의 방황과 성장 이야기라고 말할 수 있는데 그 주인공역은 더스틴 호프만이 맡았다. 그 캐스팅을 들은 상대역 여배우 캐서린 로스는 이렇게 말했다고 한다.

"그런 키 작은 남자가 나오는 영화는 틀림없이 성공 못할 거야."

나는 한 잡지에서 그 일화를 읽어서 캐서린 로스의 영화인으로서의 감각을 좀 의심했다(사실은 나는 그의 얼굴이 아주 마음에 들지만). 만약 그 청년 역을 키가 크고 이른바 남자다운 미남 배우가 연기를 했었으면 어땠을까? 아무리 그 배우가 연기를 잘한다 해도 더스틴 호프만 만큼 그 역에 어울리지는 않았을 것이다.

더스틴 호프만은 발군의 연기력을 가진 명배우이다. 〈졸업〉이란 영화가 성공한 것도 물론 그의 연기가 아주 뛰어났기 때문이다. 하지만 그 영화에 나오는 우유부단하고 유혹에 약하고 부모 말을 잘 듣는 청년 이미지는 더스틴 호프만의 작은 키 때문에 더 현실감 있게 우리에게 다가왔다는 것에도 주목할 필요가 있다. 그래서 그의 작은 키는 배우로서 아주 큰 재산이라고 나는 생각한다.

우리의 일상적 사회생활에서 외모로 사람을 판단하는 것은 아주 어리석은 짓이다. 직장인으로서 또는 가겟집 주인에게 중요한 것은 외모가 아니라 능력이다. 하지만 배우나 코미디언 세계에서는 그 외모가 아주 중요한 요소가 될 수도 있다.

이영자씨의 경우 코미디언으로서의 큰 재산이었던 뚱뚱한 몸이 일상생활에서는 큰 부채였다는 점이 너무나 아쉬운 것이다. 연예인에게도 사생활이 있기 때문에 건강이나 연애, 결혼을 생각하면 다이어트에 열중하는 것도 지극히 당연한 일이다. 더구나 날씬한 몸매만이 가치가 있는 것처럼 떠드는 이 사회에서 그전의 이영자씨가 느낀 억울함이나 서러움을 내가 어찌 상상할 수 있겠는가.

날씬함만에 가치를 주는 일상생활이 엄연히 존재하는 한 누군가가 정한 날씬함의 기준에 자기 몸매를 맞추려고 비장한 노력을 계속하는 사람은 끝없이 이어질 것이다. 이런 상황에서 그 재산의 장점만을 강조하는 것은 너무나 무책임하고 잔인한 일이란 것은 나도 알 안다. 하지만 나는 이영자씨의 재기와 성공을 빌면서도 그의 잃어버린 재산에 대한 미련을 아직도 못 버리고 있다.

제2장 내가 느낀 한국문화

백자와 두부
아마조네스의 활
개밥과 보신탕
I'm from Japan이에요
가짜 할머니?
곱창구이와 자장면
인사동과 탑골공원
음식문화의 일본화?
세계일류의 정치가와 동네일류의 구멍가게
나의 고래사냥
숭례문에 대한 아쉬움
톱스타 이병헌씨와의 공연
홍길동은 HONG Gil-dong이다
월드컵과 위스키

백자와 두부

나는 예술, 특히 미술에 대해서는 문외한이라고 말하는 것이 더 정확할 것이다. 미술사나 미술가에 대한 지식도 없고 미술품을 수집하는 취미도 재력도 없다. 가끔 전시회나 박물관에서 미술품을 접할 때, 그저 좋구나 혹은 별로인데 라고 느끼는 아주 단순한 감각에 의한 판단밖에 할 수 없다. 그러나 정말 좋은 작품은 원초적 본능만으로 판단하는 나와 같은 관상자의 마음까지 사로잡을 수 있다.

그런 미술품 중에서 특히 나를 매혹시킨 것이 바로 조선 백자이다.

나는 박물관에서 백자 항아리를 처음 봤을 때, 알 수 없는 힘이 나의 마음을 끌어당기는 것을 느꼈다. 언제까지라도 그 항아리를 계속 보고 싶었다. 그냥 단순한 하얀 색이 아닌 깊음과 따뜻함을 지닌 백자의 매력은 나의 빈약한 심미안과 문장력으로는 도저히 표현할 수 없다.

도자기는 볼수록 아주 재미있는 것이다. 어떻게 흙에서 그런 깊이 있는 작품이 만들어지는지 생각할수록 신기하다. 도자기는 화학수지 제품이나 금속제품에서 도저히 찾을 수 없는 따뜻함과 깊이를 지니고 있다. 내가 집에서 쓰는 식기는 다 도자기이다. 물론 백자나 청자와 같은 고급품이 아닌 평범한 것이지만 나름대로 신경을 써서 산 것이다.

혼자 사는 까닭에 나는 밥을 혼자 해먹을 때가 대부분이다. 밥을 혼자 먹는 것이 외롭지 않느냐고 물어보는 사람들도 있지만 나는 전혀 외롭지 않다. 내가 만들 수 있는 요리 종류도 적고 음식솜씨도 별로이지만 따뜻한 밥을 도자기 밥그릇에 담고 도자기 접시에 요리를 담을 때 나는 행복하다. 아마 도자기 식기는 형편없는 내 요리 솜씨와 혼자 먹는 지루함을 감싸주는 역할을 하고 있는 것 같다. 이렇게 볼 때 도자기의 힘은 우리가 생각하는 것보다 훨씬 크다.

도자기에 조예가 깊은 한 일본인이 쓴 글 중에서 백자를 '하얀 아지랑이에 둘러싸인 지구'라고 표현하고 있는 것을 본 적이 있다. 역시 전문가는 다르다. 표현도 장대하고 시적이다. 나는 그 필자의 상상력과 표현력을 존경한다. 나는 도저히 그런 표현을 할 수 없지만 내가 느끼는 백자의 이미지도 상당히 설득력이 있다고 자부한다.

내가 백자에서 느끼는 것은 아지랑이라기보다 좀더 친근감이 있는 따뜻함, 마치 막 만든 두부에서 나는 온기 같은 것이다. 그 따뜻함은 아마 백자가 순수한 하얀 색이 아니기 때문에 나타나는 것이 아닐까 싶다. 나를 강하게 끌어당기는 백자의 매력은 그 순수함의 모자람에 있다고 생각한다. 얼핏 보기에는 그냥 하얀색 같으면서도 사실은 더 깊이 있는 맛과 멋을 지니고 있는 것이 두부와 백자의 공통점이 아닐까. 지나치게 표백한 두부가 맛이 없는 것처럼 백자도 너무 하얀 것은 멋이 떨어져 보인다.

그런 말을 하면 고귀한 예술품인 백자와 두부를 비교한다고 꾸짖는 분도 계실지 모르겠지만 두부는 영양과 미미(美味), 그리고 단정한 외모까지 겸비한 예술식품이라고 말할 수 있는 존재이다.

한국에서는 술안주로 두부전을 좋아하는 사람들이 많다. 나도 그것을 좋아하지만 집에서 한잔 할 때 자주 만드는 두부요리가 하나 있다. 그것은 두부를 사방 3, 4센티미터 크기로 썰어서 기름을 듬뿍 넣고 그냥 튀기듯 볶는 요리이다. 아주 간단하지만 고수한 풍미의 이 두부요리는 술안주로 안성맞춤이다.

내가 전에 살았던 동네 시장에 두부를 만들어 파는 가게가 있었는데, 운이 좋게 막 만든 것을 살 수 있을 때는 그야말로 식복(食福)이었다. 그 막 만든 두부를 먹을 때는 정말 아무 조미료도 필요없었다. 도대체 콩에서 그런 식품을 만드는 기법을 누가 어떻게 발명했을까? 그것이 문화이며 예술이 아니면 무엇인가? 두부가 얌전하게 가만히 있다고 너무 우습게 보지 마시기를 바란다(이렇게 내가 흥분할 필요도 없지만).

백자의 매력이 '순수함의 모자람'에 있다는 것은 시사하는 바가 크다. 바로 한국 사회에도 비슷한 것을 말할 수 있지 않을까 하는 생각이 들기 때문이다.

한국 사회는 '단일민족 환상'이 강한 사회이다. 그러나 조금 더 생각하면 단일민족이란 생각이 정말로 환상에 불과하다는 것을 쉽게 알게 될 것이다.

한국에는 약 2만 명의 중국인(화교)과 몇백 명의 일본인이 주재원이나 유학생 등의 일시적 체류형태가 아니고 한국 땅에 뿌리를 내린 상태로 살아가고 있다. 재한 화교들은 일제시대 또는 해방 직후에 중국으로부터 한반도로 건너온 사람들과 그 자손들이다. 그리고 재한 일본인들의 대부분은 일제시대 때 일본에서 조선인 남성과 결혼하고 해방 후 남편을 따라 한국으로 온 여성들이다.

그들 중 적잖은 사람들이 한국 국적을 가진 중국계 한국인 또는 일본계 한국인으로 한국 사회를 구성하고 있다. 그리고 최근 매스컴에 자주 등장하는 서양인들 중에도 한국 국적을 가진 프랑스계 한국인이나 독일계 한국인이 있다.

그런 실상을 생각하면 한국을 단일민족 사회, 단일민족 국가라고 그 순수성을 주장하는 것이 너무나 어리석은 짓이란 것을 이해할 수 있을 것이다. 그래서 나는 한국에서 흔히 말하는 우리 민족의 힘이라든가 우리 민족의 우수성이란 말이 무척 귀에 거슬린다. 마치 우리 민족만이 한국 사회를 구성하고 있는 양 말하는 무지와 무신경과 오만을 느끼기 때문이다.

민족의식은 양날의 칼과 같은 것이다. '우리 민족'이란 의식은 사람들을 결속시키고 한 방향으로 이끌려고 할 때 큰 위력을 발휘한다. 한국 경제가 외환위기에 빠졌을 때 벌어진 '금 모으기 운동'에서 볼 수 있었던 많은 사람들의 자발성이나 봉사의식은 바로 '우리 민족'의 단결력을 보여준 것이었다.

그러나 너무 강한 '우리 민족' 의식은 우리가 아닌 다른 민족을 배척하고 우리만 잘 살면 된다는 식의 그릇된 생각에 빠지기 쉽다. 그러나 이 세계에는 단일민족국가란 것은 하나도 없다. 인구 차이는 있어도 어떤 나라든 그 안에는 여러 민족들이 살고 있다. 즉 세계 모든 나라는 복수민족국가, 또는 다민족국가이다. 그런 상황에서 우리 민족은 우수한 민족이다든가 우리 민족의 힘 등을 과도하게 외치는 것은 다른 민족에게 위협을 줄 수도 있다는 것을 알아야 한다.

그리고 한국 사회에서 강조되는 민족 동질성이 오히려 통일의 장애물이 될 수도 있다. 민족 동질성만을 강조하는 것은 하나의 틀을 세워놓고 그 틀에 맞지 않는 사람들을 '민족'이란 울타리에서 배척하려고 하는 것에 다름 아니다. 그것은 지금 한국에 와 있는 탈북자나 연변조선족들이 실감하고 있을 것이다.

분단 이래 반세기를 넘도록 떨어져 살아온 남한 사람들과 북한 사람들 사이에는 언어나 생활습관에 있어서 적잖은 차이가 있다. 그리고 중국 국적을 가지고 살아온 조선족들의 경우는 더할 것이다. 그러한 탈북자나 조선족들은 한국에 오면 자신들과 한국인 사이의 이질성을 느끼게 됨으로써 동질성만을 강요하는 한국 사회에 위화감과 거부감을 품을 경우가 있다. 그것은 결국 민족이란 틀에 너무 집착하는 태도가 오히려 '민족'의 단결을 저해한다는 아이러니컬한 이야기이다.

다시 음식과 비교하면 미국은 신선로(神仙爐) 같은 사회이다. 한눈에 구별할 수 있는 여러 재료(인종·민족)가 하나의 냄비 안에서 독특한 맛과 멋을 냄으로써, 물론 마찰도 심하지만 거기서 우러나오는 힘과 매력 또한 강하다. 재즈는 바로 그 전형적 예가 아닐까. 그리고 한국은 두부와 같다. 얼핏 보기에는 다 같은 색깔로 보여 소수민족의 존재가 눈에 띄지 않기 때문에 '우리 민족의 우수성' 따위의 망언이 나오기 쉬운 사회 환경이라고 말할 수 있다. 그러나 거듭 말하지만 지나치게 표백한 두부는 맛이 없다. 백자가 순수함의 모자람 없이는 멋이 떨어지게 느껴지는 것처럼.

아마조네스의 활

일본에서는 현재까지 남녀가 결혼하면 어느 한쪽의 성씨만을 사용하도록 제도화되어 있다. 남녀 어느 쪽의 성씨를 써도 좋지만 전통적으로 남자 성씨를 쓰는 것이 암묵적 규칙으로 정해져 있었기 때문에 여자가 결혼하면 성씨가 바뀌는 것이 상식이었다.
그래서 동창회 명단에서 여자들 이름을 보면 결혼한 사람들은 대부분 그녀들이 새로 쓰게 된 성씨(즉 남편의 성씨)로 기재되어 있다. 다만 선생님이나 동창 친구가 알 수 있도록 구성(舊姓 : 옛날 성씨란 뜻)이란 용어를 사용해서 결혼하기 전의 성씨도 같이 기재하고 있다. 예를 들면 졸업 후 야마다(山田)란 남자와 결혼한 타나카 이치코(田中一子)란 여학생(이제는 아주머니가 되었지만……)의 경우, 山田(舊姓 田中)一子라고 명단에 나와 있다.
한 친구에 의하면 같은 성씨의 남자와 결혼한 여자(예를 들어 田中一子양이 田中씨와 결혼한 경우)가 자신이 결혼했다는 사실을 과시(?)하기 위해 동창회 명단에 田中(舊姓田中)一子라고 이름을 올리는 경우도 있다고 한다. 만약 그냥 田中一子라고 씌어 있으면 '아, 이 사람은 아직 시집 못 갔구나'라고 다른 사람들이 생각할까 봐 걱정이 되어서 그렇게 하는 것이다.

그러나 남녀평등 사상과 합리적 사고의 확산에 따라, 그리고 결혼에 대한 인식의 변화에 따라 상황은 변해가고 있다. 지금 일본에서는 결혼해도 부부가 각자 종전의 성씨를 계속 쓰는 '별성 부부(別姓夫婦)'의 숫자가 점차 늘어나고 있는 추세이다. 그들은 호적상이나 공식문서에서는 한 쪽의 성씨를 할 수 없이 쓰지만 일상 사회생활에 있어서는 결혼 전의 성씨를 그대로 사용하고 있다.

더 나아가 제도적 구속이 싫어서 아예 결혼신고조차 하지 않는 사실혼(事實婚)을 선택하는 사람들도 있다. 하지만 많은 별성 부부들은 호적상의 '타협'과 일상생활에서의 '저항'을 병행하고 있다.

그러한 사람들의 저항과 제도개선에 대한 계속적인 요구 때문에 일본 정부도 성씨 제도를 재검토하지 않을 수 없게 되었다. 현재 일본 정부는 별성 부부를 법적으로 인정하는 방향으로 위원회를 구성해 새로운 제도에 대한 검토작업을 계속하고 있다.

한국에서는 일본과 달리 결혼해도 남녀의 성씨는 그대로이다. 그것을 안 한 일본인이 "한국은 일본보다 남녀평등 사상이 일반화되어 있다"고 감탄했다는 이야기를 들은 적이 있다. 이것은 한국 여성들에게는 웃어야 할지 울어야 할지 모르는 블랙 유머 같은 이야기일 것이다.

알려진 바와 같이 한국에서 결혼한 여자의 성씨가 그대로인 것은 남녀평등 사상에서 온 것이 아니라 종가(宗家)에서 여자를 배제해 온 남성 우월주의와 가부장제의 영향이 크기 때문이다. 그러나 아이러니컬하게도 여성의 사회활동 범위가 확대된 현대 사회에서 남성 우월주의와 가부장제의 유산이 오히려 합리적으로 기능하고 있다는 것이다.

만약 부부 동성(夫婦同姓)의 원칙이 강한 구속력을 가지는 사회에서 직장여성이 결혼하면 어떤 사태가 벌어질까. 예를 하나 들어보자. 보험회사에서 생활설계사로 근무하는 심청씨가 홍길동씨와 결혼해서 홍청씨가 되면 여러 가지로 번거로울 것이 뻔하다. 그녀는 명함과 도장을 다시 만들어야 하고 고객에게 일일이 설명도 해야 한다. 회사 명단도 수정해야 하고 동료나 상사도 종전처럼 '심청씨'라고 부를 수 없다.

그러나 부부 별성 사회에서는 그런 불필요한 고생을 하지 않아도 된다. 심청씨는 홍길동씨와 결혼해도 임꺽정씨와 결혼해도 변함없는 심청씨이다. 그렇게 합리적인 한국의 부부 별성 제도가 불합리성 그 자체인 남성 우월주의와 가부장제의 유산이란 것을 생각하면 약간 묘한 기분이 든다.

그런데 몇 년 전부터 한국 여성계를 중심으로 제기되고 있는 성씨에 관한 문제가 하나 있다. 그것은 자녀의 성씨에 관한 문제이다. 즉 자녀가 무조건 아버지 성씨를 따르는 현행 제도를 개정해서 어머니 성씨도 쓰자는 것이 그들의 주장이다. 예를 들어 심청·홍길동 부부의 아들 홍부는 홍홍부가 아닌 심홍홍부, 혹은 홍심홍부가 되어야 한다는 말이다.

그 주장은 강한 설득력을 가지고 있다. 자녀는 부부의 '공동 작품'인데 무조건 마치 아버지만의 '작품'처럼 둔갑되어버리는 것은 아무리 생각해도 불합리하다. 사실은 죽도록 고생하고 그 '작품'을 낳는 사람은 다 여자인데…….

최근 읽은 책에 의하면 출산시의 고통을 만약 남자가 경험한다면 견디지 못해 죽을지도 모른다고 한다. 그리고 아이를 낳지 않는 여성들도 한 달에 한번 찾아오는 '손님' 때문에 고생이 많을 것이다. 그런 고생을 모르는 우리 남자는 조금만 피가 나도 당황해한다. 그러면서도 평소에는 자기의 소심함을 감추기 위해 큰소리를 지르고 필요 이상으로 어깨를 펴고 다닌다. 그것은 다 허세에 불과하다. 약한 개가 마구 짖듯…… 물론 나도 마찬가지이다.

자녀는 아버지만의 '작품'이 아니라는 여성계의 주장을 더 강화시킬 수 있는 결정적인 뉴스가 몇 년 전에 있었다. 유전자 조작으로 복제 양이나 복제 소, 복제 원숭이 등을 만드는 실험에 성공했다는 뉴스가 그것이다.

복제 양이나 복제 소 뉴스는 인간 복제에 대한 논의를 일으켰고 지금도 뜨거운 논쟁이 계속되고 있다. 하지만 과학발전과 인간윤리간의 논쟁에 덮여 있는 아주 중요한 사실에 대해 이상하게도 사람들은 주목하지 않는다.

그것은 그 복제 양이나 소가 암놈과 수놈의 '공동작업'으로 탄생한 것이 아니라 암놈의 난자와 유전자만으로, 즉 정자 없이 복제된 이른바 무정생식의 산물이란 사실이다.

그렇다. 과학기술의 발전으로 이제 여자는 남자 없이 아이를 낳을 수 있는 것이다. 그것은 만약 전세계의 남자가 다 죽어버려도 여자 한 명만 남아 있다면 인류 역사는 지속된다는 것을 의미한다. 즉 이제 남녀의 공동작품이 아닌 여자의 단독작품으로서의 아이가 태어날 수 있다는 말이다.

그리스 신화에는 여자만으로 구성된 아마조네스란 부족이 등장한다. 그들은 용감하고 활을 잘 쏘았다고 한다. 나는 복제 양 뉴스를 들었을 때 아마조네스 이야기가 떠올랐다. 그래, 아마조네스 이야기는 이제 신화가 아닌 실화가 되었다.

내 추측으로는 그래도 아마조네스는 생식을 위해 남자의 도움을 필요로 했을 것이다. 그리고 '임무'가 끝나면 남자들은 죽음을 당했을 것이다. 그러나 현대판 아마조네스에게는 남자를 완전히 배제해도 충분히 생식이 가능하다. 변강쇠도 비아그라도 필요없다. 단지 여자와 과학기술과 시설만 있으면 인간은 얼마든지 재생산할 수 있다.

그런 상황에서 가부장제나 남성 우월주의는 그야말로 설득력 없는 신화가 되어버렸다. 아니, 신화는 설득력이 없어도 사람을 감동시키거나 재미와 위안을 제공하는 문학작품이나 오락으로서의 가치가 있다. 하지만 '무슨 남자가……', '남자라면……' 따위의 이야기는 감동도 재미도 유머도 없는 그야말로 쓸데없는 잡담에 불과하다.

만약 이 시대의 아마조네스들이 인간 복제란 화살을 쏜다면 우리 남자들이 이길 수 있는 가능성은 거의 없다. 그렇게 되지 않도록 남녀가 평화적으로 공생할 수 있는 길을 모색하는 것이 우리 남자가 살아남을 수 있는 유일한 길이 아닐까?

개밥과 보신탕

　외국생활에 적응하기 위해서는 그 나라 습관에 익숙해지는 것이 중요하다. 특히 중요한 것은 음식이라고 생각한다. 음식이 입에 맞으면 일상생활이 편하고 회식이나 모임에서도 어울리기가 쉽고 초대를 받는 기회도 많아지고 인간관계에도 도움이 된다.
　그런 의미에서 나는 식생활에 있어서는 행복한 편이다. 식당이나 아는 사람 집에서 나오는 음식 중 못 먹는 것은 지금까지 하나도 없었고 다 맛있게 먹을 수 있기 때문이다. 오히려 초대를 받고 남의 집으로 갈 때는 '이 음식은 아주 맛있는데 너무 많이 먹으면 품위가 없다는 인상을 주지 않을까'라고 생각해서 본의 아니게 단념(?)하는 경우도 없지 않다.
　한국 요리와 일본 요리를 비교하면 공통점도 많지만 탕·국에서 큰 차이를 볼 수 있다. 일본 요리에서는 탕이나 국이 주역이 되는 기회가 거의 없다. 일반가정에서 끓이는 '미소시루', 즉 일본식 된장국은 한국 된장국보다 건더기가 적고 양도 적어서 완전한 '조연 배우'이다(물론 없으면 안 되는 조연이지만). 사정은 식당에서도 마찬가지다. 거기서도 주역은 덮밥이나 돈가스, 생선구이이고, 국은 그런 요리 옆에서 얌전하게 있을 뿐이다.

그러나 한국에서는 탕·국이 당당한 주연배우이다. 갈비탕·설렁탕·곰탕·해장국·순댓국 등 탕·국의 '스타'들은 확고한 지위를 차지하고 있다. 이렇게 탕과 국 종류를 열거하면 한국 육식문화의 다양성을 엿볼 수 있다. 내장이나 머리 그리고 뼈나 피까지도 이용해서 맛을 내는 기법은 틀림없이 하나의 문화라고 말할 수 있다.

내가 특히 좋아하는 탕·국 요리는 내장탕과 닭곰탕, 그리고 순댓국이다. 연탄불로 오랜 시간 끓인 내장이나 닭고기의 부드러움과 국물 맛의 깊이를 맛볼 때마다 나는 작은 행복감을 느낀다. 그리고 내가 자주 가는 서울 광장시장에서 먹는 순댓국도 일품이다. 구수한 국물과 순대, 내장이 절묘하게 어우러진 순댓국을 먹으면서 나는 이 위대한 음식을 개발한 사람과 맛있게 조리해 주신 주인 아주머니에게 감사한다.

음식의 세계에도 대중 스타와 언더그라운드 배우가 있다. 위에서 든 갈비탕이나 설렁탕을 대중스타라고 한다면 보신탕은 언더그라운드 배우에 해당한다. 사람의 눈에 띄지 않는 곳에서 활약하고 그 진가를 아는 사람은 안다는 면에서 그 비유는 적당하다고 자부한다.

나는 개고기를 좋아한다. 일본인도 몇 백 년 전에는 개를 먹었다고 하지만 지금은 먹지 않는다. 그래서 나는 한국에 와서 처음 개고기를 먹어봤다. 처음에는 아는 분의 안내로 호기심으로 보신탕을 먹어봤다. 그때 먹은 개고기는 냄새도 없고 육질도 부드러워서 '이것이 정말 개고긴가' 싶었다.

그 후 나는 개고기 수육이나 전골도 먹어 봤다. 그렇게 여러 번 먹어본 결과 나는 개고기가 아주 맛있는 고기란 결론을 내렸다. 값이 비싼 것이 흠이지만……. 그리고 개고기 요리를 통해 한국의 음식문화에 대한 내 이해는 한층 더 깊어졌다.

새로운 맛과의 만남은 사람에게 즐거움을 주고 시야를 넓혀준다. 전통 식생활문화의 하나인 보신탕을 먹는 것은 한국 사회를 이해하는 데도 도움이 되지 않을까 싶다.

서울 올림픽을 전후해서 많은 보신탕집이 뒷골목으로 쫓겨났다고 한다. 그리고 이름도 '사철탕', '영양탕' 식으로 바뀌었다. 외국인 특히 서양인들이 개고기를 먹는 것에 강한 거부감을 느낀다는 것이 그 이유였다. 실제로 프랑스의 모 유명배우가 보신탕 반대운동을 계속하고 있는 등 서양인들은 개고기를 먹는 것을 혐오하는 경향이 강한 것 같다.

사람의 식성은 각자 다르다. 그러므로 개고기를 싫어해서 안 먹는 사람이 있는 것도 당연하다. 내 주변의 한국인 중에도 개고기를 먹지 않는 사람이 있다. 그러나 자기가 안 먹는다고 해서 남한테 먹지 말라고 강요하는 것은 분명히 문제가 있다. 특히 남의 나라 습관에 대해 이렇다 저렇다 참견하는 것은 부당한 '내정간섭'이다.

그 프랑스 배우가 자국에서 '푸아그라 추방운동'을 하고 있는지 나는 아주 궁금하다. 세계 3대 진미의 하나인 '푸아그라(foie gras)'는 거위에 억지로 많은 먹이를 먹이고 간장을 비대하게 만든 후 그 간을 조려먹는 야만스럽고 잔인하기 짝이 없는 음식이기 때문이다. 그런 야만스러운 음식을 방치한 채 한국의 개고기 문화를 공격하는 것은 논리적으로 맞지 않는 어리석은 짓이다.

전통적으로 고래를 먹어온 우리 일본인들도 구미로부터의 압력 때문에 고유의 맛을 빼앗긴 지 오래이다. 고래나 개를 먹는 것이 야만스러운 일이라면 소나 돼지는 그렇지 않다는 것일까? 천만의 말씀이다. 인간은 동물이나 식물 등 생명체를 먹어야 살아갈 수 있다. 그리고 우리는 요리란 방법을 통해서 생명유지에 필요한 것보다 훨씬 많은 분량을 즐겨 먹고 있다. 우리의 풍요로운 식탁은 많은 동물이나 식물의 희생을 바탕으로 성립되어 있다. 따지고 보면 인간만큼 죄많은 동물도 없을 것이다.

그런 죄많은 인간들이 먹어도 좋은 동물과 먹으면 안 되는 동물을 가리고 야만스럽다거나, 잔인하다고 비난하는 모습은 동물들 입장에서 보면 너무나 웃기는 장면일 것이다. 결국 우리가 해야 하는 일은 우리에게 먹히는 생명체에 깊이 감사하고 되도록 남기지 않고 맛있게 먹는 것이 아닐까 싶다.

나는 개고기를 먹어보지도 않고 잔인하다고 야만스럽다고 비난하는 사람들은 정말로 불쌍한 사람들이라고 생각한다. 그렇게 맛있는 고기를 맛보지 못한 채 맹목적으로 반대만 하다니……. 그래서 나는 그 불쌍한 사람들을 감정적으로 비판하는 것보다 개고기의 진가를 이해할 수 있도록 선도하는 것이 필요하다고 생각한다. 즉 '문화제국주의다'라거나 '너나 잘해!'식으로 감정적으로 반발할 것이 아니라 그들에게 한국의 음식문화를 이해시킬 수 있는 방향으로 전략을 세울 필요가 있다는 것이다.

내가 1985년에 처음 한국에 왔을 때 한국의 음식문화와의 만남은 아주 인상적이었다. 그때 받은 충격과 감동을 나는 아직 잊지 못한다.

일본에서 배를 타고 부산에 도착한 나는 한 식당에 들어가서 비빔밥을 주문했다. 잠시 후 내 앞에 먹음직스러운 비빔밥이 나왔다. 나는 계란프라이와 나물, 그리고 밥을 번갈아 먹으면서 앞으로의 계획을 생각하고 있었다. 그런데 그런 내 모습을 지켜보고 있던 주인 아주머니가 다가와서 숟가락을 빼앗았다. 그러고는 당황하는 나는 아랑곳없이 계란프라이와 나물, 고추장과 밥을 비벼서 단정했던 내 비빔밥을 '개밥'으로 바꿔버렸다. 아니, 이럴 수가!

아주머니는 작품을 다 완성한 후 나에게 숟가락을 돌려주고 싱긋 웃었다. 나에게 이 징그러운 개밥을 먹으라고? 어떻게 이런 개밥을 먹을 수 있겠는가…….

아주머니는 계속 미소를 짓고 있다. 그 미소를 보고 나는 결심했다. 그래, 한번 먹어보자, 죽이든 개밥이든…….

마음을 먹고 숟가락을 입에 댄 나는 새로운 맛과 만나게 되었다. 큰 사발을 순식간에 비웠고, 한국어를 거의 못했던 나는 "맛있습니다"란 말만 되풀이했다.

백문이 불여일견이라고 하는데, 음식도 '백문이 불여일식'이다. 먼저 그 나라, 그 지방 방식대로 먹어보자. 그것이 내가 부산 아주머니한테서 배운 음식문화 이해 방법론이다.

거듭 말하지만 개고기를 먹어 보지도 않고 야만스럽다거나 잔인하다고 비판하는 것은 오만하고 또 무례한 행동이다. 왜냐하면 그것은 여러 나라, 여러 지방의 음식의 매력을 느낄 수 있는 기회를 놓침으로써 스스로 자기의 세계를 좁게 만들어버리기 때문이다.

그렇다면 '불쌍한' 외국인들에게 어떻게 개고기문화를 이해시킬까?

내 생각으로는 매스컴이나 인터넷 등을 통해서 '보신탕 제대로 알리기 작업'을 장기적으로 전개할 필요가 있지 않을까 싶다. 외국신문에 의견광고를 게재하는 것도 하나의 방법이라고 생각한다. 그리고 재한 외국인을 대상으로 개고기 설명회와 시식회 등을 통해서 서서히 '불쌍한' 사람들을 교육시키는 것이 효과적인 방법이라고 생각한다. 개고기를 좋아하는 재한 외국인들을 홍보활동에 동원하는 것도 검토했으면 좋겠다.

되풀이 말하지만 백 번 듣는 것보다 한 번 먹어 보는 것이 낫다. '개밥'에 당황한 내가 실제로 먹어 본 후 '맛있습니다'라고 감동한 것처럼, '야만스럽고 징그러운' 개고기를 먹어 보고 그 진가를 느낄 수 있는 사람은 결코 적잖을 것이라고 나는 믿는다.

'불쌍한' 사람들에게 감정적 대응을 해도 소용이 없으며 오히려 역효과만 초래할 수 있다. 주저하는 '불쌍한' 나에게 '개밥'을 먹인 것은 다름 아닌 아주머니의 미소였다는 것을 강조하고 싶다.

I'm from Japan이에요

내가 약 10년 전(1990년)에 한국으로 유학왔을 때 말할 수 있었던 한국어는 안녕하세요, 잘 먹겠습니다, 잘 먹었습니다, 감사합니다, 일본어 압니까? 정도가 고작이었다. 그리고 안녕히 가세요와 안녕히 계세요를 혼동할 때도 많았다. 유일하게 말할 수 있었던 긴 표현은 '여러 가지로 신세를 졌습니다. 감사합니다'란 말뿐이었다. 그 표현은 왠지 리듬감이 있어서 외우기가 쉬웠기 때문이다. 그 몇 마디 표현들은 내가 1985년에 처음 한국으로 여행을 오기로 했을 때 일본에서 책을 사서 혼자 배운 것이다.

유학 초기 내 한국어 실력이 그 정도였기 때문에 나는 만나는 사람마다 서투른 영어로 "지금은 내가 한국어를 못해서 영어로 이야기하지만 나중에 한국어로 회화할 수 있는 날이 올 것이다"라고 말하기도 했다. 그 후 나는 한국어학당(韓國語學堂)에서 나름대로 열심히 한국어를 배웠다(고 생각한다). 그 과정에서 나는 아주 흥미로운(혹은 당황스러운) 현상을 발견했다.

나는 영어를 잘하는 편이 아니지만 아주 못하는 편도 아니다.

학생 때부터 간단한 의사소통은 가능했었다. 대학교를 졸업하기 직전에 처음 한국으로 왔을 때, 우연히 만난 한국인 학생과 이야기를 하고 친구가 될 수 있었을 정도의 영어를 구사할 수 있었다.

 그러나 한국어를 배우는 동안 나는 영어를 말하려고 할 때 '요'든가 '입니다' 등 한국어의 어미를 붙여버리는 버릇이 생겼다. 예를 들어 I'm from Japan(저는 일본에서 왔습니다) 라고 말할 때 "I'm from Japan이에요" 라고 말해버리는 것이다. 그리고 아주 기본적인 단어도 기억이 나지 않을 때가 많았다. 그 당시 내 나이는 아직 스물아홉 살이었기 때문에 치매가 생길 나이도 아니었는데 정말 이상한 증상이었다.

 나는 혹시나 그 증상은 과음 때문에 생긴 것이 아닌가 의심했다. 과다한 알코올이 뇌에 악영향을 미친다는 것은 의학계의 상식이다. 그럼에도 불구하고 나는 대학교를 졸업한 후 그때까지 많은 양의 위스키·소주·맥주 등을 계속 마셔왔기 때문이다.

 일본에서 대학교를 졸업하자마자 내가 들어간 회사는 양주회사였다. 그 회사 영업사원으로 일하는 동안 나는 엄청난 양의 위스키를 마셨다. 당시 양주회사 영업사원은 거의 하루종일 일을 했었다. 아침에는 도매회사에 가서 도매회사 영업사원들에게 "오늘도 우리 회사 제품을 많이 팔아 주세요"라고 부탁했고, 낮에는 술 판매점(소매점)엘 가서 "새로 나온 우리 회사 위스키는 어떻습니까?"라고 주인에게 물어보는 것이 주요 업무였다.

 저녁에 회사에 돌아와서 서류작성 등 업무를 정리한 후에도 남은 일이 하나 있다. 그것은 술집을 돌아다니면서 회사 제품의 판로를 넓히는 일이다. 그 작업은 보통 하룻밤에 서너 군데 술집을 돌아다니면서 한다. 당연히 회사 위스키를 마시면서 말이다. 그래서 집에 갈 때는 거의 양주 4분의 3병 정도는 마신 상태가 되어버린다.

그런 생활을 몇 년 계속한 후 회사를 그만두고 한국에 온 후에도 원래 술을 좋아하는 나는 친구들과 술을 마시는 기회가 많았다. 1차로 끝나지 않고 2차, 3차로 이어지는 한국식 음주 습관은 일본에서 하룻밤에 몇 군데를 돌아다녔던 나에게 딱 알맞는 스타일이었다.

그러한 과음을 일삼아온 나에게 뇌기능 저하란 대가가 온다고 해도 누구를 탓할 수도 없었다. 다만 너무 일찍 그 징후가 나타났다는 생각이 들었다. 그런데 일본에서 온 유학생 몇 명한테 I'm from Japan이에요 증상 이야기를 했더니 그들도 "나도 그렇다" 혹은 "그랬었다"고 대답했다. 나는 그들도 나와 같은 '증상'을 경험했다는 사실에 안도했다. '그래, 나에게 치매증상이 올 때까지는 아직 몇십 년 남았지'라고 안심한 나는 그 후에도 과음의 악벽을 못 고친 채 지금까지 왔다. 내가 생각하기에는 I'm from Japan이에요 증상은 새로운 언어를 학습하는 과정에서 뇌에서 언어를 담당하는 부분이 혼란을 일으켜서 유발되는 것 같다. 컴퓨터로 말하면 일종의 에러, 즉 오류가 발생한 것이다. 특히 나와 같은 286급 늙은이는 팬티엄급 신세대보다 에러 발생의 빈도가 심하다고 생각한다.

언어는 쓰지 않으면 녹이 스는 법이다. I'm from Japan이에요 증상은 영어를 통 쓰지 않고 한국어만 쓰는 데도 그 원인이 있었던 것 같다.

 잘 하지도 못하는 영어지만 그래도 그냥 놔두는 것보다 낫겠다 싶어서 나는 어느 정도 시간적 여유가 생긴 1996년경 TV영어강좌를 보기 시작했다. 방영시간과 내가 하는 일의 시간이 맞지 않을 때가 많아서 가끔 보고 조금 연습을 하는 정도의 열등생이었고 여러 일 때문에 오랫동안 그 프로를 계속 보지 못했었지만 그래도 그 강좌의 내용은 도움이 되는 것이 많았다.

 일상생활에서 잘 쓰는 표현을 편한 분위기 속에서 이해하기 쉽게 가르쳐주고 설명해주는 그 TV강좌는 아주 잘 만든 훌륭한 교육프로였다고 생각한다.

 하지만 나는 그 프로를 보면서 하나 걸리는 것이 있었다. 그것은 '영어회화'란 자막이 나오고 프로가 시작할 때 흐르는 배경 화면이었다. 여행자로 보이는 젊은 외국 여성이 길을 잃은 것 같은 모습으로 서 있는데 그 옆을 양복차림의 동양계(아마 한국인) 청년이 지나간다. 아가씨는 청년한테 무언가 물어보지만 그는 당황하는 모습으로 도망가버린다. 혼자 남은 아가씨는 할 수 없네라고 말하듯 어이없는 표정으로 양손을 벌려 보인다.

 그 촌극 제작자의 의도는 명백하다. '그럴 때 그 청년처럼 당황하지 말고 영어로 당당하게 대답할 수 있도록 우리 강좌로 열심히 공부하시오. 이제 국제화시대입니다'란 것이다.

 그런데 내가 수긍이 가지 않았던 것은 그 청년이 자기가 마치 나쁜 짓이라도 했다는 양 급히 도망가버리는 모습이었다. 왜 그는 그렇게 쩔쩔매고 도망가야 했는가?

 생각해 보자. 만약 뉴욕이나 런던에서 우리가 한국어나 일본어로 양복차림의 서양인한테 '우체국이 어디 있습니까?' 라고 물어보면 그 사람은 어떤 반응을 보일까? 아마 완전히 무시하거나 '바쁜데 왜 그래?' 하는 표정으로 수상하게 생각할 것이다. 좀 나쁜 사람이라면 욕까지 할지도 모른다.

그래서 내 생각으로는 그 청년은 부끄러워할 필요는 하나도 없다. 바쁜 사람을 잡아서 갑자기 알 수 없는 말로 물어보는 이상한 사람한테 기죽을 필요가 어디 있겠는가? 어이없다고 손을 벌려야 하는 사람은 그 이상한 아가씨가 아니라 청년인데 말이다. 기죽기를 무엇보다 싫어하는 자존심이 강한 한국 대장부가 왜 그런 초라한 모습을 보여줘야 하는가?

몇 년 전 국제공헌이란 이유로 아프리카의 소말리아에 파견된 한국 군인들이 현지 어린이들에게 한국어를 가르치는 모습을 TV에서 봤을 때도 이것과 유사한 의문이 생겼다. '소말리아 어린이가 한국에 오는 것도 아닌데 한국어를 가르쳐야 할 이유가 있나? 그런 일을 할 시간이 있다면 오히려 한국 군인들이 소말리아어 몇 마디라도 배울 필요가 있지 않는가? 그것이 국제적 예의가 아닌가?'

국제화사회에서 사는 우리는 외국에서 온 사람들과 접촉할 기회가 많아지고 또 우리가 외국에 가서 현지인과 접촉할 기회도 많아졌다. 거기에서 필요한 것은 현지 사람들의 생활습관이나 언어를 존중하고 이해하려고 하는 것이지, 자기 문화나 언어를 일방적으로 전파시키려고 하는 것이 결코 아니다. 만약 외국에 가서 그런 오만한 자세로 현지 사람들을 상대한다면 내가 보기엔 그 사람은 틀림없는 문화제국주의자나 언어제국주의자일 것이다.

외국인 관광객에게 친절하게 대하는 것은 바람직한 일이다. 그러나 그 나라를 방문하는 관광객도 현지어 몇 마디(간단한 인사 정도) 정도는 미리 배우고 가는 것이 그 나라 사람들에 대한 최소한의 예의가 아닐까 싶다. '고객이 왕'이란 말이 있지만 왕도 왕다운 인격을 가지고 예절을 지켜야 왕으로서 대접을 받을 수 있다.

위에서 소개한 촌극에 나온 서양인 아가씨는 내 눈에는 왕으로서의 마음가짐에 문제가 있는 언어제국주의자로 보인다. 어디에 가도 영어를 쓰면 된다고 믿고 현지 사람들의 언어나 습관을 이해하려고 하지 않는 오만하고 무신경한…….

내가 그 청년이었다면 갑자기 영어로 말을 건 그 이상한 아가씨한테 이렇게 말할 것이다.

"여보세요. 당신은 나한테 먼저 '영어 압니까?'라고 한국어로 물어봐야 한다고 생각해요. 그런 간단한 말은 금방 배울 수 있어요. 그것이 한국인에 대한 최소한의 예의가 아닐까요?"

영어회화 강좌 덕분에 나는 좀 시간이 걸리고 더듬거리더라도 이 정도는 영어로 말할 수 있을 것이다.

가짜 할머니?

한국 사회를 연구하는 나는 TV 드라마를 유익한 자료로 삼고 있다. 특히 드라마 중에서도 이른바 트랜디 드라마보다 가족극이 더 좋은 자료가 된다고 생각한다. 그 이유는 전자보다 후자 중에 현실을 잘 나타내는 작품들이 많다고 생각하기 때문이다.

트랜디 드라마 중에는 '그렇게 묘사하면 젊은애들은 좋아하겠지'란 좀 안이한 제작 태도가 엿보이는 것들이 적잖다. 현실과 통 거리가 먼 상황 설정이나 인물 설정 그리고 일상생활에서 거의 쓸 기회가 없을 것 같은 대사 등 트랜디 드라마를 보고 '이것이 한국 젊은이들이다'라고 생각하는 사람은 아마 많지 않을 것이다. 거기서 나타나는 것은 제작자의 빈곤한 상상력과 미숙한 젊은 연기자들의 어설픈 말장난이지 실제 한국 젊은이들의 고민이나 기쁨을 반영하는 경우는 적다고 본다. 물론 그런 트랜디 드라마에는 현실에서 실현하지 못하는 꿈을 드라마 등장인물을 통해서 이루어진다는 대리만족기능이 있기 때문에 젊은이들의 희망사항을 알아보는 데 도움이 될 때도 있지만 그 외에는 나는 트랜디 드라마에 별로 관심이 없다.

그에 비하면 가족극이 훨씬 재미도 있고 현실적이다. 물론 월급쟁이가 방이 여러 개나 있는 아주 넓은 집에서 사는 등 현실과 동떨어진 느낌을 주는 가족극도 많지만 형제간의 갈등이나 고부갈등, 그리고 친척간의 갈등 등 인간관계에 있어서 그 미묘한 심리를 잘 그리는 가족극도·적잖다. 그러한 드라마는 한국인의 가족 관계, 친척 관계를 나에게 생생하게 보여 주는 좋은 참고자료가 된다.

많은 가족극을 보고 느끼는 것은 역시 한국 사회는 부계혈통주의와 남성 우월주의가 강한 지배력을 가지고 있다는 것이다. 그것을 실감하는 것이 명절이나 제사 장면이다.

그 장면들을 볼 때마다 나는 '내가 만약 여자라면 한국에서 장남하고는 죽어도 결혼하지 않겠다' 란 생각이 든다. 특히 이른바 좋은 집안이나 '명문가'의 장남과는 말이다. 아무리 멋있고 돈이 많고 성격이 좋은 남자가 내 앞에 나타나도 결혼하지 않겠다. 애인으로서는 대환영이지만. 물론 내가 만약 여자일 경우에도 나처럼 고집이 세고 건방진 사람을 며느리로 삼으려고 하는 '좋은 집안' 이나 명문가는 절대로 없을 것이지만…….

그러한 좋은 집안이나 명문가에서 명절이나 제사 때 여자들(특히 며느리)에게 주는 부담은 아주 크다. 남자들은 TV를 보거나 화투를 치거나 하는데 왜 여자만 음식 준비다, 설거지다 해서 일방적으로 고생해야 하는가? 단지 그대가 여자라는 이유만으로……. 그리고 화면을 보면 명절 때 사람이 모이는 장소는 반드시 시집이지 처가가 아니다.

그런 문제는 일본도 마찬가지다. 일본 최대의 명절인 신정 때

음식준비나 설거지 등은 다 여자가 담당하는 것이 일반적이다. 일본에서도 며느리들의 부담이 크다. 남자는 신정을 맞이하기 위한 집안 대청소를 도와주기는 하지만 그것이 끝나면 TV나 보면서 한가하게 지낸다. 그리고 신정을 지낼 때 시집에서 먼저 지낸 다음 처가에서 지내는 등 한국과 같이 남성 우선의 원칙이 일반화되어 있다.

나는 삼형제 중 막내인데 역시 우리 집 남성 우선의 원칙을 그대로 유지하고 있다. 즉 두 형수는 먼저 우리 집에서 음식준비 등을 하고 새해를 맞이한 후 각각 친정으로 남편(형)과 같이 간다. 그 반대 순서로 한 적은 한 번도 없다. 나는 그 악습을 수정하고 싶지만 힘이 약한 막내 입장에서는 어쩔 수 없다. 그래서 나는 신정 때 늘 형수들에게 미안한 마음을 가지고 그나마 설거지라도 하려고 한다. 솔직히 그런 것들이 마음에 걸려서 나는 신정 때 집으로 가지 않고 혼자 지내는 것이 오히려 편하고 좋다는 느낌이 든다.

이와 같이 일본에서도 며느리들의 고생은 적잖지만 한국의 경우 설날 외에 추석이란 아주 큰 명절이 하나 더 있다. 일본에도 추석과 비슷한 풍습이 있지만 그때는 특별히 음식준비 등을 하지 않기 때문에 신정보다 부담은 훨씬 적다. 그리고 제사를 중요시하는 한국에서는 며느리들이 일 년을 통해서 감수해야 할 고생은 일본과 비교가 안 될 정도로 크다고 생각한다. 특히 맏며느리의 경우 그 고생은 보통이 아니라고 추측된다. 물론 문제의 본질에 있어서 일본과 한국에는 아무 차이는 없지만……. 일본도 한국도 남성 우선이란 관습에 있어서는 공통점을 갖고 있지만 한국이 더 철저하다고 느낄 때가 많다. 그 일례가 친척을 가리키는 용어이다. 한국에서는 모계 친척들에게 외할아버지, 외할머니, 외삼촌 등 '외(外)' 자를 붙인다. 반면 부계 친척들에게는 '외' 자를 빼고 그냥 할아버지, 할머니. 삼촌이란 용어를 사용한다. 또 친할아버지, 친할머니 식으로 차별화를 분명히 할 경우도 있다. 그것은 출가외인이란 말과 통하는 부분이 있다고 볼 수 있다. 즉 모계 친척을 되도록 배제하려는 의도가 그 '외' 자와 '친(親)' 자에 담겨 있다는 것이다.

비슷한 문제점을 가지고 있는 일본에서 온 나로서는 한국 사회의 이러한 철저한 차별화는 그야말로 타산지석으로 삼아야 한다고 생각한다. 일본에는 '눈곱이 코딱지를 보고 웃는다' 란 속담이 있다. 그것은 한국에서 말하는 '겨 묻은 개가 똥 묻은 개를 나무란다' 란 말과 같은 뜻이다. 그래서 나는 한국 사회의 남성 우선주의를 지적하면서도 그것을 비판하거나 웃을 자격은 없다고 생각한다. 하지만 그 '외' 자와 '친' 자의 노골적인 구분에 대해서는 놀라지 않을 수 없다.

나는 몇 년 전에 일본인 친구와 한국 드라마를 보다가 그가 한 말에 웃고 말았다. 물론 그것은 눈곱이 코딱지를 보고 웃는 격이었지만…….

그 친구는 드라마에서 사정이 있어서 아들의 애인이 남몰래 낳은 아이가 세 살이 되어야 처음 만날 수 있었던 한 여성이 눈을 적시면서 "내가 니 친(親)할머니다!" 라고 말하는 장면을 보면서 이렇게 중얼거렸다.

"어, 그럼 그 애인 어머니는 가짜 할머닌가?"

곱창구이와 자장면

일본의 내 고향집은 대도시 오사카에서 버스와 전철로 1시간도 걸리지 않는 아주 교통이 편리한 곳에 있다. 그리고 외할아버지 집이 오사카에 있었기 때문에 나는 어려서부터 오사카에 놀러가는 기회가 많았다.

그렇게 왔다갔다하면서 나는 어느새 내가 이용하는 전철 노선에 아주 독특한 역이 하나 있다는 사실을 알게 되었다. 그 역은 쯔루하시(鶴橋)란 이름이었다. 열차가 쯔루하시역에 도착해서 문이 열리자마자 구수한 냄새가 차 안에 스며들어온다. 그 냄새는 바로 쯔루하시역 주변에 밀집되어 있는 곱창구이집에서 나오는 것이었다. 해가 지는 무렵에는 그 구수함은 최고조에 달한다. 그 유혹을 뿌리치고 그냥 집에 가는 것은 상당히 강한 의지력을 필요로 했다.

그런데 거기에 있는 곱창구이집들의 대부분이 재일동포들이 경영하는 집이란 사실, 그리고 그 역 주변이 일본에서 재일동포들이 가장 많이 모여 사는 지역이란 사실을 나는 다 큰 후에 알게 되었다. 그리고 그들이 일본에서 살게 된 역사적 경위와 사회적 배경에 대해서도 어느 정도 알게 되었다.

지금도 쯔루하시역 주변에는 곱창구이집뿐만 아니라 멋있는 치마저고리 등 한복을 전문적으로 취급하는 가게도 있고 김치나 지짐이 등 다양한 식품들을 파는 가게도 있다.

곱창구이집들의 메뉴는 다양하다. 곱창은 물론 갈비·육회를 비롯해 소의 위·혀·심장·간장뿐만 아니라 회에 이르기까지 아주 다채로운 고기를 맛볼 수 있다. 그렇게 열거하는 것만으로도 내 입 안엔 벌써 군침이 돈다.

내가 특히 좋아하는 것은 소 혀구이와 소 간장회이다. 소 혀구이는 탄력 있는 육질과 씹을수록 나오는 깊은 맛이 일품이다. 그리고 소 간장 회는 소의 간을 얇게 썰어서 참기름장을 찍어 먹는다. 먹어본 적이 없는 분들은 '그런 것은 비리고 징그럽지 않겠는가' 라고 생각하기가 쉽지만 거기서 나오는 소 간장은 아주 신선하고 피를 충분히 뺀 것이기 때문에 비린내는 하나도 없고 오히려 단맛이 난다.

육식문화가 그다지 발달되지 않았던 일본에서 현재 그렇게 다양한 고기 요리를 즐길 수 있는 것은 분명히 재일동포들 덕분이다. 식생활은 인간생활의 아주 중요한 부분을 구성한다. 아니, 가장 중요한 것이 식생활이라고 나는 생각한다. 사람은 빵만으로 사는 것이 아니라는 말이 있지만 빵이 없으면 사람은 살아갈 수 없기 때문이다. 그리고 우리는 맛있는 것을 먹을 때 큰 행복을 느끼고 생활의 활력을 얻는다. 그래서 식생활문화에 대한 재일동포들의 공헌은 더 인정받아야 된다고 나는 생각한다.

어디 식생활뿐인가. 문학·영화·스포츠 등 재일동포들의 활동은 여러 분야에서 일본 사회에 활력과 탄력을 주고 있다. 그들이 없었더라면 아마 일본 사회는 지금보다 훨씬 경직된 사회가 되어버렸을 것이다.

일본에서 재일동포들과 비슷한 존재가 한국에 사는 중국인, 즉 화교들이다. 물론 역사적 배경은 다르지만 외국 땅에서 자기 힘만으로 살아왔고 지금도 국가로부터 혜택을 거의 받고 있지 않다는 점에 있어서 양자는 공통점을 가지고 있다.

재일동포와 마찬가지로 화교들도 한국의 식생활문화에 큰 기여를 해왔다. 한국 사람 치고 자장면을 싫어하는 사람은 아마 없을 것이다. 나는 한국인이 아니지만 자장과 면을 비비는 즐거움을 모르는 사람은 인생을 덜 살았다는 느낌이 들 정도로 자장면은 한국 사회에서 빼놓을 수 없는 음식이다.

원래 중국의 자장면은 조금 노란 장을 쓰고 단맛도 나지 않는다. 한국 자장면은 한국인들의 입에 맞도록 화교들이 궁리해서 만든 '화교요리'이다. 그것은 재일동포들의 곱창구이와 마찬가지로 외국 땅에서 살아남기 위한 화교들의 노력이 낳은 값진 작품이라고 말할 수 있다.

만약 그들이 없었더라면 어떨까? 자장면뿐만 아니라 물만두·볶음밥·오향장육·호떡 등 우리가 즐겨 먹는 음식들은 지금처럼 어디에 가도 쉽게 먹을 수는 없을 것이다.

소수민족은 재일동포처럼 그 사회에 활력과 탄력을 준다. 그들은 그 사회의 다수파가 의식하지 않고 지나가버리기 쉬운 문제점들을 지적할 때가 많다. 또 다수파의 '폭주'에 제동을 걸어서 사회 균형유지에 공헌하는 경우가 많다. 그런 의미에서도 그들은 사회에서 없어서는 안 될 존재라고 말할 수 있다.

그리고 무엇보다도 그들은 우리와 함께 이 사회의 구성원으로 함께 살아가는 동반자이다. 그런데도 일본인들은 재일동포들에 대해, 그리고 한국인들은 화교들에 대해 너무나 모른다.

화교들은 한국에서 정착한 지 벌써 100년이 넘었는데도 법적 영주권마저 인정되지 않았기 때문에 거주 비자를 영주권삼아 5년마다 연장을 거듭해 왔다(2002년에 와서야 영주권을 인정되는 법안이 국회를 통과되었다). 그리고 1998년에 외국인에 대한 토지 취득규제가 폐지될 때까지 주택용은 200평, 사업용은 50평을 넘은 토지를 취득할 수 없었다. 내가 만난 한 화교 1세는 이렇게 불만을 털어놓았다.

"50평을 가지고 무엇을 할 수 있어요? 차라리 주택용 50평, 사업용 200명으로 바꿨으면 좋겠어요."

또 토지에 관한 규제가 없어졌다고 해도 금융기관 내에 아는 사람이 없으면 융자를 받기가 아주 어려워서 큰 사업도 하지 못하는 것이 화교들의 현실이다.

화교들에 대한 여러 규제는 대한민국이 건국한 지 얼마 안 되었을 때부터 시작되었다. 그 배경을 이해하기 위한 좋은 자료가 하나 있다. 그것은 1955년에 한국은행이 발행한 《경제연감》이다. 거기에는 '재한화교의 경제적 세력'이란 특집으로 다음과 같은 말이 나온다.

그들 재한화교는 8.15 일본 패배를 호기로 금일에 이르기까지 3년간 한국의 복잡한 정치적 동향을 도외시하고 경제적으로 혼란된 간극을 이용하여 그들의 경제적 기반축성에만 급급하여온 결과 드디어 한국경제계에서 소홀히 볼 수 없는 지반을 이룩하고야 말았다.

나는 이 문장을 봤을 때 공식문서로서는 너무나 감정적인 표현이라는 점에 놀랐다. 그것은 한국인의 아주 강한 민족의식을 반영하는 것이라고 말할 수 있다. 또 당시 화교 경제세력이 서서히 커가는 것에 대한 두려움과 초조한 마음이 잘 나타나고 있다고 볼 수 있다.

이후 토지에 대한 규제, 법인설립에 대한 규제, 외환에 대한 규제 등 재한화교의 경제활동은 여러 제한을 받게 되었다. 게다가 외국인이기 때문에 공무원이 될 수 없고 또 일반 기업체도 화교 학생들에게 쉽게 문을 열어주지 않았기 때문에 많은 화교들은 음식점이나 잡화상 등 소규모의 자영업을 할 수밖에 없는 상태에 몰렸다. 국적 제한이 없는 양의사, 한의사 등으로 활약하는 사람들도 있지만 화교들은 직업 선택과 사업 진출에 있어서 한국인보다 너무 많은 제한을 받고 있는 것이 현실이다.

그런 규제 속에서 살기 싫어서 한국을 떠나 미국이나 대만으로 이주하는 사람들도 많아졌다. 1972년에는 약 3만 3000명이었던 화교 인구는 1999년 현재 약 2만 2000명으로 줄어들었다.

1960년대에 2, 3군데 있었던 서울 시내 '차이나 타운' 거리는 70~80년대 도시재개발과 외국으로의 이민으로 없어지고 현재 명동 중국대사관 앞과 회현동 일대에 그 흔적이 남아 있을 뿐이다. 그리고 근년에 서울 서대문구 연희동과 연남동에 중화요릿집이나 중국 술집들이 많아지고 있기는 하지만 거기를 차이나 타운이라고 부르기에는 좀 무리가 있다.

재한화교에 대한 한국 매스컴의 보도는 1990년대 후반부터 눈에 띄게 많아졌다. 그것은 한국 내 소수민족에 대한 관심이 높아지고 있다는 것이기 때문에 아주 환영할 만한 일이다. 하지만 적잖은 기사에서 화교 인구가 한때 10만 명 정도였다고 쓰고 있는 것은 이해가 가지 않는다.

한국 정부 통계자료나 《화교경제연감》 등 신뢰성이 있는 통계자료에 의하면 1945년 해방 당시 남한의 화교 인구는 약 1만 3000명이었고, 그 후 가장 인구가 많았을 때도 4만 명을 넘지 못했다.

그 사실만을 봐도 한국인들이 재한 화교의 실상을 몰라도 너무 모른다고 말할 수 있다. 그 '인구 10만 명' 이야기를 나는 여러 기사에서 읽었다. 기사를 쓸 때 조금 확인만 했으면 될 텐데 그러한 기본적인 것도 소홀히하는 기자가 쓰는 기사를 어떻게 믿을 수 있겠는가? 정말로 문제의식이 있는 기자라면 기본적인 숫자부터 확인하는 것이 도리가 아닐까 싶다.

1997년말에 한국이 경제위기에 빠진 후 해외로부터 화교자본을 유치하기 위해 인천에 차이나 타운을 세우자는 계획이 구성되었다. 또 한강 강변에 차이나 타운을 조성한다는 구상도 있었다고 한다.

나는 그 소식을 듣고 쓴웃음이 나왔다. 지금까지 철저하게 재한화교의 경제활동을 규제해왔기 때문에 인천이나 서울에 있었던 차이나 타운적 공간이 사라진 채 부활이 안 된다는 것을 다 알면서 이제 와서 차이나 타운을 세우자니…….

차이나 타운은 화교 상인들이 자연스럽게 모여서 형성되는 것이지 위로부터 만들자고 해서 이루어지는 것이 아니다. 정말로 화교자본을 유치하고 싶으면 먼저 재한화교가 살기 편한 사회를 만들어야 되지 않을까 싶다. 100년이 넘게 이 땅에서 살아온 재한화교들이 편하게 살지 못하는 나라에 어떤 화교가 해외에서 투자하겠는가? 그것은 조금 생각하면 누구라도 쉽게 알 수 있는 것이다. 나는 그 차이나 타운 구상이야말로 화교에 대한 한국 사회의 무지와 무신경을 잘 나타내고 있다는 증거라고 생각한다.

일본 사회와 한국 사회는 비슷한 문제점을 가지고 있는 것 같다. 그것은 국제화니 세계화니 큰소리를 하지만 자기 나라에 오래 전부터 정착해서 사는 가장 가까운 외국인들에 대해 너무나 모른다는 것이다. 이웃에 사는 외국인에 대해 모르면서 어떻게 국제화나 세계화를 진행시킬 수 있겠는가?

한일 양국은 서로 진실된 국제화, 세계화를 상대국보다 빨리 실현하기 위한 선의의 경쟁을 할 필요가 있다. 그런 의미 있는 한일전이 양국에서 벌어졌으면 좋겠다. 내가 이 글을 쓰는 것도 양국간의 경쟁에 조금이라도 기여하고 싶어서이다.

나는 그 경쟁에 있어서 양쪽을 공평하게 응원한다. 하지만 곱창구이 또는 자장면을 즐겨 먹을 뿐만 아니라 그 음식의 진가를 잘 아는 쪽, 즉 소수민족에 대해 이해하고 그들의 존재의 소중함을 인식할 수 있는 나라가 승자가 될 것은 말할 필요도 없다.

인사동과 탑골공원

　내가 1985년에 처음 서울에 왔을 때, 우연히 만난 한국 학생의 소개로 종로 뒷골목에 있는 여관에서 머물게 되었다. 그 여관 주변에는 지금도 낡은 한옥이 남아 있고 겨울이 되면 연탄 냄새가 흘러나온다. 서울에서 10년 가까이 살아오면서 나는 시내 곳곳을 돌아다녔지만 내가 가장 좋아하는 곳은 역시 종로, 특히 종로 1가부터 3가 일대이다.
　종로의 매력은 신구(新舊)의 공존에 있다. 하늘로 솟는 듯한 고층빌딩을 보면서 뒷골목에 들어가면 거기에는 또 다른 세계가 있다. 선술집에서 연탄불로 생선을 굽는 구수한 냄새, 하루 일을 마치고 웃으면서 또는 침묵하면서, 때로는 욕하면서 그리고 울면서 술잔을 기울이는 사람들. 이러한 선술집과 큰 도로편의 깔끔한 카페가 공존할 수 있는 공간이 종로 말고 어디가 있을까? 강북파와 강남파란 이분법에 따르면 나는 틀림없는 강북파, 그것도 종로파이다(여기서 '종로파' 두목인 김두한 형님이 등장해야 하는데……).
　획일화된 공간은 숨이 막힌다. 너무 깨끗한 도시, 너무 정비

된 도시, 너무 질서 있는 도시는 사람냄새가 나지 않는다. 물론 나는 불결하고 무질서한 도시에서는 살고 싶지 않다. 하지만 우리 인간은 어디까지나 동물이다. 그런 동물인 우리가 살아가는 이상 약간의 불결함이나 무질서가 있는 사람냄새가 나는 도시가 더 자연스럽고 또 살기 편하지 않을까?

일본 도쿄에 갔다온 한국인들은 도쿄 지하철 승객들이 효율적으로 줄을 서서 기다리고 질서 있게 타고 내린다고 칭찬하는 경우가 많다. 물론 이론적으로는 차례대로 줄을 서서 기다리고 질서 있게 타고 내리는 것이 가장 바람직한 일이다. 그것은 나도 잘 안다. 하지만 아침에 출근하는 사람들이 2, 3명씩 마치 군대 훈련이라도 받는 것처럼 줄을 서서 열차를 기다리고 있는 모습은 왠지 '인간성의 상실'이란 말을 연상시킨다. 획일화된 도시와 마찬가지로 나는 사람이 획일화되는 것도 질색이다. 획일화된 가치관, 획일화된 복장, 획일화된 외모…… 획일화는 붕어빵만으로도 충분하다.

최근 다양성이란 말이 한국 매스컴에 많이 등장한다. 하지만 한국인들 중에는 다양성보다 획일성을 지향하는 사람들이 많은 것 같다.

한국은 성형수술왕국이다. 연예인뿐만 아니라 보통 사람들도 스스럼없이 눈을 고치고 코를 높이고 주름살을 없애고 광대뼈를 깎는다. 그리고 너나없이 열심히 머리를 염색한다. 이러한 사람들의 모습은 마치 붕어빵 금형(金型)에 자기 몸을 맞추려고 노력하는 것처럼 보인다.

실제로 그들은 일종의 '금형'을 가지고 성형외과를 찾는다.

그것이 연예인 사진이다. ○○의 코처럼, ××의 눈처럼……등 등 오늘도 많은 예비 붕어빵들이 금형을 손에 들고 성형외과에 적잖은 돈을 바친다.

내가 수긍이 가지 않는 것은 ○○의 코처럼, ××의 눈처럼이라고 요구하는 여성들의 발상이다. 아무리 ○○의 코처럼, ××의 눈처럼 잘 수술을 해도 그것은 어디까지나 ○○씨나 ××씨의 아류에 불과하다. 즉 ○○씨나 ××씨처럼 생긴 붕어빵이다. 그리고 더 궁금한 것은 그렇게 누군가를 모방해서 획일화된 얼굴을 가지고 살아가는 것이 자존심이 상하지 않을까 하는 것이다. '자존심 상해!', '너 자존심도 없어?' 등 그토록 자존심을 중요시하는 한국 여성들이 스스로 초라한 붕어빵 신세를 자원한다는 것은 정말이지 수수께끼가 아닐 수 없다.

그러나 그런 사례만을 들어서 '한국 여성의 몰개성성'을 지적하면 안 된다. 나는 얼마 전에 은정이란 친구에게 이렇게 말했다가 편잔을 맞았다.

"야~, 은정이는 프로골퍼 김미현을 많이 닮았네."

"무슨 말씀. 김미현이가 나를 닮은 거지."

우리가 흔히 사용하는 표현 중에서도 내가 저지른 위의 실수와 같은 것이 있다. 즉 '한국의 마돈나', '한국의 빌 게이츠', '한국의 맨해튼' 등의 표현은 그 인물이나 도시의 독자성을 인정하지 않고 억지로 기존의 틀에 맞춰서 평가하려고 하는 잘못된 표현이라고 생각한다. 나는 배우 안성기씨의 팬이지만 만약 '일본의 안성기'란 말을 들어도 전혀 반갑지 않을 것이다. 물론 나에게 그런 말을 할 사람도 절대로 없겠지만…….

이야기가 좀 빗나갔지만, 종로에는 획일성이 아닌 다양성이 살아 있다. 그것이 내가 종로를 사랑하는 가장 큰 이유이다. 다양성·잡다성이야말로 우리 삶의 즐거움과 활력의 원천이 아닐까 싶다. 다양한 사람들의 다양한 행동이나 의견이 우리 삶에 활기와 즐거움을 준다고 나는 믿는다.

 휴일의 인사동거리에는 다양한 가게와 사람들이 거리를 메운다. 남녀노소를 불문하고 한국인도 외국인도 다 모여 어울리는 거리 풍경은 나를 흐뭇하게 만든다. 그러나 좀 걸리는 것은 남녀노소 중 '노'의 비중이 너무 작고 '소'만이 많아지고 있다는 것이다.

 10년 전에 비해 인사동 풍경은 많이 달라졌다. 젊은 손님 취향에 맞는 가게나 음식점들이 많아진 것이 가장 눈에 띈다. 나는 인사동을 돌아다니는 젊은이들이 많아지는 것 자체는 아주 좋은 일이라고 생각한다. 도시에는 젊은이가 있어야 활기가 생기기 때문이다.

 하지만 젊은이만으로는 도시는 단순해지고 깊은 맛이 없어진다. 잘 숙성된 된장처럼 구수한 맛을 도시에 가미(加味)하는 일은 나이 드신 분들밖에 할 수 없다. 그들이 돌아다녀야 비로소 도시에 연륜이 새겨지는 것이다.

 인사동 바로 옆 탑골공원은 나이 드신 분들로 가득하다. 그러나 탑골공원과 인사동 사이에는 보이지 않는 높은 벽이 있는 것 같다. '가깝고도 먼'이란 어디에서 들어본 적이 있는 것 같은 표현이 떠오른다.

 이제 인사동은 젊은이의 거리가 되고, 가족나들이 거리가 되고, 연인들의 데이트 거리가 되고, 외국인의 관광 거리가 되었다. 그것과 마찬가지로 탑골공원 거리는 나이 드신 분들의 산책로로서의 거리가 되는 것이 바람직하다. 그래야 인사동이 더 다양해지고 더 매력적으로 될 것이다.

나는 탑골공원에 모이는 나이 드신 분들을 인사동으로 이끌 수 있는 행사가 많아지기를 바란다. 예를 들어 휴일 인사동 거리에서 길거리 장기대회나 바둑대회를 하는 것은 어떨까? 그것도 일과성 행사로 끝내지 말고 한 달에 한 번 정도 정기적으로 했으면 좋겠다. 그리고 그 경기와 같이 탑골공원의 '고수'들을 강사로 모시고 길거리 장기교실이나 바둑교실도 하면 어떨까? 내가 보기에는 거기에는 상당한 고수도 있을 것이다. 그러한 행사가 정기적으로 개최되면 배우는 측도 유익하고 가르치는 측도 보람을 느낄 수 있다고 생각한다.

인사동은 지금도 매력적인 곳이다. 그리고 다양성의 매력을 지금보다 더 발휘할 수 있는 잠재력이 많다. 인사동 거리가 탑골공원의 노인문화, 심지어 낙원동의 동성애문화까지 받아들이고 융합할 수 있다면 인사동은 세계 어디에 가도 찾아보기 힘든 '해방구'가 될 수 있다는 것이 나의 생각(환상?)이다.

음식문화의 일본화?

한국에서 생활하는 동안에 나는 일본 문화에 관한 신문, 잡지 기사를 많이 읽었다. 그 기사들은 일본 문화에 대한 한국 사회의 인식을 어느 정도 반영한 것이어서 나는 매번 큰 관심을 가지고 기사를 읽었다.

문화에 많은 관심을 가지고 있는 나는 한국에서 일본 문화가 어떻게 받아들여지고 있는지 아주 궁금했다. 그리고 그것을 한국인들이 어떻게 생각하고 있는지에 대해서도 관심 갖지 않을 수 없었다. 물론 내가 일본인이란 사실도 그것과 무관하지 않다.

5년 전쯤에 읽은 일본 음식점에 관한 기사는 정말로 인상적이었다. 그 기사 내용은 그 당시 한국에서 일본 음식점들이 급격한 증가세를 보이고 있다는 것이었다. 거기에 나온 한국 음식업 중앙회의 자료에 의하면 지난 1995년 12월부터 96년 6월 사이에 전국의 일식집 수는 14%나 증가했다고 한다. 그 증가율은 한식(4.9%), 분식(6.2%), 중식(3.4%), 양식(-2.1%)을 훨씬 웃돌고 있었다.

얼핏 보기에는 일식집이 마치 한국 음식업 시장을 활발하게 잠식하고 있는 듯한 인상을 준다. 아니 편집부는 확실히 그런 인상을 심어주는 의도로 그 기사를 실었을 것이다. 왜냐하면 그 기사엔 음식점 증가율 도표와 함께 큰 일본식 젓가락 사진이 나오고 '일본 음식 한반도 대공습'이란 도발적인 제목이 인쇄되어 있었기 때문이다.

그 기사를 읽은 많은 사람들 머릿속에는 아마 공통된 키워드가 떠올랐을 것이다. 그것은 바로 '음식 문화의 일본화'이다. 그 기사를 읽고 '우리 한국인의 식성이 일본화되지 않을까'라고 걱정한 독자들도 적잖았을 것이다. 그리고 애국적인 사람들은 '야, 앞으로 외식할 때 일식집에는 절대로 가지 말자. 우리는 한국 사람인데 한식집에 가야지'라고 마음을 굳게 먹지 않았을까 생각된다.

음식 문화는 그 나라마다의 소중한 재산이기 때문에 그것을 지키는 것은 아주 중요한 일이다. 그래서 나는 개고기를 먹는 한국 음식 문화를 야만스럽다고 비난하는 일부 서양인들의 오만하고 무지한 태도를 이해할 수 없다. 나는 그들에 대해 연민의 정을 느끼지 않을 수가 없다. 이렇게 맛있는 것을 즐길 줄 모르고 맹목적으로 비난만 하다니…… 그들이 정말 불쌍하다.

이야기를 일식집 문제로 돌리자. 위에서 나온 일식집과 한식집의 증가율에는 '숫자의 마술'이 작용하고 있다. 14%나 증가했다니까 얼마나 일식집이 많은가 생각해서 더 자세하게 기사를 보니 한국 내 일식집이 음식점 전체에서 차지하는 비율은 2.9%에 불과했다. 그것은 한식(50.2%), 분식(8.8%), 중식(6.2%), 양식(5.5%) 등과 비교가 안 될 정도로 훨씬 적었다.

원래 숫자가 적으니까 조금만 증가해도 증가율은 커질 수밖에 없다는 것이다. 극단적으로 말하면 손님이 1명밖에 오지 않았던 음식점에 1명 더 손님이 왔다고 해서 '고객 증가율 100%'라고 하는 것과 같은 숫자의 마술이 벌어지고 있다는 것이다.

퍼센트(%)란 단위는 아주 편리하다. 내가 아무리 못된 짓을 해도 나는 우리 집에서 항상 100%의 지지율을 얻고 있다. 그리고 나는 우리 집 수입에서 식비나 각종 세금 등을 뺀 나머지를 100% 관리하고 있다. 왜냐하면 우리 집에는 나 혼자만 살고 있기 때문이다.

이와 같이 퍼센트 이야기가 나올 때는 반드시 전체 숫자에도 주목할 필요가 있다. 그러잖으면 잘못된 판단에 빠지기 쉽다.

그리고 더 근본적인 것은 한국에 있는 많은 일식집들은 순수한 '일본식'이 아니라 '한국화'된 일식집이라는 사실이다. 예를 들어 한국 일식집에서 흔히 나오는 초고추장 같은 것은 일본에는 없다. 나오는 음식도 마찬가지다. 회덮밥이나 알탕은 한국에서만 맛볼 수 있는 '일본 음식'이다.

지난번에 아는 분들과 같이 일식집에서 회식을 했다. 이것저것 이야기를 하다가 문득 식탁을 살펴보고 나는 새삼스럽게 놀랐다. 나오는 몇 가지 요리와 반찬 중 순 일본 음식은 하나도 없고 다 한국화된 음식이었기 때문이다. 나는 그 일본 음식들을 보면서 '그래, 문화란 것은 이런 거지. 어떤 문화든 다른 나라에 들어가면 그 나라 사람들의 기호에 맞도록 재편성되는 거야'라고 고개를 끄덕였다.

그때 우연히 문화교류에 관한 이야기가 나왔는데 그 이야기가 유난히 재미있었다는 것은 말할 나위도 없다.
 이처럼 한국의 일식집은 한국화된 일식집이다. 따라서 거기서 나오는 일본요리들은 한국인의 입에 맞도록 재편성된 '한국화된 일본요리'이다.
 그렇다면 한국화된 일식집이 증가하는 것이 과연 '음식문화의 일본화'인가?
 내가 보기에는 그것은 '일본 음식의 한국화'이지 한국인의 식성이 일본화되는 것은 결코 아니다. 인간의 입맛과 음식문화는 그렇게 단순한 것이 아니다.
 우리가 즐겨 먹는 자장면이나 짬뽕도 마찬가지다. 그것은 한국에 온 중국인들이 한국인에 입맛에 맞춰서 만든 한국화된 중국음식이다. 그리고 그 자장면이나 짬뽕을 만들어 파는 중국인(화교)들은 '음식문화침략'은커녕 한국에서 태어나서 한국인과 똑같이 세금을 꼬박꼬박 내면서도 여러 제한 때문에 어려움을 겪고 있다.
 결국 우리가 여기서 먹는 많은 일본음식도 중국음식도 한국화된 것이다. 그것은 이제 남의 나라 음식이라기보다 일본계, 중국계 한국음식이라고 부르는 게 맞는 것 같다.
 '우리 것은 소중한 것이여'란 말이 널리 회자되고 있고 신토불이란 말이 있듯, 한국인의 '우리 것'에 대한 애정과 애착은 유별나다.
 한국인에게 한국음식이 소중한 것이라는 사실은 지극히 당연한 일이다. 하지만 원래 뿌리가 일본이나 중국이었다고 우리 것이 아닌 것처럼 경계하고 배제하려고 하는 자세는 아무리 생각해도 이해가 가지 않는다. 많은 사람들이 즐겨 먹는 회덮밥이나 자장면이 어찌 남의 것인가? 그것들은 분명히 '우리 것', 한국의 것이 아닐까?

세계일류의 정치가와 동네일류의 구멍가게

　서울에서 생활한 약 9년 동안 나는 여러 번 이사를 했다. 새로운 집을 찾을 때 나에게는 조건이 한 가지 있었다. 그것은 집 근처에 시장이 있어야 된다는 것이었다.
　집에서 스스로 음식을 만들어 먹을 때가 많은 나에게는 그것은 빼놓을 수 없는 필수조건이었다. 그리고 나는 원래 근대적 슈퍼마켓보다 재래시장을 좋아한다. 거기에는 생활의 냄새가 있고 사람의 정이 있기 때문이다.
　이화여자대학교 근처에서 살았을 때 집 바로 앞에 조그마한 시장이 있었다. 규모는 작지만 고기나 야채, 생선 등 필요한 것은 다 있었다. 품질도 좋은 편이어서 나는 항상 그 시장을 이용했다. 거기서 2년 정도 생활하면서 그 시장을 매일같이 드나들었기 때문에 자연스럽게 가겟주인들과도 친해졌다.
　가끔 돈이 모자랄 때는 다들 "그냥 가져가시고 돈은 나중에 주세요"라고 말해주었다. 그런 말을 들을 수 있게 되면 나는 이제 그 지역 주민으로 인정받았다는 것이다. 말하자면 보이지 않는 일종의 주민등록증이라고도 할 수 있을까. 그리고 그 말을 들으면 나도 "일본으로 도망가지 않겠습니다" 하고 웃으면서 대답했다.

외국에서 혼자 자취생활을 하는 것에 대해 힘들지 않느냐, 귀찮지 않느냐는 질문을 받을 때가 가끔 있지만 나는 한 번도 그렇게 느낀 적이 없다. 위에서 말한 것과 같은 가겟주인들과의 대화도 재미있고 시장에서 요리 재료를 고르는 것도 즐겁다. 음식을 만드는 것도 역시 그렇다.

내가 만들 수 있는 요리 종류는 얼마 되지 않는다. 그래도 맛있게 요리가 만들어졌을 때 나는 보람과 행복을 느낀다. 요리는 하나의 창작활동이다. 건강하게 창작활동을 할 수 있고 또 그 음식을 맛있게 먹을 수 있다는 것은 얼마나 고맙고 즐거운 일인가?

내가 다녔던 그 시장 안에는 잡화점, 이른바 구멍가게가 하나 있었다. 주인아저씨는 무척 부드럽고 친절한 분이었다. 그래서 그 가게에서 물건을 살 때마다 나는 기분이 좋았다.

그 아저씨는 가끔 물건값을 깎아주기도 하셨다. 내가 사는 물건이라고 해봤자 라면·맥주·막걸리·화장지 등 팔아도 이익이 얼마 남지 않는 것들이기에 미안한 생각도 들었다. 하지만 객지에서 혼자 자취 생활하는 내 신세가 딱해서(이 노총각 일본사람은 또 술을 마시네. 아이구 딱하다 식으로……) 그러시는 것이라고 생각해서 그냥 고맙게 받아들였다.

그 가게는 나에게는 정말 고마운 존재였다. 술을 좋아하는(사랑하는?) 나는 자주 맥주나 막걸리를 샀다. 한꺼번에 많이 살 때는 저절로 이런 생각이 들었다. '만약 이 무거운 술을 멀리 슈퍼에서 사와야 한다면 얼마나 힘들까.' 그때 내가 살았던 집은 오르막길 중간에 있었고 가뜩이나 내 집은 옥상집이었다. 그런 환경이었기 때문에 나는 맥주나 막걸리를 많이 살 때마다 아저씨 가게가 가까이 있다는 사실에 진심으로 감사했다. 빈 병을 가져갈 때도 마찬가지였다.

만약 우리 서민들의 생활에 '구멍가게'가 없다면 얼마나 불편할까 하는 것은 보통사람('보통사람'을 자칭하면서 거액의 비자금을 모았던 분과는 거리가 먼 진짜 보통사람)이라면 충분히 짐작할 수 있을 것이다.

그런데 당시(1995년 11월경) 내 기분을 망치는 광고가 자꾸 TV나 잡지에 나왔다. 그것은 '아무도 그 사람을 시골 구멍가겟집 둘째딸이라고 기억하지 않습니다. 철의 여인 대처로만 기억합니다'란 카피가 붙은 광고였다. 그 광고는 대처 전 영국 총리를 모델로 내세워 '여성차별이 없는 열린 사회'를 만들자고 주장하고 있었다.

나는 그 광고를 보자마자 시골 구멍가겟집 딸이 무슨 흠인가 하는 생각과 함께 우리 구멍가게 아저씨 얼굴이 머리를 스쳤다. 그 아저씨는 이 광고를 어떤 기분으로 보고 있을까 하는데 생각이 미치면서 기분이 복잡해졌다.

도대체 그 광고를 만든 사람들은 어떤 사람들일까. 나는 그들이 어떤 생각을 가지고 있는지 정말 궁금했다. 설마 구멍가게를 여태 한 번도 이용해 본 적이 없는 사람들 아니겠지.

아니, 그럴지도 모른다. 그 사람들이 사는 잘사는 동네에는 근대적 슈퍼마켓밖에 없을지도 모른다. 그리고 그 사람들은 거기서 물건을 사서 배달시키기 때문에 구멍가게 따위는 필요도 없고 들어가지도 않았을지도 모른다.

그래서 그들은 비가 억수같이 쏟아질 때 구멍가게 아저씨가 비에 흠뻑 젖으면서 열심히 물건에 비닐을 덮어씌우는 모습을 본 적이 없을 것이다. 그리고 아저씨가 인자한 미소를 지으면서 동네 꼬마들에게 "우리 공주님, 오늘은 무얼 사실까"라고 말을 걸고 사탕을 하나 주는 모습을 본 적도 없을 것이다. 하여튼 적어도 그 사람들은 총리직을 구멍가게보다 가치 있는 직업으로 여기는 것만은 분명하다.

직업에는 귀천이 없다고 흔히들 말한다. 하지만 사람의 생각에는 귀천이 있는 것 같다. 귀한 생각을 하는 사람도 있고 천한 생각을 하는 사람도 있다. 사람으로 태어나서 사람으로 살아가는 우리는 되도록 천한 생각을 하지 말고 귀한 생각을 하는 것이 좋지 않을까.

내가 생각하기에는 나 같은 외국인이나 동네 꼬마들에게 후한 인정을 베푸는 그 구멍가게 아저씨는 틀림없이 귀한 생각을 많이 하시는 분이다. 반면 구멍가게가 총리직보다 가치가 없다는 식의 잘못된 가치판단을 확산시키는 그 광고를 만든 사람들은 적어도 그 광고제작에 관해서는 아주 천한 생각을 해버렸다고 말할 수밖에 없다.

대처 총리가 탁월한 능력을 가지고 많은 업적을 남긴 정치인이었다는 것은 나도 잘 안다. 그러나 아저씨가 우리 동네 주민들에게 주는 편의와 따뜻한 정이 대처의 정치적 업적보다 작을 리가 없다. 대처의 영국정치계에 대한 공헌과 아저씨의 동네에 대한 공헌은 둘 다 크고 소중한 것이고 어느 쪽이 더 크다고 우열을 가릴 수 있는 것도 아니다.

  그런 지극히 당연한 사실조차 모른 채 특정직업을 폄하하는 듯한 인상을 주면서 여성 차별이 없는 열린 사회란 말을 외치는 것은 무슨 의미가 있을까. 어리석은 직업차별을 하면서 여성차별 추방을 주장하는 그 광고는 아무 설득력도 없는 악질적인 말장난에 불과하다는 인상을 나에게 주었다. 세계일류만이 가치가 있다는 식으로 우리 서민들을 무시하는 듯한 그 광고에는 그릇된 엘리트의식과 '일류병' 증상이 숨어 있는 것 같았다.

  아마 그 주인 아저씨는 알고 계실 것이다. 세계일류의 정치가와 동네일류의 구멍가게가 똑같이 가치 있다는 사실을. 그 동네에서 아저씨 가게가 얼마나 소중한 존재인가를.

나의 고래사냥

 나는 영화를 즐겨 보는 편이다. 중학교 때는 주로 TV에서 방영되는 외국영화를 즐겨 봤고 고등학생이 되면 가끔 극장에 가서 TV에서 맛볼 수 없는 큰 화면의 박력과 영화관의 독특한 분위기에 빠졌다. 그리고 대학생 때는 수업을 땡땡이치고 극장 어둠 속에서 설렌 마음으로 영화가 시작하는 것을 기다리기도 했다.
 돈이 없는 학생이었던(돈이 없는 것만은 지금도 변함이 없지만) 나는 신문사에서 주최하는 시사회를 많이 이용했다. 그리고 가난한 우리들을 위해 시내에는 개봉관 상영이 끝난 지 몇 달 지난 작품이나 수년 전 또는 그보다 훨씬 오래전의 명작들을 2~3편 동시에, 그것도 개봉관의 절반 가까운 싼 요금으로 보여주는 극장들이 많았다.
 오사카에는 신세카이(新世界)란 번화가가 있다. 최근에는 신세카이를 찾는 젊은이들도 많아지고 있지만 그 당시(약 20년 전)에는 젊은이보다 중년 또는 노년 남성들의 모습이 압도적으로 많았다.
 그 '아바이 동네'인 신세카이에는 5, 6개의 극장이 몰려 있었는데 그 중 개봉관은 하나뿐이었고 나머지는 동시상영관이었다. 시설도 구식이고 아저씨들이 피우는 담배냄새도 심한 극장들이었지만 거기서 상영되는 영화들 중 좋은 것들이 의외로 많았다. 그래서 나는 다른 친구들이 기피하는 그 아바이 동네에 자주 드나들었다.

대학생 시절, 나는 버스와 전철을 타고 학교에 다녔다. 그런데 갈아타는 역에서 갈등이 생길 때가 많았다. 그 역에서 북쪽으로 가면 학교 방향이고 남쪽으로 가면 신세카이가 있었다. 물론 '정상적으로' 북쪽으로 갈 때가 더 많았지만 상아탑보다 어둠 속의 은막이 그리워서 '남행열차'를 타버릴 때도 적잖았다. 교수님들에게는 미안하지만 여러 명작들을 보여주었던 신세카이 극장들은 나에게는 또 하나의 강의실이었다.

그러나 지금 그 극장들은 거의가 문을 닫았다. 그것은 비디오가 보급돼서 그런 극장을 찾는 사람들의 숫자가 급격히 줄었기 때문이다. 오사카 중심부에서도 전통을 자랑하던 한 극장이 폐관되었다는 소식을 5, 6년 전에 들었을 때, 내가 좋아하는 정태춘씨의 노래 〈떠나는 자의 서울〉의 노랫말이 떠올랐다. '떠나는 구나 이렇게……'.

그래도 비디오는 어디까지나 비디오다. 비디오는 영화관의 어둠과 대은막(大銀幕)의 조화가 빚어내는 박력과 독특한 분위기를 절대로 따라갈 수 없다. 그것이 영화만의 매력이자 마력이다. 그래서 나는 시간과 지갑이 허락하는 한 영화는 극장에서 보고 싶다.

하지만 비디오가 우리에게 많은 혜택을 주고 있다는 것도 틀림없는 사실이다. 10~20년 전의 명작들을 안방에서 쉽게 만날 수 있다는 것은 분명히 고마운 일이다. 나는 비디오를 통해서 한국 영화의 걸작들을 몇 편 볼 수 있었다. 사회적 격동기였던 한국의 1980년대의 명작들을 보려고 하는 사람에게 비디오는 좋은 길잡이가 된다.

나는 많은 한국 영화를 보지 못했지만 인상에 남은 영화 몇 편을 들 수는 있다. 그 중에도 내가 특히 좋아하는 작품은 배창호 감독의 〈고래사냥〉이다. 개봉된 지 20년 가까이 되었지만 그 작품의 매력은 지금도 시들지 않는다. 얼마 전에 케이블 TV에서 방영되는 〈고래사냥〉을 다시 봤는데 그 작품이야말로 불멸의 명작이라는 인상을 다시 받았다.

내가 그 영화를 처음 본 것은 1991년 연세대학교 한국어학당에서였다. 수업의 일환으로 고급반 학생들이 영화감상을 했을 때 보게 된 것이다. 극장의 대은막이 아닌 작은 TV화면(비디오였기 때문에)을 통해서 본 것이었지만 〈고래사냥〉의 매력은 나를 완전히 매혹시키기에 충분했다.

젊은 벙어리 창녀(이미숙)를 순진한 대학생(김수철)이 정체불명의 사나이(안성기)의 도움을 얻어서 구출하고 그녀의 고향까지 도피하는 이 작품을 처음 봤을 때, 나는 연기자들의 호연(好演)과 이야기 흐름의 리듬감, 그리고 가슴에 호소하는 음악들이 절묘한 조화를 이루고 있다는 것에 놀랐고 깊은 감동을 받았다.

그리고 한 친구가 나에게 말해 준 '해설'을 들었을 때 나에게 〈고래사냥〉은 더욱더 잊지 못할 영화가 되었다. 그의 말은 창녀(고래)는 민주화를, 학생은 민주화운동 주체를, 사나이는 언론

등 지식인을, 그리고 그들을 추적하는 깡패(이대근)는 독재정권을 각각 상징한다는 것이었다. 그 설명을 듣고, 나는 〈고래사냥〉이 5공 시절인 80년대 전반에 만들어진 사실을 새삼스럽게 생각했다.

5공 시절에 만들어진 영화들 중 배창호 감독의 선배인 이장호 감독이 메가폰을 든 〈바보선언〉도 나에게 강한 인상을 준 작품이었다.

〈바보선언〉에서 특히 인상깊은 장면은 예복을 멋지게 차려입은 신사 숙녀들의 파티가 목욕탕에서 벌어지는 장면이다. 모든 것을 벗어야 하는 목욕탕에서 예복을 입고 술을 마시면서 담소하는 이른바 상류층 사람들의 모습은 탈춤에서 웃음거리가 되는 양반들의 어리석은 모습 그대로이다. 또 마지막 장면에서 옷을 벗고 비장한 표정으로 시위를 하는 동철(김명곤)과 육덕(이희성 : 여담이지만 나는 이희성씨를 좋아한다. 그는 드라마 〈모래시계〉에서도 태수 후배 역으로 좋은 연기를 보여 주었다) 앞에 국회의사당이 흐릿하게 보이는 것도 아주 인상적이다. 바보란 가면을 쓴 주인공들의 행동을 통해서 사회의 모순을 묘사하고 지배체제에 대한 불복종의 의지를 표명하는 〈바보선언〉은 현대영화판 탈춤이라고 말할 수 있을 것이다.

나는 그런 의미에서 당시 이장호 감독과 배창호 감독이 보여 주었던 작가정신에 진심으로 존경을 표한다. 그러나 〈바보선언〉에 큰 감동을 받았던 나에게 이장호 감독이 1990년대 중반에 발표한 〈천재선언〉은 솔직히 아주 실망스러운 작품이었다.

〈천재선언〉에 등장하는 정치인들에 대한 직설적인 풍자는 〈바보선언〉 시절에는 상상도 못할 표현방법이었다. 전두환씨와 외모가 비슷한 배우가 방송출연을 하지 못했다는 실화가 80년대 당시 상황을 말해주고 있다. 하지만 〈천재선언〉은 오히려 그런 직설적인 묘사와 너무나 극단적인 선과 악의 이분법이 실패의 원인이었다고 생각한다. 표현의 자유가 상당히 제한된 상황에서 어렵게 만들어진 〈바보선언〉이 크게 성공했고 권력으로부터의 압력이 상당히 완화된 상태에서 제작된 〈천재선언〉이 참패했다는 사실은 정치권력과 대중문화를 고찰하는 데 시사하는 바가 크다.

한 나라의 문화를 이해하려면 그 나라의 사회적·시대적 배경을 이해할 필요가 있다. 아무 생각없이 봐도 충분히 재미있었던 〈고래사냥〉은 상징의 렌즈를 통해서 보면 더 흥미롭다. 학생이 힘에 대한 동경과 열등감을 느끼는 시작 부분(보디빌딩 시범 장면)부터 그와 사나이의 만남, 그리고 깡패의 억압을 받는 창녀를 사나이가 학생에게 소개하고, 탈출·도피 끝에 마지막으로는 벙어리 창녀의 외침이 깡패로부터의 해방을 얻어내는 결말까지, 나는 〈고래사냥〉이 참으로 잘된 '80년대적 우화'임을 실감한다.

그 영화에서 가장 흥미를 끄는 인물은 사나이이다. 냉소적이면서도 결코 냉소적인 인간이 될 수 없는 그는 학생의 순진함에 짜증을 내면서도 그와 창녀를 위해 노력한다. 그러나 사나이는 생계유지를 위해 창녀가 '몸을 파는' 것에 대해서도 묵인하는 듯한 태도를 표시한다. 사나이는 세상을 살아가는 생활능력이나 위기상황에서 벗어날 수 있는 능력에 있어서 학생보다 훨씬 월등하다. 하지만 깡패한테 죽도록 맞아도 또 맞아도 끝까지 포기하지 않고 창녀의 외침을 꺼낸 사람은 사나이가 아니라 학생이다. 그렇다. 사나이가 아무리 능력이 있어도 '고래사냥'을 하는 사람은 어디까지나 학생이라는 것이다.

나이 마흔이 다 된 나는 과연 '사나이'인가 아니면 '학생'인가? 내 생각으로는 우리 나이가 되면 한편으로는 사나이로 남의 '고래사냥'을 도와주고 또 한편으로는 학생으로 자기만의 '고래'를 찾아야 하지 않을까 싶다.

나는 민주화처럼 큰 고래에 대해서 말할 능력도 없고 그런 입장에 있는 것도 아니다. 그러나 비록 미꾸라지 크기밖에 안 되더라도 나름대로의 고래를 마음속에서 항상 기르고 있다. 그 고래가 반도와 열도 사이를 넘나드는 모습을 꿈꾸면서.

숭례문에 대한 아쉬움

약 6년 전(1996년)에 문화재위원회가 남대문과 동대문의 명칭을 숭례문(崇禮門)과 흥인지문(興仁之門)이란 옛 이름으로 공식적으로 바꾸었다.

그것에 관한 신문보도를 보면 일제에 의해 저질러진 우리 문화재의 창씨개명을 청산했다는 의견도 있고, 또는 《왕조실록》을 비롯한 옛 사서(史書)들에도 남대문, 동대문이라는 호칭이 당당하게 나온다는 지적도 있다. 하여튼 그 명칭에 대해서 외국인, 그것도 일본인인 내가 이렇다 저렇다 할 자격은 없고 그럴 생각도 없다.

옛 조선총독부 건물 철거를 둘러싼 논쟁이 벌어졌을 때도 마찬가지였다. 그 문제는 한국인들이 생각해서 결정할 일이지 외국인이 참견할 성격의 문제가 아니라는 것이 내 생각이었다.

하지만 솔직히 말하면 총독부 건물이 없어진 것은 서울에서 사는 나의 마음 부담을 상당히 덜어주는 것이었다. 버스나 택시를 타고 광화문 옆을 지나갈 때마다 그 위압적 건물을 봐야 한다는 것은 기분 좋은 일은 아니었기 때문이다. 그것을 볼 때마다 느꼈던 우리 조상들의 만행에 대한 혐오감과 내가 가해자측에 있다는 죄책감을 이제 별로 느끼지 않아도 된다는 것은 참으로 고마운 것이었다. 아마 앞으로 서울을 방문하는 일본인 관광객들은 구 조선총독부가 어디에 있었는지도 모른 채 서울구경을 마치고 일본으로 돌아갈 것이다.

앞에서 말한 것처럼 숭례문과 흥인지문이란 명칭에 관해서는 여러 의견이 있지만 그 두 가지 대문이 서울을 대표하는 문화재란 점에 있어서는 모든 사람의 의견이 일치된다.

특히 숭례문은 흥인지문보다 시내 중심부에 위치하고 있기 때문에 주위의 근대적 고층건물과의 '대조의 묘(妙)'가 그 매력을 더 증폭시키고 있다.

높이를 따지면 비교할 수 없을 정도로 한없이 낮은 숭례문은 품위와 존재감에 있어서는 오히려 주위 고층건물들을 압도하고 있다. 키 작은 남자를 무조건 싫어하는 여성 여러분은 이 사실이 가지는 의미를 잘 생각해 보시기를 바란다.

나는 밤의 숭례문을 사랑한다. 특히 추운 겨울밤에 조명을 받고 우뚝 솟아 있는 모습에는 일종의 신적인 장엄감까지 느낀다. 기차로 지방에 갔다가 서울역에 돌아와서 내가 먼저 찾는 것이 숭례문이다. 그 모습을 봐야 비로소 '아, 서울에 돌아왔구나' 하는 생각이 드는 것이다. 외국인인 나에게까지 그런 애착을 느끼게 하는 만큼 숭례문은 무언가 알 수 없는 마력을 가지고 있다.

인간세계에도 그러한 존재가 있다. 뛰어난 실력과 카리스마를 겸비한 사람을 볼 때, 우리는 그 사람에게 존경과 동경, 그리고 약간의 질투를 느낀다. 스포츠선수나 영화배우 등 이른바 스타에 대한 대중의 감정이 그런 것이 아닐까 싶다.

그러나 스타와 대중의 거리는 점점 가까워지고 있다. TV에 나오는 스타들은 시청자들에게 카리스마나 신비성을 보여주기보다 친근감을 심어주려고 노력하고 있다. 또 이른바 토크 쇼 진행자들은 연기나 노래 등 전문 분야에 관한 화제보다 가족관계, 이성관계 등 친근한 사항에 관한 질문을 연발해서 스타의 신비를 벗기려고 하고, 스타들도 자기가 얼마나 평범한 사람인가를 보여주려고 애를 쓴다.

그것이 시대의 흐름이고 시청자가 원하는 것이라면 어쩔 수 없다. TV와 비디오가 보급된 이 시대에는 친근감이 스타의 필수조건일지도 모른다.

하지만 모든 스타가 친근감이 넘치는 이웃 사람이 돼버리는 것은 조금 섭섭하다. 물론 이웃집 아저씨나 동네 아주머니 같은 스타도 매력이 있다. 그러나 일상생활에서 접할 수 없는 마력을 가진 스타가 점점 없어지는 것은 왠지 아쉬운 느낌이 든다.

최근의 TV광고는 그런 나의 아쉬운 심정을 더 자극시킨다. 그것은 영화배우 안성기씨가 기업광고에 등장하는 빈도가 아주 많아졌다는 것이다.

내가 보기에는 안성기씨는 영화계의 숭례문적 존재이다. 발군의 실력과 경력, 그리고 안정감 넘치는 품격. 그는 한국 영화계에 우뚝 솟은 숭례문이라고 할 수 있다.

나는 한국에 와서 〈고래사냥〉이란 영화를 보고 안성기씨의 매력에 빠졌다. 그 후 〈깊고 푸른 밤〉, 〈바람불어 좋은 날〉, 〈안녕하세요 하나님〉, 〈꼬방동네 사람들〉, 〈칠수와 만수〉 등 1980

년대의 명작들을 비디오와 TV를 통해서 보면서 그가 얼마나 훌륭한 연기자인지 실감하게 되었다.

크게 기대를 걸고 본 〈태백산맥〉에서는 역량을 잘 발휘할 수 없었지만 〈축제〉에서는 성숙된 남성의 포용력을 충분히 보여주었다. 나는 〈축제〉를 보고 역시 안성기씨는 다른 배우와는 격이 다르다는 인상을 굳혔다. 영화계의 숭례문은 역시 안성기씨밖에 없다고.

그런 위대한 명배우를 TV광고에서 자주 보게 되는 것은 나에게는 즐거움보다 고통이다. 아마 나와 다른 견해를 가진 사람이 더 많을지도 모른다. 광고에 나온다는 것은 그 만큼 실력과 인기가 있기 때문이란 의견도 있고, 좋아하는 스타를 자주 보게 되어서 좋다는 의견도 많을 것이다. 그리고 TV광고는 15초의 드라마란 말이 있듯이 광고를 하나의 표현 수단으로 본다면 거기에 나오는 것도 나름대로의 의미가 있다.

그러나 내가 보기에는 안성기씨의 매력은 그런 짧은 시간과 공간을 통해서는 결코 알 수 없는 것이다. 이것은 어디까지나 내 개인적 견해에 불과하지만 그런 제한된 조건에서는 오히려 그의 매력이 왜소화, 희석화되지 않을까 싶다.

내가 가장 실망한 것은 안성기씨가 다른 젊은 배우 두 명과 같이 나온 TV광고를 봤을 때였다. 그 광고를 처음 봤을 때 나는 '설마 안성기씨가 이런 광고에 나올 리가 없지'라고 생각했다. 안성기씨를 닮은 그 배우가 광고에서 차지하는 비율은 다른 두 명과 큰 차이가 없었기 때문이다.

그러나 몇 번 그 광고를 보고 거기에 나오는 모델이 틀림없이 안성기씨란 것을 확인한 나는 잠시 말을 잃었다.

아니, 그런 결례가 어디 있는가? 물론 다른 문화재도 좋고 중요하지만 숭례문은 격이 다르지 않는가? 그런데 이게 뭐야. 우리(나는 한국인이 아니지만 너무 흥분하면 '우리'란 말이 나온다. 그것은 하나의 '동화'일지도 모른다) 국보 1호를 그렇게 소홀히 대접할 수 있는가? 안성기씨도 왜 저런 광고에 나왔는가? 그것은 영화배우로서의 안성기씨를 존경하고 동경하는 나와 같은 팬들에 대한 배신이 아닌가.

앞에서 말한 것처럼 나는 숭례문의 명칭에 대해서는 말할 자격도 없고 이렇다 저렇다 참견할 생각도 전혀 없다. 하지만 영화계의 숭례문에게는 진심으로 부탁드리고 싶다. 될 수 있으면 TV광고에는 출연하지 마시고 영화를 통해서만 우리 앞에 나타나달라고.

나는 숭례문을 볼 때마다 '한 번이라도 들어갈 수 없을까' 하는 생각이 든다. 처음에는 거기에 직접 들어가서 만질 수 없다는 것에 대해 불만과 아쉬움을 느꼈다. 그러나 그 멋진 문을 멀리에서 수없이 보고 버스나 택시로 그 옆을 지나가면서 그런 생각은 점점 달라졌다. 오히려 지금처럼 들어갈 수 없어서 바라보기만 하고 있기 때문에 그 매력을 더 느낄 수 있지 않을까 하는 마음을 가지게 된 것이다.

TV광고에서 영화계의 숭례문을 아쉬운 마음으로 지켜보면서 그런 내 생각은 확신에 가까워지고 있다.

톱스타 이병헌씨와의 공연

외국에서 오랫동안 생활하는 데에는 여러 가지 어려움이 있게 마련이다. 언어도 다르고 생활습관도 다르고 사고방식도 다른 외국에서 오랫동안 산다는 것은 재미있는 것도 있지만 크고 작은 마찰이나 갈등도 생길 수밖에 없다.

그런 어려움에 부딪혔을 때 큰 도움을 주는 존재가 주위 사람들이다. 운이 좋게도 나는 한국에서 좋은 분을 많이 만날 수 있었다. 만약 그 분들과 만나지 못했더라면 한국에서 9년간이나 살기는 어려웠을 것이다.

인간이란 한자는 '사람의 사이'라고 쓴다. 즉 인간이란 동물은 사람과 사람 사이에서 살아야 비로소 인간이 될 수 있다는 것이다. 그러나 그런 사람과 사람의 만남에도 운이 작용할 때가 많은 것 같다. 그런 의미에서 나는 좋은 분을 만나서 많은 인복을 얻은 운이 좋은 사람이라고 생각한다.

사람보다 훨씬 못하지만 그래도 내 한국생활에 있어서 많은 도움을 주는 중요한 물건이 하나 있다. 그것은 바로 TV이다.

1990년에 한국으로 유학을 오자마자 나는 TV를 구입했다. 물론 한국어를 공부하기 위해서였다. TV의 장점은 화면을 보면서 말을 배울 수 있다는 것이다. 듣는 것만으로는 이해가 되지 않는 단어나 이야기가 나와도 화면을 통해서 들으면 어느 정도 감을 잡을 수 있을 때가 많다.

어디 그뿐인가. 술을 마시면서 공부를 해도 누워서 공부를 해도 이 관대한 선생님은 꾸지람도 하지 않고 생생한 한국어를 계속 말해 준다. 어린이가 쓰는 말부터 조선시대 임금님이 썼던 말까지 다양한 연령층·계층 사람들의 말을 생생히 전해줄 수 있는 TV는 참으로 훌륭한 어학선생님이다.

TV프로 중 한국어 학습에 있어서 나에게 가장 도움이 되었던 것이 드라마였다. 드라마는 일상생활에서 잘 쓰는 회화표현을 부담없이 배울 수 있는 아주 좋은 교재이다.

그리고 한국 드라마를 보면서 나는 한국어뿐만 아니라 한국 사회에 대해서도 많이 배웠다. 두말할 것도 없이 드라마 세계는 실제세계가 아닌 가공의 세계이다. 〈사랑이 뭐길래〉에서 나왔던 젊은 부부인 대발(최민수)과 지연(하희라)은 어디까지나 작가가 만든 가공의 커플이다. 하지만 그 부부는 전통적인 가부장제의 가치관과 진보적인 남녀 평등주의적 가치관의 대립이란 한국 사회의 일면을 잘 나타내고 있었다.

또 〈바람은 불어도〉나 〈정 때문에〉에서 볼 수 있었던 가족, 친척간의 밀착된 인간관계는 한국 사회의 큰 특색이라고 볼 수 있다. 물론 일본에서도 당연히 가족이나 친척간의 애정이 있다. 그러나 그 표현방식이나 친척끼리 모이는 빈도를 보면 한국은 일본과 비교가 안 될 정도로 밀착된 인간관계를 유지하고 있다.

특히 어머니와 아들간의 직접적 애정표현이나 너무나 강한 결합은 일본에서는 보기 힘든 것이어서 나는 그러한 장면을 볼 때마다 '아, 여기는 한국이구나!' 라고 실감한다.

나는 지금까지 일제시대를 배경으로 한 드라마나 일본인이 등장하는 드라마도 몇 편 볼 수 있었다. 종군위안부문제나 사상 대립문제를 비롯한 여러 문제를 제시한 〈여명의 눈동자〉나 양반 지배사회의 문제점과 친일파 문제를 취급한 〈먼동〉, 구한말 격동기를 배경으로 한 〈찬란한 여명〉, 한국의 세 형제와 결혼한 한·중·일 삼국 여성을 그린 〈며느리 삼국지〉 등 여러 드라마들은 한국인이 일본이란 나라와 일본인들을 어떻게 보고 있는지에 대해 그 일단을 보여주는 아주 귀중한 자료들이었다.

물론 그러한 공부나 연구를 떠나서도 한국 드라마는 볼만한 작품들이 아주 많다. 일일연속극의 새 흐름을 만들어낸 〈당신이 그리워질 때〉, 남아선호사상을 맹렬하게 비판한 〈아들과 딸〉, 젊은이들의 꿈을 상쾌하게 그린 〈파일럿〉, 한국 내 소수민족인 화교에 대한 문제의식을 보여주었던 〈여자의 방〉, 내가 좋아하는 배우인 김미숙씨와 정동환씨의 호연이 인상적이었던 〈사랑할 때까지〉, 시청률은 낮았지만 가족애를 잔잔하게 묘사한 〈여울목〉, 신분상승이란 키워드가 공통요소인 〈서울의 달〉과 〈젊은이의 양지〉, 〈신데렐라〉, 한국 드라마의 금자탑이라고 말할 수 있는 〈모래시계〉 등 지금도 잊지 못할 작품들을 나는 수없이 들 수 있다.

이처럼 한국 드라마를 통해서 한국어를 공부하고 한국 사회를 연구하고 또 드라마 자체도 즐기고 있었던 나에게 어느 날 아는 사람을 통해서 한국 드라마에 출연하지 않겠느냐는 섭외가 들어왔다. 그것은 1994년 2월 하순. 드라마는 이병헌씨 주연인 〈폴리스〉란 작품이었다.

〈폴리스〉는 이현세씨 만화를 원작으로 한 작품이고, 이병헌씨는 주인공인 오혜성 역을 맡았다. 그리고 극본은 그 드라마 이후 위에서 소개한 〈바람은 불어도〉나 〈정 때문에〉 등 일일연속극으로 큰 히트를 친 문영남씨가 집필했다.

나에게 드라마 출연을 권한 사람은 "친구가 일본인 엑스트라를 찾고 있는데 카세타니씨는 어때요?"라고 나에게 말을 걸었다. 호기심이 많은 나는 '이런 기회가 아니면 한국 드라마 제작현장을 볼 수 없지. 그리고 스타 이병헌을 직접 볼 수도 있네. 내가 나와봤자 잠깐 나와서 대사 한 마디 정도 하는 것이니까 별로 연습도 필요없을 거야. 구경 삼아 한번 해보지'라고 생각해서 즉시 "네, 나가겠습니다"라고 대답했다.

그런데 며칠 후 대본을 받은 나는 깜짝 놀랐다. 내가 나오는 장면은 세 장면이나 되었고 대사 분량도 만만찮았기 때문이다.

내가 맡은 역은 일본 경시청 감식담당자였다. 그 사람은 한국어에 능통한 인물로 설정되었기 때문에 대사도 당연히 거의 전부 한국어였다. 나는 그 많은 한국어 대사를 보고 출연을 포기할까 망설였다. 하지만 일단 맡겠다고 말한 역할을 이제 와서 포기하는 것은 너무 무책임한 행동이었다. 그리고 그 감식담당자는 살인사건에서 사용된 총알 제조자를 추적하는 오혜성을 돕는 꽤 '멋진' 역이었기 때문에 그 역을 해보고 싶은 욕심도 생겼다. 또 톱스타 이병헌씨와 공연할 수 있는 기회를 놓칠 것도 아쉬워서 나는 집에 가자마자 대사를 외우기 시작했다.

"대사관에서 근무하신 아버님을 따라 서울에서 꽤 오래 살았 거든요".

"특수 사제 총알에 대한 감식을 부탁한다고 들었습니다만."

그때 외워서 여러 번 연습을 한 대사 중 몇 마디는 지금도 내 머릿속에 남아 있다. 내가 가장 마음에 든 대사는 감식요원으로서의 마음가짐을 혜성에게 말해주는 다음과 같은 말이었다.

"감식에 관한 전문교육을 받으면서 제일 먼저 배운 게 뭔지 아세요? 바로 인내심이죠. 어떤 상황에서도 끝까지 포기하지 않는."

나는 쓴웃음을 지으면서 대사연습을 계속했다. 마음속에서 이렇게 말하면서. '그래, 인내심이 중요하지. 포기하면 안 된다. 이 정도 대사를 다 외우지 못하면 너는 앞으로 아무것도 할 수 없어.'

지금 생각하면 그때 열심히 대사를 외우고 계속 연습한 것도 내 한국어 실력을 향상시키는 좋은 훈련이었다고 생각한다.

그리고 한국 톱스타와 함께 시간과 공간을 공유할 수 있었던 것도 좋은 경험이었다. 나는 이병헌씨를 〈내일은 사랑〉이란 청춘 드라마를 통해서 알고 있었다. 그 드라마에서 이병헌씨가 보여준 진지한 표정이나 장난기 있는 미소는 나에게 좋은 인상을 주었다. 그래서 실제로 그가 어떤 모습인지 상당히 궁금했었다.

〈폴리스〉 촬영장에서 실제로 만난 이병헌씨는 스타 티를 하나도 내지 않는 편하고 멋진 사나이였다. 분장실에 있을 때도 스튜디오에서 촬영 준비를 할 때도 그는 항상 부드럽고 진지했다.

덕분에 나는 난생 처음 하는 TV드라마 연기를 비교적 무난하게 할 수 있었다(그래도 지금 그 장면을 다시 보면 역시 어색하고 긴장하는 기색이 명백하지만……).

　녹화 촬영은 큰 차질 없이 진행되었고 마지막 장면으로 들어갔다. 그 장면은 이병헌씨와 내가 일식집에서 술을 마시면서 총알 제조자에 대한 이야기를 나누는 장면이었다.

　스튜디오에는 일식집 분위기를 연출하기 위해 술병이나 생선회 등 각종 소품들이 배치되어 있었다. 그때 이병헌씨는 그 소품인 생선회를 보고 나에게 이렇게 물었다.

　"일본 사람들은 회를 많이 먹으니까 피부가 깨끗한가요?"

　나는 "글쎄요…… 잘 모르겠지만 그럴지도 모르죠……"라고 대답했다.

　왜 이병헌씨는 그런 질문을 했을까? 그것은 내 피부가 고와서가 결코 아니고(뻔뻔스러운 나도 그 정도는 안다) 긴장하는 나의 기분을 풀어주려고 하는 선배연기자로서의 배려에서 나온 말이었다고 생각한다.

　촬영은 무사히 끝났다. 오후 여섯시에 시작한 촬영이 끝난 것은 새벽 두시였다. 촬영이 끝나자마자 나는 집에서 가져온 잡지를 꺼내 이병헌씨에게 사인을 요청했다. 그 잡지 표지에는 오혜성 역의 이병헌씨와 마동탁 역의 독고영재씨가 나란히 나와 있었다.

　〈폴리스〉는 작품 자체에 대한 평가도 별로 높지 않았고 시청률도 좋지 않았다. 출연한 내 연기도 포함해서 객관적으로 봐서 〈폴리스〉는 잘 만든 드라마라고 말하기는 어렵다.

하지만 그 작품은 이병헌씨가 터프한 남성적 이미지를 강화시킬 하나의 계기가 된 중요한 작품이었다고 생각한다. 그래서 나는 이병헌씨의 성장과정을 직접 볼 수 있었다는 사실에 작은 행복을 느끼고 있다.

그리고 나에게 많은 것을 가르쳐주고 즐거움을 주는 한국 드라마에 조금이라도 보답을 할 수 있었다는 것에 자부심을 느낀다.

홍길동은 HONG Gil-dong이다

    한국생활이 길어지면 만나는 사람도 자연히 많아진다. 우리는 처음 만난 사람과도 명함을 주고 받는 경우가 많다. 명함은 참으로 편리한 것이다.
    외국인에게 한국인의 이름은 외우기가 여간 힘든 것이 아니다. 특히 우리 일본인들의 경우 받침 'ㅇ'과 'ㄴ'을 잘못 알아듣는 것이 다반사이다. 예를 들어 우리에게는 '영성'인지 '연성'인지 그냥 들어서는 헷갈리기 쉽다. 나도 한국어를 배웠을 때 성적표에 'ㅇ과 ㄴ 발음을 구별하기 바람'이란 지적을 2번이나 받았다. 그리고 'ㅗ' 발음과 'ㅓ' 발음도 잘못 알아듣는 경우가 있다. 즉 손 선생님과 선 선생님을 혼동할 때가 있다는 것이다.
    그러나 명함 한 장만 있으면 우리는 'ㅇ입니까 ㄴ입니까', 'ㅗ입니까 ㅓ입니까'라고 반문하거나 '좀 여기에 써 주시겠습니까'라고 부탁하는 등 상대방을 귀찮게 만들지 않아도 된다. 정확하게 알아듣지는 못해도 한글만 읽을 수 있으면 영성과 연성, 그리고 손 선생님과 선 선생님을 혼동할 리가 없기 때문이다.

1996년 총선 때 많은 후보자들은 명함보다 조금 큰 전단을 매일같이 배포했다. 길을 걸어가면 선거 운동원들은 선거권이 없는 나에게도 전단을 주었다. 그때마다 "저는 선거권이 없는 외국인이기 때문에……"라고 거절할 정도로 나도 한가하지 않아서 그냥 받아왔기 때문에 내가 받은 전단은 수십 장이나 되었다.

각 전단에는 후보자의 이름과 얼굴 사진이 인쇄되어 있었다. 뿐만 아니라 그 후보자의 캐치프레이즈와 경력까지 쓰여 있었다. 그 작은 종이 한 장에 후보자에 관한 많은 정보가 들어 있었다는 것인데, 틀림없이 그 전단 아이디어는 명함에서 얻었을 것이다.

지금까지 내가 한국에서 얻은 명함을 보면 뒷면에는 영문표기가 있는 것도 많다. 이름·직함·주소·전화번호 등 앞의 표기를 그대로 영어로 옮겨놓고 있는데, 이름을 영문으로 표기할 때 Gil-dong Hong식으로 이름 앞, 성(姓) 뒤식으로 표기하는 경우가 가끔 있다.

일본인의 명함을 봐도 상황은 비슷하다. 山田太郎(야마다 타로)(일본인의 성명 구조는 한국인과 같이 성 앞, 이름 뒤이다)라고 앞면에 한자로 써놓고 뒷면에는 Taro Yamada식으로 표기하는 사람이 적잖다.

그 전에 비하면 Hong Gil-dong, Yamada Taro라고 원래 이름대로 영문으로 표기하는 사람들이 많아졌다고 느끼지만 그래도 Gil-dong Hong파와 Taro Yamada파는 한일 양국에서 적잖은 비율을 차지하고 있다. 그리고 중국인의 명함에서도 이와 같은 사례를 볼 수 있다.

왜 한국인 홍길동과 일본인 야마다 타로가 영문표기로는 Gil-dong Hong과 Taro Yamada가 되어버리는가? 내가 생각하기엔 그런 곡해의 배경에는 우리의 뿌리깊은 영어 컴플렉스가 깔려 있는 것 같다.

영문에서 Gil-dong Hong식의 표기를 지지하는 사람은 이렇게 말할지도 모른다. "영어에서는 이름 앞, 성 뒤식 표기가 규칙이기 때문에 그것을 따르는 것이 당연한 일이 아닌가?"라고. 그 의견은 얼핏 듣기에는 그럴듯하게 들리지만 좀더 생각해 볼 필요가 있다.

그 주장에 의하면 우리가 한글로 영어권 사람들의 이름을 표기할 때 마이클 잭슨이 아닌 잭슨 마이클로 표기해야 한다. 한국어에서는 성 앞, 이름 뒤가 규칙이기 때문이다. 하지만 어느 신문이나 잡지를 봐도 잭슨 마이클이란 표기는 찾아볼 수 없고 어느 방송국에서도 잭슨 마이클이라고는 부르지 않는다.

이름은 그 사람의 인격의 일부분이라고 말할 수 있다. 그래서 어떤 언어표현에 있어서도 그 순서를 바꿀 필요도 없고 또 바꾸면 안 된다고 나는 생각한다. 특히 조상이나 부모에 대한 존경심이 일본인보다 강한 한국인이 아무렇지도 않게 자발적으로 자기 이름을 Gil-dong Hong식으로 거꾸로 표기하는 태도는 이해하기 어렵다. 그것은 성씨를 물려주신 조상과 이름을 지어주신 부모에 대한 모욕이 아닌가?

그러면 영문으로 My name is Yamada Taro라고 쓸 경우 읽는 사람이 '아, 이 사람 성씨는 Taro이며 부모가 지어주신 이름이 Yamada구나'라고 오해할지도 모른다고 걱정하실 분도 계실 것이다.

그 문제에 대해서는 내가 존경하는 일본인 저널리스트 혼다 카츠이치(本多勝一)씨가 쓰는 방법을 따르는 것이 좋다고 생각한다. 그것은 성을 모두 대문자로 표기하는 방법이다. 즉 My name is YAMADA Taro로 표기하면 읽는 사람의 혼동을 방지할 수 있다는 것이다. 홍길동의 경우도 HONG Gil-dong이라고 표기하면 누가 봐도 틀림없이 '아, 이 사람은 홍씨구나'라고 알아볼 수 있을 것이다.

입향순속(入鄕循俗)이란 말이 있다. 어떤 나라나 지방에 가면 일단 그 곳의 관습을 따르는 것이 좋다는 말이다. '나는 세계 어디에 가도 신라면밖에 안 먹는다'라고 고집을 부리는 것은 바람직한 태도가 아니다(물론 농심에 근무하는 사람이라면 대단한 애사의식이라고 칭찬을 받겠지만. 여담이지만 나는 신라면보다 삼양라면과 안성탕면을 좋아한다). 일본에 가면 닭뼈나 돼지뼈로 끓인 일본 라면집의 라면 국물도 한 번은 먹어 보겠다는 자세가 국제화 시대에 사는 우리들에게 필요한 태도라고 생각한다.

그러나 영어를 사용할 때 자기 인격의 일부분마저 그쪽 관습에 맞춰서 변형시키는 것은 입향순속(入鄕循俗)이 아닌 정체성의 포기가 아닐까 싶다. 그것은 일종의 자살행위와 마찬가지이다. 정체성을 상실한 상태에서 맹목적으로 무조건 국제화를 진행시킬 경우 그 결과는 동화나 흡수로 귀결될 위험성이 있다.

만약 내가 미국인이라면 My name is Gil-dong Hong이라고 자기를 소개하는 사람보다 My name is HONG Gil-dong이라고 하는 사람을 더 신뢰할 것이다. 전자는 별 생각없이 이쪽에 영합하는 인상을 주지만 후자는 자기 자신에 대한 성찰이 적어도 전자보다 강한 것처럼 느껴지기 때문이다.

목에 힘을 주고 자기 문화가 최고라고 외칠 필요는 하나도 없지만 우리의 정체성에 직결되는 이름이란 사항에 대해서 좀더 신중하게 생각하는 것이 바람직하지 않을까. 확고한 정체성을 가지고 남의 문화를 존중해서 협조하는 자세가 국제화 시대를 살아가는 데 필요할 것 같다.

우리의 홍길동은 한국이나 일본이나 미국에 가도 아니 세계 어느 나라 어느 지방에 가도 항상 **HONG Gil-dong**이어야 한다.

월드컵과 위스키

　나는 축구를 별로 좋아하지 않는다. 어려서부터 야구를 좋아했고 초등학교 시절에는 친구들과 야구팀을 만들기도 했다. 그때 나는 어느 정도 빠른 공을 던질 수 있는 투수였지만 유감스럽게도 지금 그 편린은 조금도 남아 있지 않다. 중학교 때는 특별히 운동을 하지 않았지만 고등학교 때는 유도, 대학교에서는 권법을 조금 배웠다. 형이나 친구들과 놀 때도 야구나 씨름을 많이 했고 축구는 거의 하지 않았다.
　그렇게 축구와 거리가 먼 생활을 해왔기 때문에 최근 일본에서 프로축구가 높은 인기를 얻고 있는 것도 '아, 그래?' 정도로 조금 신기하게 느낄 뿐, 별다른 관심은 없다.
　그런 나에게는 월드컵도 그냥 축구의 국제대회란 인식밖에 없다. 그래서 1996년에 벌어졌던 한일 양국간의 월드컵 유치 경쟁에 대해서도 일본에서 해야 한다는 생각은 전혀 없었다. 오히려 한국에서 하는 게 낫겠다는 것이 솔직한 내 심정이었다.
　그 이유는 두 가지였다. 하나는 일본이 그때까지 한번도 출전하지 못했던 대회를 주최한다는 것은 시기상조라고 생각했기 때문이다. 축구에 별로 관심이 없는 나도 일본 국가대표팀의 기량이 많이 향상되었다는 사실 정도는 잘 알고 있었다. 옛날에는 축구 경기가 벌어질 때 한국이 이길 것이 뻔한 것 같은 분위기였지만 월드컵 유치 경쟁 당시에는 양팀 간의 실력 차이는 거의 없어 보였다.

그렇다면 일본팀도 한국팀처럼 자기 실력으로 월드컵에 출전한 후 유치 작전을 전개해도 늦지는 않을 것이라고 나는 생각했었다.

또 하나는 한국 매스컴 보도를 보고 겁이 났기 때문이었다. 특히 TV방송국의 유치 캠페인은 상상을 초월할 정도였다. 매일 '월드컵 코리아!' '2002년 월드컵은 한국에서 개최해야 합니다!' 등의 외침을 듣다 보니 나도 모르게 세뇌되어버릴 것 같은 느낌이 들었다.

월드컵에 관심 없는 사람은 인정하지 않는다는 분위기는 마치 파시즘을 연상시켰다. 하나의 결론을 먼저 세워놓고 모든 것을 그 결론에 맞도록 유도(왜곡?)하려는 자세는 정말 무서웠다. 더 기가 막힌 것은 그렇게 연일 부채질해온 모 방송국이 최종 결정 직전에 와서는 '결과를 겸허하게 받아들입시다' 라고 호소하기 시작한 것이다. 겸허하게 좋아하네. 자기네들이 시청자들을 얼마나 무책임하게 선동해왔는데……. 결국 그들은 시청자들을 분명히 우습게 보고 있었다는 것이다.

그런 기가 막힌 보도를 보면서 나는 생각했다.

'이런 분위기 속에서 만약 일본이 단독으로 개최권을 얻으면 어떻게 될까? 설마 일본인에 대한 테러까지는 없더라도 크고 작은 마찰은 틀림없이 일어날 거야. 나는 별로 관심도 없는 축구 경기 때문에 그런 마찰을 경험하고 싶진 않아. 그런 것은 정말 질색인데…….'

이상과 같은 두 가지 이유로 나는 2002년 월드컵은 한국에서 개최하는 게 낫겠다고 생각하고 있었다.

그런데 결과는 공동개최란 타협으로 일단락되었다. 일본의 단독 개최 결정시의 보복 위협이 없어졌기 때문에 나는 안도의 한숨을 내쉴 수 있었다. 내 일본인 친구도 전화를 걸어와서 잘 되었다며 안도했다. 그 공동개최 결정은 어디까지나 타협의 산물이었다. 한일 양국이 처음부터 '같이 합시다' 식으로 손을 잡고 결정한 것이 아니라 정치·경제 등 여러 사정 때문에 할 수 없이 타협한 것이었다.

일본 관계자 중에는 '우리가 먼저 유치하려고 여러 활동을 진행하고 있었는데 늦게 온 주제에……' 란 생각을, 그리고 한국 관계자 중에는 '하필이면 왜 일본과 같이……' 란 불만을 가진 사람들도 적잖았을 것이다.

그러나 할 수 없이 시작한 일이 뜻밖의 좋은 결과를 가져올 경우도 있다. 예를 하나 들어보자. 우리가 지금 즐겨 마시는 위스키는 원래 투명한 액체였다. 즉 옛날 사람들이 마셨던 위스키는 보리를 발효시킨 후 증류시키자마자 그냥 마시는 말하자면 '숙성 전 보리 소주' 와 다름없었다. 아마 맛도 거칠고 향기도 그다지 없었을 것이다. 물론 그냥 알코올에 물을 부은 후 향료와 조미료를 첨가한 희석식 소주보다는 훨씬 맛이 있었을 테지만…….

그런데 영국 정부가 위스키에 많은 세금을 부과하자 주조업자들은 북부지방으로 도망가 밀주를 만들기 시작했다. 밀주를 숨길 필요가 있었던 업자들은 할 수 없이 위스키를 나무통에 넣고 지하실에서 보관했다.

몇 년 동안 그렇게 '할 수 없이' 숨기다 나중에 나무통을 열어본 밀조업자들은 투명한 보리 소주가 깊은 맛과 향기를 지닌 호박색의 미주(美酒)로 변한 사실을 발견했다. 그때 그들의 놀라움과 기쁨은 얼마나 컸을까. 할 수 없이 시작한 작업이 그렇게 훌륭한 결과를 가져오다니……. 우리가 현재 아무리 고급스러운 장소에서 어마어마한 돈을 내고 위스키를 마셔도 그들이 맛본 것보다 더 맛있는 위스키를 마실 수는 없을 것이다.

드디어 2002년 한일 월드컵이 개막되었다. 1996년에 '할 수 없이' 시작된 공동개최작업이 뜻밖의 결과를 가져오기를 빌면서 나는 오늘도 술잔을 기울인다. 6년 숙성된 위스키는 조금 거칠다. 그래도 틀림없이 나름의 향기와 맛을 충분히 지니고 있다.

제3장 내가 만난 재일동포

두 명의 '아라이'
겨울 여행을 떠난 가을 남자
일본 프로야구계의 거인들
해가 뜨는 고서점
'조센징'은 욕이 아니다
재일동포는 우리에게도 동포이다
의무만 있는 사람들
〈호르몬 문화〉를 아시나요?
어느 재일동포 친구의 심정
재일동포를 왜곡시킨 《남벌》
누나의 〈봉선화〉
선생님은 정말로 재일동포입니까?
유미리씨 왜곡사건

두 명의 '아라이'

　재일동포 중에는 일상생활에서 본명을 쓰는 사람도 있지만 일본식 이름인 이른바 통명(通名)을 쓰는 사람들도 많다. 그들이 사용하는 통명 중에는 자신들의 뿌리를 반영한 것이 적잖다.
　예를 들어 광산(光山) 김씨의 경우 한자를 그대로 써서 일본식으로 미츠야마(みつやま)라고 읽는 경우도 있고, 김(金)자와 광(光)자를 합쳐서 김광(金光)(카네미츠:かねみつ), 아니면 김(金)자와 산(山)자를 합쳐서 김산(金山)(카나야마:かなやま) 등의 통명을 사용하는 경우가 많다.
　박씨의 경우 아라이(あらい:新井)란 통명을 쓰는 사람들이 많은데 그것은 신라의 시조 박혁거세가 우물에서 태어났다는 전설을 바탕으로 한 것이다. 즉 신라의 신(新)자와 우물 정(井)자를 합쳐서 일본식으로 읽으면 아라이가 되는 것이다.
　일본 사회에서 재일동포에 대한 관심이 한층 높아진 시기였던 1990년대, 두 명의 '아라이'가 세상 사람들로부터 큰 주목을 받았다. 그들의 공통점은 원래 성씨가 박씨였고 아라이란 통명을 쓰면서 일본에서 성장했다는 점, 그리고 일본으로 국적을 바꾼 후 아라이란 통명이 호적상의 성씨, 즉 본명이 되었다는 점이다. 또 그들의 나이 차이가 두 살밖에 나지 않는다는 것도 공통점이라고 말할 수 있다.

하지만 그 두 명의 아라이 중 한 명은 스스로 목숨을 끊어버렸기 때문에 이미 이 세상에 없다.

국회의원 아라이 쇼케이(新井將敬)가 자살한 것은 1998년 2월이었다. 검찰은 차명 계좌를 통해서 증권회사로부터 부당한 이익을 받아왔다는 혐의로 아라이 의원을 구속할 방침이었는데, 그는 체포되기를 거부하고 죽음을 선택한 것이다.

아라이 의원은 도쿄대학교를 졸업하고 신일본제철이란 대기업에서 근무한 후 행정고시에 합격해서 대장성 관료생활을 하다가 정치계에 들어가서 국회의원이 되었다. 그리고 무엇보다 눈길을 끄는 것은 그가 재일동포 출신 국회의원이었다는 점이다.

아라이 쇼케이는 1948년 재일동포 3세로 오사카에서 태어났다.

'한국으로 돌아간다면 대통령이 되겠다. 그리고 일본에서 계속 살 것이라면 일본을 움직이는 훌륭한 인물이 되고 싶다' 라는 큰 포부를 어려서부터 가지고 있었던 그는 18세 때 일본으로 국적을 바꾼 후 '일본인으로' 최고의 엘리트 코스를 걸어간다.

일본 관료 조직 내에서도 가장 세력이 강하다는 대장성 관료에서 정치계에 입문한 아라이 스케이는 1983년 국회의원 선거에 도전했다. 거기서 그는 재일동포 출신이란 경력 때문에 상대 후보로부터의 강한 공격을 받게 되었다. 그 공격이 유권자들의 투표에 얼마나 영향을 주었는지 알 수 없지만 아라이 쇼케이는 첫번째 선거에서 결국 참패하고 말았다.

나는 일본에서 가장 뒤진 것은 정치 수준이 아닐까 생각할 때가 많다. 예를 들어 어떤 의원이 사망하면 다음 선거 때 아무런 정치 경험도 없는 그의 자녀가 같은 선거구역에서 당선되는 사례가 수없이 많은 것이 일본 정치계이다. 그것은 마치 봉건시대 영주의 세습을 연상시킨다.

그리고 선거 때 유권자 앞에서 아주 화려한 포장으로 진열된 공약들이 당선 후에는 흐지부지되어 사라져버리는 것이 일본 정치계의 관례이다. 또 정치가와 대기업간의 유착이 오랜 전통으로 계속돼온 세계가 바로 일본 정치계이다.

그런 환경 속에서 아라이 쇼케이와 같은 지지기반이나 경제적 기반이 미약한 신인후보가 당선되기란 여간 힘든 것이 아니다. 첫번째 도전에서 쓴맛을 본 그는 다음 도전을 위해 행동력과 뛰어난 화술을 발휘해서 지지기반 확대에 모든 노력을 기울였다.

1986년의 재도전 당시 아라이 쇼케이는 3년 전에 그를 괴롭힌 재일동포 출신이란 사실을 당당하게 내세웠다. 그는 유권자 앞에서 자신의 뿌리에 대해 설명하고 그런 배경을 가진 사람들에게도 기회를 줄 수 있는 열린 사회의 실현을 호소했다.

그 결과 그는 두 번째 선거에서 1983년 때의 2배를 훨씬 넘은 득표를 하여 국회의원에 당선되었다. 그 소식은 한일 양국 매스컴에서 크게 보도됨으로써 아라이 의원은 '한국계 국회의원'이란 훈장을 달게 되었다. 1990년 선거에서 재선된 아라이 의원은 자기가 속한 자민당 내 개혁파의 중심 인물로 각광을 받기 시작했다.

그는 자민당이 오랫동안 계속해온 밀실담합 정치에 종지부를 찍어야 한다고 연일 매스컴을 통해 강하게 주장했다. 그것은 일종의 모험과 같은 시도였다. 그러나 결국 그 시도는 실패로 끝나고 아라이 의원은 자민당을 떠나서 정치적 방랑자가 되고 말았다.

아라이 의원은 우여곡절 끝에 1997년에 다시 자민당으로 돌아간다. 그러나 거기서 그를 기다리고 있었던 것은 그 전에 아라이 의원이 공격한 수구파 세력으로부터의 보복이었다.

그런 와중에 터진 그를 둘러싼 증권의혹은 야당은 물론 자민당 내 반(反) 아라이 세력에게는 절호의 공격재료가 되었다. 고무신 거꾸로 신었다가 다시 돌아온 격인 아라이 의원에 대해 자민당 집행부는 그를 감싸기보다 스스로 당을 떠나라고 요청했다. 말하자면 그는 완전히 왕따를 당한 것이다.

아라이 의원을 자살로 몰아넣은 것이 재일동포에 대한 일본 사회의 차별의식이었다고 단언할 수는 없다. 그러나 아라이 의원이 증권회사와 은밀한 관계를 맺고 결국 고립무원 상태에 빠지게 된 원인 중에 일본 정치의 낙후된 풍토, 즉 금융기관과 정치가의 유착이란 악습이나 전통적인 파벌 정치의 폐쇄성 등이 있었다는 것은 누구도 부인하지 못할 것이다.

그리고 아라이 의원의 죽음이 많은 재일동포들에게 일본 사회에 대한 큰 실망감과 불신감을 안겨준 것도 엄연한 사실이다. 아라이 의원이 우리에게 남긴 숙제는 너무나 무겁고 절실한 것이다.

아라이 쇼케이란 큰 재산을 제대로 살릴 수 없었던 일본 정치계에 비하면 현재 또 한 명의 아라이가 활약하는 연예계는 어느 정도 열린 세계라고 말할 수 있다.

가수 아라이 에이이치(新井英一)의 이름을 전국적으로 널리 알린 것은 그가 스스로 만들어 부른 〈청하(淸河)로의 길〉이란 노래였다. 이 노래는 모든 면에서 아주 파격적인 노래였다.

보통 일본 유행가들은 2절이나 3절로 끝나지만 이 노래는 무려 48절이나 된다. 그리고 가사 내용은 아라이씨가 경상북도 청하(淸河)에 있는 아버지 생가를 찾아간다는 이른바 뿌리 찾기를 줄거리로 하여, 자신의 소년시절과 청년기의 고된 생활사, 그리고 가족에 대한 강한 애정을 담은 것이다. 남녀간의 사랑타령이 압도적으로 많은 일본 유행가 가사 내용 경향을 고려할 때 그런 내용을 담은 노래가 크게 히트했다는 것도 아주 이례적이었다. 1995년, 일본에서 가장 권위 있는 음악상인 일본 레코드 대상에서 음반부문 대상을 수상할 만큼 호평과 넓은 지지를 얻은 이 노래는 재일동포 가수가 일본 음악계에 세운 큰 금자탑이라고 말할 수 있다.

내가 처음 아라이 에이이치의 노래를 들은 것은 1990년이었다. 한국으로 유학오기 직전인 8월 5일, 일본 오사카에서 원 코리아 페스티벌(One Korea Festival)이라는 음악 축제가 열렸다. 한국으로부터 김덕수 사물놀이패도 출연한 이 공연에서 아라이씨는 컨트리 블루스풍의 짧은 노래를 한 곡만 불렀다. 나는 그 중년가수의 선 굵은 목소리와 박력 있는 가창력에 큰 인상을 받았고, '이 가수 노래를 좀더 길게 듣고 싶었는데…… 아쉽군' 하는 생각이 들었다.

원 코리아 페스티벌로부터 2주 후 나는 오사카 항에서 부산으로 가는 배를 타고 기나긴 외국생활을 시작했다. 인터넷이나 위성방송의 보급률이 지금과 비교가 안 될 정도로 낮았던 1990년대 전반, 나는 일본 연예계 움직임에 대해 거의 모르고 살았다. 그러던 1995년 어느 날 K씨라는 일본인 친구가 서울로 놀러왔다.

같이 술을 마시면서 이것저것 이야기를 하다가 나는 일본에서 지금 어떤 노래가 유행하느냐고 K씨에게 물어봤다. 내 질문에 그는 "아라이 에이이치의 〈청하(淸河)로의 길〉이 아주 좋다. 나는 그 곡을 듣고 울었다"라고 대답했다.

K씨는 상당히 까다로운 성격의 소유자이다. 남을 칭찬하는 것보다 비판하는 것이 더 많고 음악에 대해서도 조예가 깊다. 그런 그가 노래를 듣고 울었다니, 그리고 약 5년 전에 오사카에서 느낀 그 가수의 가창력을 고려하면 〈청하(淸河)로의 길〉이란 노래는 틀림없이 대단한 노래란 예감이 들었다.

그 해 말, 일본에 일시 귀국할 기회가 있었던 나는 〈청하(淸河)로의 길〉을 사왔다. 나는 그 노래는 왠지 한국에 돌아와서 혼자 듣는 것이 좋지 않을까란 생각이 들어서 일본에서 포장을 뜯지 않았다.

한국으로 돌아온 나는 짐을 풀기가 무섭게 그 노래를 들었다. 중후한 기타 전주에 이어 흘러나온 아라이 에이이치의 목소리는 나를 5년 전에 감탄시킨 그대로였다. 굵고 허스키한 그의 목소리는 블루스를 부르기엔 안성맞춤이다.

　아시아의 대지(大地)를 보고 싶어서 나는 혼자서 여행을 떠났다. 현해탄을 배로 건너 부산항으로 와서 날이 밝기를 기다리고 있었다.

　아라이 에이이치는 1950년에 일본 후쿠오카에서 태어났다. 그가 태어난 직후 아버지는 결핵으로 입원해서 세상을 떠날 때까지 가족들과 함께 살 수 없었다.
　혼자 아이들을 길러야 했던 어머니는 고물장사를 했다. 그러나 장물이란 사실을 몰라서 도난품을 거래하다가 구속되고 말았다. 그 사실이 지방신문에 보도되고 아라이씨 일가가 재일동포란 사실이 알려지자 학교 친구들은 그를 괴롭혔다. 아라이씨는 그런 부당한 억압에 반발해서 싸움을 거듭하면서 어느새 불량배가 되고 15살 때 집을 떠났다.
　아라이씨는 고베를 거쳐 미군기지가 있는 이와쿠니(岩國)란 도시에 와서 외국인 전용 술집에서 일을 했다. 그때가 1965년. 월남전쟁이 치열하게 진행되는 시기였다. '일본 내 미국'이었던 그 술집에서 그는 재즈, 블루스, 컨트리 등 매일 미국음악에 접하게 되었다. 그 결과 미국으로 가려는 생각이 강해져서 21살 때 배를 타고 태평양을 건너갔다.
　아라이씨는 식당 접시 닦기 등을 하면서 노래와 기타 실력을 닦았다. 그리고 25살 때 낡은 기타를 들고 귀국하여 도쿄에서 가수가 되려고 했다.
　작은 술집에서 기타를 치면서 노래를 부르는 일로 가수생활을 시작한 아라이씨는 한 음악가의 도움으로 1979년에 첫음반을 낼 수 있었다. 그러나 그 음반은 대중적인 인기를 얻을 수 없었다. 무명가수로서의 생활을 계속하면서 여러 갈등과 불안감 속에서 아라이씨가 아버지 생가를 찾은 것은 1986년이었다.

그때부터 4년이 지나고 40살이 된 아라이씨는 〈청하(淸河)로의 길〉을 만들었고, 5년이 더 지난 후 음반으로 발표했다. 이 노래는 금방 유행했다가 금방 사라져버리는 일회용 노래가 아니라 그러한 긴 숙성 기간을 거쳐서 완성된 대작이다.

아버지 고향인 청하(淸河)에서 '나라 사이엔 국경이 있어도 부자간엔 국경이 있는 것이 아니다'라고 생각한 아라이씨는 일본에 돌아와서 가족들과 만났을 때의 상황을 다음과 같이 노래하고 있다.

여행을 마치고 집에 돌아와서 나를 마중해 주는 가족들이 웃는 얼굴을 보고 참으로 기뻤다. 나는 '가족이 나의 나라다'라고 말하면서 아내와 아이를 끌어안았다.

〈청하(淸河)로의 길〉은 자신의 뿌리를 후세에 전해 주고 싶다는 제48절로 막을 내린다.

나의 뿌리는 대륙이며 조선반도라고 하는 곳이고 나의 아버지는 그 옛날에 바다를 건너왔다고 증손자 세대까지도 전해 주고 싶다.

자신의 뿌리를 당당하게 밝히고 '가족이 나의 나라다'라고 따뜻하게 노래하는 아라이 에이이치와 그를 지지하는 많은 일본인들. 그 관계에서 나는 아라이 쇼케이가 남긴 무거운 숙제를 풀 수 있는 실마리를 찾을 수 있지 않을까 하는 희망의 빛을 보고 있다.

겨울 여행을 떠난 가을 남자

　내가 타치하라 마사키(立原正秋)란 작가의 작품을 만난 것은 고등학교 3학년 때(1980년)였다고 기억한다. 서재에서 우연히 본 《겨울 여행(冬の旅)》이란 제목이 마음에 들어서 읽은 것이 나와 타치하라 작품과의 첫만남이었다. 집에는 그 작가의 작품이 몇 권 있었다. 아마 독서를 좋아하는 어머니나 큰 형이 구입한 것 같았다.
　《겨울 여행》의 주된 무대는 소년원이다. 주인공은 혈연관계가 없는 형(의붓아버지와 전처의 아들)을 흉기로 찔렀다는 혐의로 유죄판결을 받고 소년원에 들어간 소년이다. 재판과정에서 형은 자기를 미워하는 동생이 칼질을 했다고 증언하고 소년은 그것에 대해 한 마디도 변명하지 않는다.
　하지만 사실 그 상처는 소년의 어머니(그 형에게는 계모)를 욕보이려고 한 형과 소년이 싸우는 과정에서 형이 부엌에서 꺼내 온 칼로 소년을 찌르려고 하다가 실수로 자기 허벅지를 찔러버렸기 때문에 생긴 것이었다. 그러나 어머니와 의붓아버지의 명예를 지키기 위해 소년은 형의 위증을 묵인한 결과 소년원으로 가게 되었다.
 원래 유력 일간신문에 연재되었던 이 소설은 연재 초기엔 독자들로부터 맹렬한 항의가 있었다고 한다. 소년원이란 공간을 주된 무대로 이른바 '비행소년'들을 그린다는 것은 당시 독자에게는 너무나 충격적이었던 것이다.
 하지만 신문 연재가 계속될수록 '정의로운 마음을 가진 비행소년'인 주인공에 대한 독자들의 공감이 서서히 높아졌다. 그리고 주인공의 친구인 '마음씨 좋은 좀도둑'에 대한 인기도 올라가서 《겨울 여행》은 큰 인기를 얻게 되었다.
 나도 처음엔 그 소설의 설정에 좀 놀랐지만 계속 읽을수록 타치하라 마사키의 작품세계에 빠져서 두꺼운 그 책을 쉬지도 않고 단숨에 다 읽어버렸다.
 《겨울 여행》은 사람들이 색안경으로 보기 쉬운 소년원 수감생들을 높은 곳에서 내려다보면서 지탄하는 것이 아니라 따뜻한 시선으로 묘사했다는 점에서 아주 신선한 작품이었다. 나는 그때까지 접하지 못했던 독특한 그 작품에 큰 감동을 받았고 저자인 타치하라 마사키에 대해서도 관심을 가지게 되었다.
 그 후 집에 있었던 타치하라 마사키의 작품을 몇 권 읽은 나는 그가 아주 강한 윤리관과 미의식의 소유자란 사실을 알게 되었다. 그리고 타치하라 마사키가 검도의 달인이고 뛰어난 싸움꾼이면서 일본의 전통예능인 노(能 : 일본의 전통 가면극)나 도자기 등에 관해서도 해박한 지식을 가지고 있다는 점에 대해서도 큰 매력을 느꼈다.
 고등학교 때 유도를 배웠고 대학에 들어가서 일본권법이란 무도를 시작한 나에게는 무도가의 분위기가 넘치는 타치하라 마사키가 동경의 대상이 되었다. 세상을 선과 악, 깨끗한 것과 더러운 것으로 너무 단순히 판단하는 경향이 심했던 10대말의 나에게는 타치하라 마사키의 확고한 윤리관과 긴장감 넘치는 미의식은 너무나 매력적으로 보였던 것이다.

이제 중년이 된 내가 뒤돌아보면 그때의 내 자신은 너무나 어리석고 생각이 얕은 녀석이었다고 쓴웃음이 나지만 타치하라 마사키의 작품세계가 독특한 매력을 가지고 있고 그 작품들이 세월을 넘어 독자들에게 호소하는 힘이 있다는 것을 부정할 생각은 전혀 없다.

타치하라 마사키에 관한 내 관심은 그가 일제시대 조선에서 태어나서 자랐다는 것, 그리고 그의 부모가 모두 조선인과 일본인 사이에 태어났다는 자기 소개글을 읽은 후 더 강해졌다. 원래 한반도에 관심이 많았던 나는 그 사실을 알고 타치하라 마사키란 인물에게 더 끌렸던 것이다.

그러나 대학교 1학년 때 어느 날 나는 서점에서 타치하라 마사키를 추도하는 책을 발견해서 그가 벌써 이 세상을 떠난 사람이었다는 사실을 알았다. 타치하라 마사키가 암으로 사망한 것은 1980년 12월. 내가 《겨울 여행》을 읽을 무렵이었다. 향년 54세로 가을 남자 마사키(正秋)씨는 영원히 돌아오지 못할 겨울 여행을 떠나버렸다.

그 추도 책에는 타치하라 마사키와 가까이 지냈던 출판사 편집담당자나 문학평론가들의 좌담회가 수록되었는데 그것을 읽으면 타치하라 마사키가 상당히 자기 연출을 해왔다는 사실을 알 수 있다. 예를 들어서 타치하라 마사키가 늘 자랑했던 검도 실력도 상당히 의심스러운 수준이었다는 사실 등이 밝혀진 것이다.

하지만 타치하라 마사키가 재일동포 1세였다는 사실을 내가 알게 된 것은 그때부터 10년 이상 지난 후 출판된 한 권의 평전(評傳)을 읽은 후였다.

타치하라 마사키보다 나이가 어리지만 그가 마음을 터놓고 사귈 수 있는 얼마 안 되는 친한 친구였던 작가 타카이 유이치(高井有一)씨가 낸 그 평전은 면밀한 취재와 깊은 통찰력, 그리고 친한 친구로서의 따뜻한 시선을 바탕으로 화려한 인기작가로서가 아닌 한 인간으로서의 타치하라 마사키의 모습을 극명하게 그렸다.

타치하라 마사키는 1926년 경상북도 안동에서 태어났다. 그의 고백과 달리 아버지 어머니는 조선인이었고 그의 이름은 김윤규였다.

김윤규는 어렸을 때 아버지를 여의고 어머니는 먹고 살기 위해 윤규를 친척집에 맡기고 이모가 있는 일본으로 동생들을 데리고 건너갔다. 그 후 윤규도 일본에 가서 새로운 생활을 시작한다. 그때 그의 나이 11살이었다. 김윤규는 유년시절을 상당히 어려운 경제적 상황 속에서 보냈고 일본에서의 생활도 결코 넉넉지 못했다. 그러나 그러한 상황 속에서도 학생 시절의 그는 옷차림에 많은 신경을 쓰고 다녔다. 그리고 입에 맞지 않는 음식은 아예 먹지도 않았다고 한다. 그 일화(逸話)에서 윤규 소년의 강렬한 자존심과 상승지향의식을 읽을 수 있다.

1940년 '창씨개명령'에 따라 김윤규는 카나이 마사키(金井正秋)란 일본식 이름으로 성명이 바뀌었다. 그때부터 1980년에 그가 세상을 떠날 때까지 김윤규는 마사키란 이름을 계속 사용했다.

그 후 '카나이 마사키'는 일본 고전문학 등 많은 책을 읽을 수 있을 정도로 뛰어난 일본어 실력의 소유자가 되어, 어느새 일본인보다 일본어를 잘 구사할 수 있는 문학청년이 되었다. 그러한 일본어 능력을 획득하기 위해 그가 얼마나 노력했는지 나는 알 수 없지만 적어도 내가 한국에 와서 한국어를 공부하기 위해 기울였던 노력 따위는 비교가 안 될 정도로 피눈물이 나는 노력이었을 것은 분명하다.

일본의 패전, 즉 조선의 해방에 따라 카나이 마사키는 일본 국적을 상실했다. 그러나 그는 일본인 여성과 결혼함으로써 다시 일본 국적을 가지게 되었다. 그리고 타치하라(立原)란 필명으로 작가활동을 시작해서 일본의 권위있는 문학상인 나오키상(直木賞)을 수상하는 등 인기작가가 되었다. 그는 여성층을 중심으로 많은 애독자를 확보했고 일류의 옷, 일류의 음식점, 일류의 술 등 '일류'란 것에 집착했다.

일본 여성과 결혼해서 일본 국적을 취득한 김윤규는 아내의 성씨인 요네모토(米本)란 성을 가지게 되었기 때문에 그의 호적상의 이름은 요네모토 마사키(米本正秋)가 되었다. 그러나 그는 자기가 만든 타치하라(立原)란 성씨를 작가 활동뿐만 아니라 일상생활에서도 사용했다. 그는 암으로 입원해서 죽음을 눈앞에 두었을 때 어려운 절차를 밟아서 호적상의 성씨도 타치하라씨로 바꾸었다. 1937년에 일본으로 건너온 조선인 소년 김윤규는 1980년에 일본인 작가 타치하라 마사키로 그 일생을 마감했다.

타치하라 마사키가 호적상의 이름까지 타치하라로 바꾼 것에 대해 타카이 유이치씨는 타치하라 마사키가 자기 성씨를 정식으로 후세에게 전해주고 싶었기 때문이 아닐까라고 해석하고 있다. 즉 일본인 부인으로부터 얻은 요네모토란 성씨가 아닌 자기가 스스로 지은 타치하라란 성씨를 전해주고 싶었다는 것이다. 그때의 타치하라 마사키의 심정에 대해 타카이씨는 태어나서부터의 일본인 이상으로 일본인이 되려고 살아온 자기 노력이 확고한 형태로 정해졌다는 것에 대해 안도했던 것 같다.

김윤규가 11살이란 나이로 일본으로 건너왔을 때는 조선인에 대한 일본인들의 편견과 우월의식이 강했던 1937년이었다. 감수성이 예민한 윤규 소년이 일본에서 어떤 생각을 가지고 살아왔는지 나는 추측할 수밖에 없다.

그러나 분명한 것은 김윤규가 일본에서 일본인 작가 타치하라 마사키가 되고 검도를 비롯한 여러 무용담(타카이씨 평전에 의하면 타치하라 마사키가 자주 자랑했던 싸움 이야기도 창작인 부분이 많은 것 같다)이나 주량(酒量) 자랑(그는 '나에게 술은 차와 마찬가지다' 라고 늘 자랑하고 있었다), 그리고 일본 고전문학이나 미술품에 대한 해박한 지식 등 여러 재능들을 효과적으로 활용함으로써 무도가(武道家) 분위기를 지닌 강한 남성적인 이미지와 섬세한 미적 감각을 겸비한 작가란 인상을 독자들에게 심어주는 데 대성공했다는 사실이다.

하지만 타치하라 마사키는 자기 연출에만 힘을 기울이는 겉 모습만의 작가가 아니었다. 그는 프로 작가로서 뛰어난 능력과 열정을 가지고 있었다. 타카이씨가 평전을 발표하고 타치하라 마사키의 허식이 밝혀진 후에도 그를 비난하는 사람이 거의 없고 타치하라 작품이 계속 잘 팔리고 있다는 사실은 작가 자신에 대한 허식 따위는 문제가 안 될 정도로 타치하라 작품의 매력이 크다는 것을 잘 말해주고 있다.

타치하라 마사키는 자기가 재일동포였다는 사실을 숨긴 채 세상을 떠났지만 그는 조국을 버린 것은 결코 아니었다. 그것은 그가 날조한 혈통에 관한 이야기에서도 엿볼 수 있다. 만약 그가 조국을 버릴 생각이었다면 부모가 조선인과 일본인 사이에서 태어났다고 말할 필요가 어디 있겠는가? 그리고 타치하라 마사키는 한일 혼혈아를 주인공으로 한 《쯔르기가사키(劍ヶ崎)》란 역작을 남기고 있다. 그 작품은 높은 평가를 받고 연극으로서도 상연되었다.

연극 《쯔르기가사키》가 상연되었을 때 타치하라 마사키는 그 팜플렛에 다음과 같은 글을 실었다.

내가 《쯔르기가사키》에서 문제삼은 것은 피의 문제였다. (중략) 어떻게 해서 자신의 피를 주시하는가. 그것이 내 문제였다. 일본의 역사를 바라보아도 헤이안조(平安朝:현재의 교토〔京都〕가 794년부터 1192년까지 일본의 수도였던 왕조시대) 이전에는 귀화인이 많았고, 나라(奈良: 710년부터 794년까지 일본의 수도였다), 헤이안의 문화는 모두 귀화인이 가져온 것이었다. 그래도 헤이안 중기에는 귀화인은 눈에 띄지 않게 되었고 일단 혼혈이 완료된 시대였다. 상당히 개방적인 시대였다. 근세 이후 일본인은 개방성을 잃어버렸고, 특히 근대 이후는 상당히 편협한 민족이 되어버렸다. (후략)

또 재일동포 2세 작가인 이회성(李恢成)씨의 작품을 읽고 감명을 받은 타치하라 마사키가 이씨를 자택으로 초대해서 쇠고기구이로 대접했다는 일화나, 정치적 발언이나 행동을 거의 하지 않았던 그가 한국에서 사형판결을 받은 재일동포 출신 유학생 서승(徐勝), 서준식(徐俊植) 형제 구명운동에 성금을 내고 운동 지원자로서 서명했다는 사실에서 재일동포로서의 타치하라 마사키의 동포에 대한 짙은 애정을 느낄 수 있다.

그리고 그는 '일본인 이상의 일본인'이 되려고 노력했지만 태어나서 11살까지 자랐던 한반도의 생활문화를 잊어버린 것은 아니었다. 미식가로서도 유명했던 타치하라 마사키는 에세이집에서 자기가 잘하는 요리를 소개하기도 했다. 그것을 보면 김에 기름을 바르고 소금을 뿌린 후 태우는 방법이나, 깻잎과 비슷한 차조기잎을 장아찌로 담는 방법 등 한반도의 전통적 조리법이 나온다. 타치하라 마사키는 그 요리법을 비전(秘傳) 중의 비전이라고 소개하고 있었다. 나는 타치하라 마사키의 평전을 읽은 후 그 에세이를 꺼내 다시 읽어봤다. 그리고 왜 그가 그 비전 중의 비전인 요리법을 소개하려고 했는지에 대해서 여러 가지로 추측해 보았다.

평전을 쓴 타카이 유이치씨는 만약 타치하라 마사키가 조금 더 오래 살아서 사실을 사실대로 받아들일 수 있는 정신적 여유를 가질 수 있었더라면 타치하라 마사키의 문학세계는 한층 발전하고 더 자유로운 경지를 획득할 수 있는 가능성이 있었다며 그의 요절을 아쉬워한다.

　일본의 유명 문학상을 받은 재일동포 작가 유미리(柳美里)씨나 카네시로 카즈키(金城一紀)씨의 작품들(《가족 시네마(家族シネマ)》《GO》 등)이 한일합작으로 영화화되고 양국에서 상영되는 현재, 만약 타치하라 마사키가 살아 있었으면 그는 어떤 것을 느꼈을까?

　일제시대에 일본으로 건너가서 뛰어난 일본어 실력과 창작능력, 그리고 철저한 자기 연출로 일본인 작가로 대성공한 김윤규는 많은 작품을 남기고 세상을 떠났다. 그가 공들여 고민하면서, 쓴 《겨울 여행》이나 《쯔르기가사키》는 지금도 강한 힘으로 나를 끈다. 하지만 나를 가장 강한 힘으로 끄는 것은 김윤규가 평생을 걸어서 만들어낸 '타치하라 마사키'란 작품이다.

일본 프로야구계의 거인들

 일본에서 가장 인기 있는 프로 스포츠는 무엇인가? 그것을 알아보는 방법은 여러 가지가 있겠지만 일본 주요 일간지의 스포츠면에서 어떤 프로 스포츠에 관한 기사가 가장 큰 지면을 차지하고 있는지를 알아보는 것이 좋은 방법 중 하나라고 말할 수 있다.
 시간이 있으신 분은 도서관에 가서 일본 신문들을 보시면 금방 아시겠지만. 지금 일본에선 축구와 야구가 프로 스포츠의 쌍벽을 이루고 있다고 볼 수 있다.
 내가 한국에 오기 전(1990년이전)에는 일본에선 아직 프로축구는 없었다. 그리고 국가대표팀의 기량도 그리 높지 않고 한일전이 벌어질 때 일본의 승리를 예상하는 사람은 극히 소수에 지나지 않았다. 그때부터 약10년이 지난 지금 강산뿐만 아니라 일본 축구도 많이 바뀌었다.
 1993년에 J리그란 프로리그가 출범한 후 각 팀은 선수 육성과 관객 유치에 노력을 기울여왔다. 그 결과 많은 젊은이들이 J리그 경기에 관심을 갖게 되었고 축구는 인기 프로 스포츠로 급격히 성장했다. J리그의 활성화는 자연히 국가대표팀의 실력향상 이란 결과를 낳았고 일본팀은 어느새 한국팀과 맞설 수 있는 아시아권 최강급이란 평가를 받게 되었다.

하지만 아직 프로축구의 인기는 프로야구를 능가하지 못했다고 나는 생각한다. 그 이유는 프로축구팬들의 연령층이 젊은 세대로 너무 편재되어 있기 때문이다. 최근 경기 중계 방송의 시청률이 떨어지고 있기는 하지만, 폭넓은 세대로부터 안정된 지지를 받고 있다는 점에서 역시 일본 프로스포츠의 대표는 야구가 아닐까 싶다.

일본 프로야구에서 빛나는 기록을 남긴 명선수들 중에는 외국인들이 아주 많다. 일본 야구를 잘 아시는 분이라면 다음 질문에 쉽게 대답할 수 있을 것이다.

일본 프로야구 역사상 가장 많은 홈런을 친 선수는 누구인가? 가장 많은 안타를 친 선수는 누구인가? 가장 많은 승리를 거둔 투수는 누구인가?

재미있는 것은 그 선수들이 재일동포와 재일화교란 사실이다.

일본 프로야구계에서 불멸의 홈런왕이라고 불리는 왕정치(王貞治)씨는 대만 국적을 가진 재일 화교이다. 왕씨는 22년간의 선수생활을 통해서 868개의 홈런을 쳤다. 그것은 매년 평균 약 40개의 홈런을 22년간이나 계속 쳐왔다는 믿기 어려운 대기록이다.

나는 어렸을 때 TV에서 야구중계를 즐겨 봤다. 왕씨가 홈런을 칠 때마다 흥분해서 박수를 쳤던 기억이 아직도 생생하다.

왕정치씨는 지금 다이에(ダイエー)란 팀을 이끌면서 연속 우

승이나 일본시리즈 제패 등 큰 업적을 올리면서 명감독이라는 평가를 받고 있다.

왕씨가 불멸의 홈런왕이라면 불세출의 안타왕은 재일동포 장훈(張勳)씨다. 하리모토 이사오(張本勳)란 일본식 이름으로 활약한 장씨는 23년간 선수생활을 하면서 3085개란 통산 최다안타 기록을 남겼다. 그 기록도 매년 평균 134개 안타를 23년간이나 계속 쳐왔다는 셈이어서 경이로운 기록이다. 장씨는 통산 504개 홈런을 남기는 등 장타력도 뛰어나고 흠잡을 곳이 없는 타격의 달인이었다.

왕정치씨와 장훈씨는 둘 다 좌타자이지만 그들의 타격 방법은 대조적이다. 하반신에 비해 상반신이 약한 왕씨는 팔의 힘으로 공을 치는 게 아니라 원심력을 최대한 이용해서 공을 친다. 그가 친 공은 거의 오른쪽으로 날아간다. 그래서 왕씨가 타석에 서면 수비수들은 다 오른쪽으로 모여 이른바 '왕 시프트(shift)' 수비 체제를 구성했다.

왕씨는 한때 그 '왕 시프트' 때문에 안타가 될 타구를 잡혀 버려서 고민에 빠졌다고 한다. 하지만 역시 천재는 범인과는 생각이 달랐다. 그는 "수비수들이 아무리 왕 시프트를 해도 내가 홈런을 치면 공은 절대로 잡히지 않기 때문에 아무 문제가 없지 않는가'라고 생각해서 타격방법을 그대로 유지했다. 그 결과 엄청난 수의 공들이 야수 머리 위를 그대로 날아가서 관중석으로 직행했다.

왕씨 타격 방법과 달리 장훈씨는 투수가 던진 공이 눈앞에 올 때까지 기다린다. 그것은 왕씨보다 완력이 강하고 팔목이 강하면서 유연한 장씨만이 할 수 있는 타격 방법이었다. 즉 공을 될 수 있는 대로 기다리고 정확하게 치는 것이 장훈식이다. 그러한 타격방법 덕분에 장씨가 친 타구 방향은 아주 넓었다. 수비수 입장에서 보면 어디로 타구가 갈지 예측하기 아주 어려워서 상대하기가 아주 싫은 타자였을 것이다.

장씨는 은퇴 후 한일 양국에서 해설가로 활약을 하고 있다. 그의 해설은 논리적이고 명쾌하기 때문에 팬이 많다. 장훈씨 해설은 야구에 대한 우리들의 이해를 더 깊게 해주고 경기 관전의 즐거움을 한층 배가시켜 준다.

한국 프로야구가 출범했을 때 많은 재일동포 선수들이 한국으로 가서 활약을 했는데 그때 장훈씨가 가교 역할을 한 경우도 적잖았다고 한다. 나는 몇 년 전에 한일 양국 프로선수들이 참가한 슈퍼게임 TV중계방송을 한국에서 봤다. 그때 장훈씨가 해설가로 나와 말하는 모습을 보고 아주 반가웠다. 그가 한국어로 하는 해설도 일본어로 하는 것과 마찬가지로 명쾌하고 논리적이었다.

장훈씨가 선수 시절에 구단을 옮길 때 도와준 사람이 있었다. 그 사람은 400승이란 전인미답의 대기록을 세운 야구해설가인 김경홍(金慶弘)씨였다.

김씨는 일본 국적을 가지고 카네다 마사이치(金田正一)란 이름으로 20년 간에 400승을 거두었다. 즉 매년 평균 20승을 20년간 계속했다는 것인데 그 기록도 왕씨, 장씨의 기록과 같이 앞으로 갱신될 가능성이 거의 없어 보인다.

일본 프로야구계에는 명구회(名球會)란 모임이 있다. 그것은 통산 200승 이상을 거둔 투수와 통산 2000개 안타를 기록한 타자만이 가입할 수 있는 초일류선수들의 친목회이다. 왕씨, 장씨, 김씨는 물론 명구회 회원인데, 특히 김씨는 명구회에 2번 가입할 수 있는 자격을 가지고 있는 셈이다.

 이들 세 명의 대선수들을 생각하면 일본 프로야구계에서 재일 외국인 선수들이 얼마나 큰 역할을 해 왔는지를 짐작할 수 있다. 그 세 명처럼 초인적인 기록을 남기지 못했지만 훌륭한 재일 외국인 선수들은 그들 외에도 많다. 내가 알기에는 그 세 명 외에도 일본 명구회 회원이 된 재일동포 선수는 두 명이 있다. 그리고 한국에서도 활약을 한 장명부(張明夫)씨나 김일융(金日融)씨 등 많은 사람들의 기억에 남은 재일동포 선수들도 적잖다. 만약 그들이 없었더라면 일본 프로야구는 틀림없이 훨씬 재미없고 지루한 경기가 되어버렸을 것이다.

 한 가지 아쉬운 점은 재일동포 선수들은 일본식 이름, 즉 이른바 '통명(通名)'을 사용하는 경우가 많기 때문에 이름만 들으면 재일동포인지 알 수가 없다는 것이다. 그 배경에는 재일동포에 대한 일본 사회의 편견과 차별이 있다는 것은 잘 알려져 있는 사실이다. 선수 시절(약 15~20년 전)에 장훈씨나 김일융씨가 관중으로부터 민족차별적 욕설을 자주 들었다는 당시 사회환경을 고려하면 재일동포 선수들이 자신의 뿌리를 밝히고 선수생활을 하기가 너무 어려웠다는 것이다.

 그들이 은퇴하고 새로운 세대의 재일동포 선수들이 활약을 하는 현재 일본 사회는 확실히 변해가고 있다. 김일융씨가 은퇴 후 쓴 책이 많은 일본인으로부터 지지를 받았고, 선수 시절부터 재일동포란 사실을 당당하게 밝혔던 사람이 최근에 낸 《재일혼(在日魂)》(재일동포의 얼이란 뜻)이란 제목의 책도 잘 팔리고 있다. 장훈씨나 김일융씨가 자주 들었던 민족차별적 욕설을 하는 어리석은 사람들은 지금은 극히 소수파가 아닐까 싶다.

 그러나 모든 재일동포 선수가 당당하게 본명으로 활약을 할 수 있는 환경 확립까지는 아직 시간이 걸릴 것 같다. 그것이 실현될 때 일본 프로야구는 진심으로 국제화된 프로스포츠가 되고 명실공히 일본 최고의 프로스포츠라고 말할 수 있을 것이다.

해가 뜨는 고서점

　일본은 물가가 비싼 나라로 전세계적으로 유명하다. 교통비·숙박비·외식비가 놀랄 정도로 비쌀 뿐만 아니라 책값도 비싸다.
　소설책은 1500~2500엔(약 15000~25000원) 정도인데, 비교적 값싼 문고판도 500엔 정도를 주어야 살 수 있다. 학술서적의 경우 그 가격은 더 올라가서 2000~4500엔선이 된다.
　경제적으로 그리 넉넉지 않은 나 같은 사람이 일본에서 책을 사는 것은 상당한 부담이다. 나는 일본에 가서 서점에 들어가는 것이 즐거운 반면 무섭기도 하다. 여러 책을 재미있게 구경을 하다가 마음에 든 책 2, 3권을 사면 돈이 금방 날아가버리기 때문이다.
　그런 나에게 헌책방, 즉 고서점은 아주 고마운 존재이다. 나는 일본에서 길을 가다가 우연히 고서점을 발견하면 급한 일이 없는 한 꼭 들어가서 책 구경을 한다. 고서점의 매력은 물론 싼 값으로 책을 구할 수 있는 것에 있지만 그것만은 결코 아니다.
　일본 고서점 중에는 특색이 있는 가게가 많다. 즉 책에 대한 주인의 생각이 짙게 반영되는 곳들이 많다는 것이다. 역사에 관한 책을 많이 취급하는 가게, 인문과학에 관한 좋은 책들이 많이 진열된 가게, 국제문제에 관해한 책이 많은 가게 등, 개성이 있는 고서점에서 그 분위기를 맛보는 것은 참으로 재미있는 일이다.

일본 오사카에서 한국에 관련된 책을 적당한 가격으로 사려면 어디로 가면 좋을까? 나는 그 질문에 주저없이 '히노데 쇼보(日之出書房)'란 고서점을 추천한다.

히노데 쇼보는 재일동포 2세인 곽일출(郭日出)사장이 경영하는 고서점이고 현재 본점과 지점을 합해서 4개 점포를 가진 이 업계에서 손꼽히는 존재이다.

곽사장이 이 사업을 시작한 것은 26살 때였다. 그 당시 오사카 고서적 상업협동조합에 가입하고 있는 재일동포는 한 명도 없었다. 자본이 모자라서 점포를 갖지 못했던 곽 사장은 낮에는 고물상을 하면서 밤에는 야시장에서 노점상으로 헌책을 팔았다.

사업을 시작했을 때 곽 사장은 결심했다. 조합에 최초로 가입한 재일동포이기 때문에 어떤 일이 있어도 주위로부터 손가락질을 받는 일이 없도록 생활하고 행동해야 한다고.

그는 '곽 사장은 이렇다 저렇다……'라고 개인으로 비난을 받아도 좋지만 재일동포로서 비난을 받는 것이 가장 창피스러운 일이라고 생각해서 처신에 많은 신경을 썼다.

남으로부터 은혜를 얻으면 반드시 갚도록 노력하고 눈앞의 이익보다 신의를 중시하는 등 곽 사장은 후배들을 위해 길을 닦아야 한다는 사명감으로 밤낮 가리지 않고 열심히 일했다. 그 결과 사업을 시작한 지 1년이 된 27살 때 점포를 가질 수 있었다. 그 후에도 곽 사장은 계속 노력에 노력을 거듭해서 사업규모를 확대하고 부동산 값이 비싼 오사카에서 점포를 4개나 가지게 되었다.

히노데 쇼보는 잡지・만화・화보・소설・수필・학술서 등 모든 분야의 책을 취급하고 있지만 특히 눈에 띄는 것은 한반도 관력서적의 높은 질과 풍부한 양이다. 지금 일본에서는 한반도에 관한 수많은 책이 나오고 있다. 그 중에는 물론 읽을 만한 것도 많지만 별볼일이 없는 것도 적잖다. 그리고 새로운 책이 나오면 그 전에 나온 책들은 자리를 양보해야 할 경우가 많다. 그 결과 정말로 읽을 만한 가치 있는 책들이 서점에서 아쉽게도 사라져버리는 경우도 있다.

서점 경영도 기업활동이기 때문에 이익을 추구하는 것은 지극히 당연하다. 그래서 잘 팔리는 책이나 새로 나온 책을 위해 내용은 좋지만 많이 팔리지는 않는 책들을 '퇴장' 시키는 것을 욕할 수 없다.

하지만 현재 일본에서는 그러한 경제 법칙만을 내세우는 서점이 점점 많아지고 있는 것 같아서 나를 섭섭하게 만든다. 더욱 섭섭한 현상은 고서점업계에서도 그러한 경향을 엿볼 수 있다는 것이다. 그런 바람이 강해지면 위에서 말한 서점 주인의 개성은 점점 사라지고 많은 서점들이 마치 편의점과 같이 획일화되어버리지 않을까 느낌이 들어서 내 마음은 우울해진다.

그러나 히노데 쇼보에 가면 그런 내 우려는 금방 사라진다.

거기에서는 한반도 정세에 관한 책, 70, 80년대 민주화운동에 관한 책, 한일관계에 관한 책, 재일동포에 관한 책 등 다양한 분야의 다양한 책들이 나를 맞는다. 나는 재일동포 1,2세가 중심으로 발간한 명(名)잡지인 《청구(靑丘)》 등 지금 일본에서 구하기 아주 어려운 많은 책들을 히노데 쇼보에서 찾을 수 있었다. 그리고 일제시대 한반도에서 태어나서 자란 식민지 거주자로서의 소년시절을 냉철한 눈으로 회상하고 철저한 자기성찰로 많은 재일동포들로부터 신뢰를 받았던 일본인작가 코바야시 마사루(小林勝)의 문집도 곽 사장 덕분에 입수할 수 있었다.

내가 보기에는 한반도 관련서적은 히노데 쇼보에 그다지 이익을 가져오는 상품이 아닌 것 같다. 거기에 있는 책들 중에는 '내용은 좋지만 잘 팔리지는 않는 책'들이 적잖이 있기 때문이다. 그러나 경제 법칙에는 좀 맞지 않는 것같이 보이는 곽 사장의 자세야말로 사업가가 가야 할 상도를 가르쳐 주는 것이 아닐까 싶다. 경제 법칙을 중시하되 그것에 얽매이지 않고 양질의 상품을 취급하고 신의와 성실함을 지키는 그의 경영방법이 결과적으로 고객으로부터의 지지를 얻고 지금의 성공을 가져왔다는 것이다.

곽 사장은 머지않아 새로운 일을 시작할 것이다. 그것은 재일동포 2세인 자신이 사는 한국인집중지역의 역사나 문화 그리고 한반도의 문화 등을 3,4세들 젊은 세대로 전해 주는 종합적 학습교실의 개설이다. 곽 사장은 '우리 주변에 많은 동포들이 살면서도 지역 역사나 문화를 3,4세들에게 제대로 전해줄 장소가 없는 것이 안타깝다. 일본인도 포함해서 서로가 배우는 공간을 만들고 싶다'는 생각을 가지고 학습교실 설치를 구상하고 있다.

일본에는 신문사나 지방자치단체가 주최하는 문화강좌는 많지만 곽 사장이 구상하는 지역문화강좌와 같은 것은 찾아보기 힘들다. 그것이 실현되면 1,2세들이 일본에서 빚어내온 재일동포 문화를 젊은 세대 동포들과 일본인들에게 전달하는 아주 뜻깊은 문화사업이 될 것이다.

곽 사장과 나는 같은 범띠다. 그는 나보다 12살 위인데 재미있는 것은 곽 사장의 아들이 나보다 12살 아래라는 것이다. 그런 인연도 있어서 나는 곽 사장 아들인 상우(翔宇)와도 친하게 지내고 있다. 상우는 오사카에 있는 민족학교인 건국고등학교를 졸업하고 한국으로 유학을 왔다. 서울에서 곽 사장으로부터 소개를 받고 상우를 처음 만났을 때 체격은 좋지만 어딘가 자신이 없는 듯 불안하게 보이는 소년이란 인상을 받았다.

그때부터 5년이 지나서 상우는 몰라볼 정도로 당당한 모습의 청년으로 성장하고 일본으로 돌아갔다. 한국에서의 여러 경험이 그를 단련시키고 인간으로서 크게 만들었다는 것이다.

재일동포가 한국에서 살면서 경험하는 여러 어려움은 한국에서 태어나서 자란 한국인에게는(물론 일본인에게도) 이해 못할 것이다. 일본에서 탄생하고 성장한 재일동포들은 일본적 요소와 한국적 요소를 지닌 사람들인데 젊은 세대로 내려갈수록 한국적 요소보다 일본적 요소를 많이 가지고 있는 것이 현실이다. 물론 거기에는 재일동포의 민족교육에 별로 관심을 가지지 않는 일본 교육 당국의 책임도 있다.

그런 재일동포들이 한국에 와서 많이 듣는 말이 있다.

"너는 한국 사람인데 왜 한국말 못해?"

많은 한국인들은 재일동포 문제가 거론될 때마다 '일본에서 차별을 받고 있는 재일동포들'이란 말을 한다. 그러나 재일동포가 실제로 일본에서 어떤 모습으로 살고 있는지 어떤 생각을 가지고 있는지에 대해 전혀 알려고 하지 않는다. 나는 그것을 정말로 이해할 수 없다. 진심으로 '동포'란 생각이 있다면 그들의 일상생활이나 생각에 대해 관심을 가지게 되는 것이 인간으로서 자연스러운 현상이 아닐까 싶다.

재일동포의 실상에 대해 이해하려고 하지 않고 재일동포를 보는 일본 사회의 시각이 많이 변해가고 있다는 것도 모른 채, '차별받는 재일동포들'이라고 하면서 한국에 온 재일동포들에게 "왜 한국말을 못해?"라고 욕하는 한국인들에게는 재일동포는 단지 일본을 공격하기 위한 도구에 지나치지 않는 것 같다.

재일동포에 대한 본국인(本國人)의 무지와 오만에 대해 나는 친구인 재일동포들로부터 많은 이야기를 들었다. 물론 재일동포들을 진심으로 동포로 생각하는 본국인도 많다는 것은 나도 잘 알지만 그렇지 못하는 사람들도 적잖은 것이 사실이다.

한국에서 생활하는 동안 상우도 틀림없이 그런 어려움을 경험했을 것이다. 그러나 그는 내색 한 번 하지 않고 씩씩하게 유학생활을 보내고 무사히 학업을 마친 후 일본에 돌아갔다.

그가 한국에서의 경험을 자기의 성장을 위한 발판으로 삼을 수 있었던 것은 주위에 좋은 본국인 친구나 선배가 있었다는 것 외에 상우 스스로가 많은 노력을 기울였다는 사실에도 주목할 필요가 있다.

나는 어느 날 그가 저소득자 밀집지역에서 자원봉사자로 아이들에게 공부를 가르치고 있다는 것을 알고 놀랐다. 그때 "네가 무슨 공부를 가르치나. 오히려 아이들한테 배우는 게 아닌가"라고 농담을 했지만 내심 아주 흐뭇한 기분이었다. 그리고 아버지인 곽 사장에게도 나에게도 한 마디도 말하지 않고 묵묵히 그 봉사활동을 오랫동안 계속해왔다는 것에 '이 녀석, 다시 봐야겠네'라고 마음속으로 감탄했다.
　지금 상우는 히노데 쇼보 본점 점장으로서 열심히 일하고 있다. 곽일출 사장이 일본에서 창업한 히노데 쇼보는 그의 피나는 노력과 성실성으로 크게 발전했다. 말하자면 일출봉에서 큰 해가 떴다는 것이다. 위에서 말한 것처럼 요즘 고서점업계에서도 경제법칙 바람이 강해지고 있다. 곳곳에 생기는 대형 고서점들은 철저한 경제법칙을 바탕으로 기존의 고서점들의 시장을 잠식하고 있다.
　하지만 곽 사장이 지금까지 지켜온 상도에 상우의 젊은 감각과 패기가 가미되면 일출봉에 뜬 해가 질 리가 없다고 나는 믿는다. 책은 결코 단순한 상품이 아니고 그 책을 읽는 우리들도 경제법칙만으로 책을 찾는 것은 결코 아니기 때문이다.

'조센징'은 욕이 아니다

재일동포들을 총칭해서 재일한국인이라고 표기하는 것에는 문제가 있다. 물론 재일동포 중에는 재일한국인이 가장 큰 비율을 차지하고 있다. 하지만 일본에는 한국 국적이 아닌 '조선 국적'이란 국적으로 외국인등록증을 가진 사람들도 많다. 그 '조선 국적'을 가지고 있는 사람들은 무조건 북한을 지지하는 사람들이 아니다. 오히려 북한의 사회체제나 권력세습에 비판적인 생각을 가진 사람들이 많지 않을까 싶다.

사실은 그 '조선 국적'이란 것은 제2차 세계대전에서 패전한 일본과 승리한 연합국들이 맺은 샌프란시스코강화조약의 발효에 따라 점령상태에서 벗어나 1952년에 주권을 회복한 일본 정부가 재일동포들에게 부여한 '국적' 아닌 '국적'이다. 1945년 8월15일부터 그때까지 재일동포에 대한 GHQ(연합군총사령부)와 그 지휘하에 있었던 일본 정부의 대응은 일관성이 없었다. 예들 들어 해방까지 재일동포들이 일본인으로서 가지고 있었던 선거권은 해방에 따라 외국인이 되었다는 이유로 박탈되었다. 한편 해방 후 재일동포들이 자녀들을 위해 일본 각지에 세운 민족학교는 재일동포들을 일본인으로 규정한 GHQ의 명령에 따라 폐교처분을 당했다. 즉 해방부터 약 6년간 재일동포들은 어떤 때는 외국인으로 배제의 대상이 되었고, 어떤 때는 일본인으로 동화의 대상이 되었다는 것이다.

재일동포에 대한 일본 사회의 편견이나 차별은 현재 옛날과 비교가 안 될 정도로 완화되었지만 배제와 동화의 압력은 일본 사회의 뿌리깊은 곳에 아직도 흐르고 있는 것 같다. 그 배제와 동화의 압력을 없애려고 노력하는 것이 우리 일본인들에게 주어진 숙제라고 생각한다. 1965년 한국과 일본 사이에 외교관계가 정식으로 성립된 후 조선 국적으로부터 한국 국적으로 변경하려는 재일동포들이 많아졌다. 그 한편으로는 적잖은 사람들이 조선 국적을 유지했다. 그들이 조선 국적을 유지한 것에는 여러 이유가 있다. 북한에 친척이 있다는 이유로 지금도 조선 국적을 유지하는 사람도 있고 한국계 민족학교보다 조총련계 민족학교가 언어 등 더 철저한 민족교육을 실시하기 때문에 자녀교육을 생각해서 조선 국적을 유지하고 있는 경우도 있다. 그리고 한일국교 성립 당시(1965년) 한국의 군사독재체제에 반발해서 한국 국적을 거부한 채 민주화가 달성된 지금도 그냥 조선 국적으로 남아 있는 사람들도 있다.

그래서 조선 국적=조총련 지지자=북한 지지자란 등식은 사실과 큰 거리가 있다. 지금 일본에서는 한국 국적을 가진 사람과 조선 국적을 가진 사람들이 사이좋게 지내는 장면을 얼마든지 볼 수 있다.

그리고 국적을 일본으로 바꾼(이른바 '귀화' 한) 사람들이나 일본국적을 취득한 부모에서 태어난 사람들은 한국계 일본인 또는 조선계 일본인이라고 말할 수 있다. 여담이지만 나는 귀화(歸化)란 용어를 쓰고 싶지 않다. 귀화란 말은 원래 군주의 덕에 감화되어 그를 따른다는 뜻을 가진 말이다. 지금 민주국가에서 사는 우리가 왜 그런 군주주의적 용어를 써야 하는가?

'귀화'에 관해서는 유명한 이야기가 하나 있다.

우리가 어렸을 때 사용했던 역사 교과서에는 귀화인이란 말이 나왔었다. 다 알려져 있는 것처럼 고대 일본은 한반도로부터 많은 영향을 받았다. 그 시절에 한반도나 중국 대륙에서 일본 열도에 온 사람들을 교과서에서 귀화인이라고 표기했었다. 그 귀화인이란 용어에 의의를 제기한 사람이 재일동포 역사학자인 김달수(金達壽)씨였다. 김씨는 일본 곳곳에 한반도로부터 전해 온 문화유적이나 풍습이 남아 있다는 사실을 담은 《일본 속의 조선문화(日本の中の朝鮮文化)》란 책을 발표해서 큰 반향을 불러일으켰다.

김달수씨는 고대 일본에서는 '귀화인'이 인구의 많은 부분을 차지하고 있었다는 사실을 들어서 그런 사람들을 '귀화인'이라고 규정하는 것은 현실과 맞지 않는다고 주장해서 그 말 대신 도래인(渡來人)이란 용어를 사용했다.

김씨가 《일본 속의 조선문화》를 발표했을 때 혹시 일본인 독자가 거부감을 느끼지 않을까 걱정했다고 한다. 그러나 김씨 책은 거부감은커녕 큰 호평을 받고 베스트셀러가 되었다. 그리고 현재 일본 역사교과서나 잡지에서 '도래인'이 '귀화인'을 대신하고 있다.

여담이 좀 길어졌지만 조선 국적을 가진 사람이나 일본 국적을 가진 사람들을 통칭해서 재일한국인이라고 말할 수 없는 것은 분명하다. 한국인이란 용어엔 한국이란 국적을 표시하는 말이 들어가 있기 때문이다.

조선 국적을 가진 사람들은 자기들을 일본어로 자이니치 조센징(在日朝鮮人)이라고 자칭한다. 그리고 일본 국적을 가져도 "와타시와 조센징데스(저는 조선인입니다)"라고 말하는 재일동포들도 있다.

이 조센징이나 조센이란 말은 한국인에게 큰 거부감을 주는 말이다. 일본에서 출판된 관광 안내서에는 조센이란 말은 되도록 쓰지 않는 것이 바람직하다는 충고가 씌어져 있는 경우가 많다.

지금 한국에서는 조센, 조센징이란 말은 한국 및 한국인을 욕하는 말이라고 널리 알려져 있다. 역사드라마에 나오는 일본경찰관이나 군인들은 독립투사를 고문할 때 반드시 "이 조센징!"이라고 외친다. 이런 장면을 볼 때마다 나는 복잡한 기분이 든다. 그것은 우리 조상들의 만행에 대한 부끄러움과 조센이라는 말에 대한 연민의 감정이다.

몇 년 전에 한 재일동포 친구가 "혹시 본국에 있는 사람들은 조센, 조센징이란 말을 '바카야로(바보새끼)'처럼 순수한 욕설이라고 생각하는 게 아닌가?"라고 나에게 말했다. 나는 그 말을 듣고 '설마……'라고 느꼈지만 혹시나라는 생각도 들어서 주위 몇 사람한테 물어보았다. 그랬더니 놀랍게도 그 말을 욕설이라고 생각하는 사람들이 몇 명 있었다.

朝鮮, 朝鮮人이란 한자를 일본식으로 발음하면 조센, 조센징이 된다. 그래서 그 말 자체에는 멸시하는 의미는 어디를 찾아봐도 하나도 없다. 그 말에 부정적 이미지를 부여해버린 주범이 일본인들이었다는 것은 말할 나위도 없다. 그들이 멸시감을 가지고 조센, 조센징이란 말을 사용했기 때문에 아무 죄없는 말에 편견이 붙어버린 것이다.

그리고 한국의 드라마나 만화에서 '이 조센징!'과 같은 대사를 자주 쓰는 것도 마치 그 말이 순수한 욕설과 같다는 오해를 사람들에게 심어주는 공범 역할을 수행하고 있지 않을까 하는 생각도 든다.

한국에서 조센이란 일본어를 쓸 수 없다는 것은 의외로 불편한 것이다. 예를 들어 나는 다른 일본인이나 재일동포들과 조선시대에 관한 이야기를 일본어로 할 때 주위에 한국인이 있는 경우에는 조선 문화, 조선 왕조 등 조선이 포함된 단어에 관해서는 조선 부분만을 반드시 한국어로 발음하도록 한다. 그것은 불필요한 오해와 마찰을 피하기 위해서이다. 일본말로 이야기를 하다가 특정한 단어만 한국어로 바꾸는 것은 이상한 것이기는 하나 오해를 사는 것보다 훨씬 낫다고 생각한다.

최근에 한 재일동포 친구와 서울 시내 모 식당에서 술을 마시면서 이야기를 하다가 화제가 조선시대의 습관으로 바뀌었다. 그때 그 재일동포 친구가 "조센분카와(조선 문화는) ……"라고 약간 큰 목소리로 일본어로 말하자 옆 테이블 손님이 우리를 이상한 눈으로 보기 시작했다. 그러나 우리가 이야기하는 분위기에서 한국인이나 한국을 욕하는 것이 아니라는 것을 알아차린 모양이었으니 다행이었지만 그 손님의 반응에는 조센이란 말에

214 한국인, 조센징, 조선족

대한 한국인의 거부감이 여실히 나타나 있었다.

웃기는 이야기일지도 모르지만 나는 일본어로 이야기하다가 도전이란 말을 쓸 때도(challenge)라고 영어로 바꿔 말하도록 한다. 그것이 일본어로는 조센으로 발음되기 때문이다.

하나 또 웃기는 이야기를 한다면 나는 5~6년 전에 서울 시내에서 조센, 조센이라고 말하는 소리를 듣고 깜짝 놀란 적이 있다. 자세히 듣고 살펴보니 그것은 조생귤을 말하는 것이었는데 내가 잘못 들은 것이었다(우리 일본인들에게 아주 어려운 것이 ㄴ발음과 ㅇ발음을 구별하는 것이다).

조선시대는 한글을 비롯하여 여러 빛나는 문화적 결실을 남긴 시대이다. 일본에서 그 시대의 문화나 역사를 배우러 한국으로 오는 일본 학생들이나 재일동포 학생들도 점점 많아지고 있다. 될 수 있으면 그들이 일본어로 조센지다이(조선시대), 조센분카(조선문화)라고 이야기해도 지탄을 받지 않도록 조센이란 말에 대한 오해가 조금이라도 풀릴 것을 나는 절실하게 바란다. 그러기 위해서도 이 조센징! 식의 대사를 마구 사용하는 것과 같이 조센=모욕의 말이란 이미지를 정착시키는 것은 삼갔으면 한다.

그리고 재일 한국인만이 재일동포가 아니라는 것, 즉 조선 국적이나 일본 국적을 가진 사람들도 틀림없는 동포란 사실에 대해서도 조금이라도 이해를 해줬으면 좋겠다.

재일동포는 우리에게도 동포이다

〈공동경비구역 JSA〉는 참으로 잘 만든 영화였다. 진지한 주제의식과 송강호씨, 이병헌씨를 비롯한 연기자들의 좋은 연기 그리고 세련된 화면처리 등 그 영화는 한국 영화사상, 아니 세계 영화사상 특기할 만한 가치가 있는 걸작이라고 생각한다.

나는 이 영화에 나온 이병헌과 〈폴리스〉란 TV연속극에서 한 번뿐이지만 공연했다는 아주 영광스러운 경험을 가지고 있다. 〈JSA〉는 일본에서도 흥행에 대성공했다. 그래서 나는 그 영화를 본 친구에서 "나는 이병헌씨와 공연한 적이 있거든"이라고 농담삼아 쓸데없는 자랑을 할 수 있었다.

그러나 전반적으로 아주 좋은 영화인 〈JSA〉중에 나를 크게 실망시킨 부분이 하나 있었다. 그것은 스위스에서 한국인 아버지와 스위스인 어머니 사이에 태어나서 자란 한국계 UN수사관인 소피(이영애 분)가 완벽한 서울말을 구사하는 것이었다. 소피의 유창한 서울말을 들었을 때 나는 '아, 역시 한국에서 태어나서 자란 한국인들은 재외동포에 대해 몰라도 너무 모르는구나' 라는 생각이 들어 한숨을 쉬었다.

공산주의자였던 소피의 아버지는 동포1세였기 때문에 당연히 유창한 한국어를 구사할 수 있었을 것이다. 하지만 스위스인인 어머니가 한국어에 능통했다고 보기 어렵다. 그래서 가족 3명이 모였을 때 공통언어는 한국어 아닌 다른 유럽 언어가 사용되었을 것이 분명하다. 따라서 스위스인 어머니가 낳고 현지 학교에 다니고 졸업한 후 거기서 일을 하는 소피가 영화에서 묘사되는 것처럼 정확한 발음과 부드러운 억양으로 한국어를 구사할 수 있을 리가 없다.

이 사례와 마찬가지로 재외동포들의 실상에 대한 이해부족, 상상력의 결여는 다른 영화에서도 관찰할 수 있다. 박광수 감독의 〈베를린 리포트〉는 안성기, 강수연, 문성근이란 호화배역도 그렇지만 입양아문제와 통일문제를 거론했다는 점에서 큰 화제를 모았다. 그러나 어렸을 때 입양되어 유럽에서 자랐다는 영철(문성근 분)이 말하는 유창한 서울말을 듣고 나는 "아이고"라고 중얼거렸다.

TV에서 가끔 보도되는 자기 친부모를 찾으러 한국으로 온 해외 입양아 출신자들의 모습이 보여주듯, 그들은 한국어를 거의 못한다. 그런 현실을 고려하면 〈JSA〉나 〈베를린 리포트〉에서 소피나 영철이 아주 유창한 서울말을 구사하는 모습은 내 눈에는 너무 어색하고 현실감 없이 비친다. 그리고 그 어색함과 부자연스러움을 지적하는 사람이 별로 없다는 것은 재외동포 출신자들이 한국에 오면 그러한 아주 뿌리깊은 무지와 몰이해 속에서 살아가야 한다는 것을 의미한다.

그런 의미에서 몇 년 전에 MBC에서 방영되었던 미니시리즈

⟨2.5⟩는 재미동포에 대한 어느 정도의 이해를 보여줬다는 점에서 보기 드문 드라마였다고 말할 수 있다. 이 드라마에 나왔던 한국어를 잘못해서 영어로 말하는 동포 젊은이에게 욕하는 본국인과의 마찰은 재일동포나 재미동포들이 한국에서 흔히 경험하는 일이다.

내 일이 아니지만 내가 가장 참기 힘든 것은 재일동포 젊은이들이 한국어를 못하는 것에 대해 "부모님이 잘못했다"라고 비난하는 사람이 있다는 것이다.

다 아시다시피 재일동포 1세들은 일본 사회의 심한 편견과 차별 속에서 생활기반을 세우고 자녀를 낳고 교육을 시켰다. 한국(조선) 이름을 쓰면 일자리 얻기도 힘들었고 집을 빌리는 것도 곤란했던 그 시절에 동포 1세들은 할 수 없이 재일동포란 사실을 숨기고 일본식 이름과 일본어를 쓰고 일본 사회에서 살아남으려고 했다. 그러한 환경 속에서 동포 1세가 2세들에게 한국어를 제대로 가르칠 수 없었다는 것은 지극히 당연한 일이다. 그리고 소수민족에 대한 일본 정부의 몰이해와 일본에서의 취직문제나 자격취득 문제(일본 사회에선 민족학교에 진학하는 것보다 일본 학교로 진학하는 것이 취직이나 자격증 취득에 유리하다) 등 여러 문제 때문에 민족교육을 받을 수 있는 동포 젊은이들도 많지 않았기 때문에 동포 2세들이 학교에서 한국어를 배울 기회도 적었다.

2세가 이런 상태였으니 3,4세는 과연 어떨까. 재일동포에 대한 일본 사회의 차별의식과 편견은 1,2세들이 겪었던 것과 비교하면 상당히 약해져서 본명인 한국(조선) 이름을 쓰는 사람이나 일본식 이름을 쓰면서도 재일동포란 사실을 당당하게 말하는 젊은이들이 많아지고 있다. 젊은 세대에 있어서 재일동포와 일본인의 공생은 조금씩 진전되어가고 있다고 말할 수 있다.

1세들과 달리 일본어를 모어(母語)로 태어난 동포 젊은이들은 자연스럽게 일본어를 사용하고 일본인 친구들과 어울려서 생활한다. 그들이 일상적으로 접하는 신문·TV·소설·만화 등은 모두 일본어로 된 것이다.

그러한 환경 속에서 사는 동포 젊은이들이 한국어를 못한다고 해서 그들이나 그들 부모를 누가 비난할 수 있을까?

물론 재일동포들이 한국어를 배울 기회가 적다는 것은 일본 정부의 책임이 크다고 나는 생각한다. 중국에서 하는 것처럼 일본에서도 소수민족에 대한 언어교육을 보장할 필요가 있다. 그것이 잘 되어야 비로소 일본인과 재일동포의 진정한 공생이라고 말할 수 있을 것이다.

그런데 하나 분명히 말해 두어야 할 문제가 있다. 그것은 재일동포에 있어서 한국어는 필수적인 것인가란 문제이다. 위에서 말한 것처럼 나는 일본 정부가 재일동포의 민족교육을 보장해서 지원해야 한다고 생각한다. 하지만 만약 당사자인 재일동포가 어떤 사정 때문에 민족교육 대신 일본 학교에서 일본식 교육을 받고 한국어를 거의 못한 사람이 되었을 때 그것을 어떻게 생각하는가 하는 문제이다. 나는 그런 경우에도 그 당사자가 자기 조상이 한반도에서 일본으로 건너왔다는 역사 즉 자기들의 뿌리에 대한 확고한 인식을 가지고 있는 한 한국어 능력의 결여에 대해 하나도 부끄러워할 필요가 없다고 생각한다.

비록 한국어를 못해도, 일본식 이름을 써도, 일본 국적을 가져도, 김치를 먹지 않아도 자신의 뿌리에 대한 뚜렷한 인식을 가지고 있는 한 그 사람은 재일동포라고 당당하게 말할 수 있을 것이다.

그리고 또 하나 분명한 사실은 재일동포들은 그들의 조상이 한반도에서 왔다는 것으로, 한국에서 사는 본국인들에게는 당연히 동포이지만 일본이란 사회에서 태어나서 자라고 거기에 뿌리를 내리고 같이 산다는 의미에서 우리 일본인들에게도 소중한 동포란 사실이다. 그리고 재일동포는 한반도와 일본이란 두 가지 세계 사이에서 고민할 때도 있지만 그들 중에는 두 가지 세계를 객관적으로 보면서 아주 넓은 시야를 가지고 살아가는 사람들도 많다. 그러한 넓은 시야는 한국인으로서 한국에서 태어나거나 일본인으로서 일본에서 태어나서 자란 사람들이 가질 수 없는 소중한 재산이다.

그래서 본국에 온 재일동포 젊은이들이 한국어 능력이 모자란다고 비웃거나 욕하는 사람들은 정말로 보기 싫다. 그런 시야가 좁은 사람들이 큰소리를 치고 우리 동포들을 함부로 욕하거나 구박하는 모습은 참으로 웃기는 일이다.

의무만 있는 사람들

 몇 년 전에 일본에서 지방자치단체장인 모 현지사(懸知事:현〔懸〕은 시〔市〕나 군〔郡〕을 통괄하는 지방자치행정단위)의 행정철학이 큰 반향을 일으켰다. 주민들은 그 지사가 취임한 후 현(懸)의 행정이 눈에 띄게 좋아졌다고 박수를 쳤다. 그리고 소문을 듣고 그 지사가 실행하는 행정의 비결을 배우려고 다른 지방으로부터도 많은 사람들이 그 현을 찾아왔다.
 그 현지사는 주민의 편의를 최우선으로 생각해서 모든 사항을 처리하는 것을 원칙으로 삼고 있다. 그러한 생각을 반영한 그의 좌우명이 '행정은 서비스업이다' 란 것이다.
 다 아시다시피 서비스를 받는 사람이 요금을 내고 그 돈을 받은 사람이 서비스를 제공하는 것이 서비스업이다. 그러면 '행정은 서비스업이다' 란 말은 어떤 의미인가?
 우리는 소득세·주민세 등 직접세와 술이나 담배 등에 부과되는 간접세 등 여러 세금을 지불한다. 국가나 지방자치단체는 그 세금을 재원으로 행정을 진행한다. 즉 주민은 세금을 내고 그 대가로 행정서비스를 받고 있는데 그것은 일종의 서비스의 거래라고 볼 수 있다. 그래서 '행정은 서비스업이다' 란 말에는 행정기관은 주민으로부터 세금, 즉 서비스요금을 받고 있기 때문에 그 세금을 낸 손님 즉 주민을 만족시키도록 열심히 노력할 필요가 있다는 생각이 담겨져 있다.

'고객이 왕이다' 란 말이 있듯, 고객을 만족시키는 것이 서비스업의 기본이다. 그러나 시청이나 현청 등 행정기관에서 근무하는 공무원들 중에는 주민들의 편의를 생각하기보다 자기들의 편의만 생각해서 정해져 있는 일이나 지시를 받은 일밖에 하지 않는 사람들도 적잖은 것 같다. 그런 공무원들에 대한 불만이나 비판의 목소리는 일본 곳곳에서 흘러나온다. 그래서 행정은 서비스업이다란 말은 획기적인 말이었고, 아주 많은 사람들에게 큰 환영을 받은 것인가.

나도 그 말에 전적으로 동의한다. 물론 행정을 경제논리만으로 파악하면 안 된다. 여러 가지 이유로 세금을 낼 수 없는 사람들에게도 행정서비스를 제공하고 또 사회적 약자에게 복지서비스를 제공하는 것이 다른 서비스업과 행정의 큰 차이점이라고 생각한다. 그래서 행정은 서비스업이다란 말을 서비스요금을 낸 사람에게만 서비스를 제공하는 것이라고 왜곡시키면 안 된다. 그러나 세금이란 서비스요금을 낸 사람이 손님으로서 그 대가를 얻는다는 것을 제시한 행정은 서비스업이다란 말은 우리에게 시사하는 바가 크다.

우리가 낸 세금의 용도는 국회나 지방의회에서 논의되어 결정된다. 그리고 그 예산안은 의회의 승인을 받아야 한다. 그래서 국회나 지방의회를 구성하는 의원들을 뽑는 선거는 납세자인 우리들에게는 아주 큰 의미를 가진다. 즉 우리는 세금을 일방적으로 내는 것이 아니라 그 용도를 결정하는 우리들의 대표를 뽑을 권리를 가지고 있다는 것이다.

그러나 일방적으로 세금을 내기만 하고 그 용도 결정에 관해서 아무런 관여도 할 수 없는 사람들이 존재한다. 그것이 재일동포를 비롯한 정주 외국인(定住外國人)들이다.

현재 영주권을 가지고 일본에서 생활하는 외국인은 60만 명을 넘는데 그들 중 재일동포가 차지하는 비율이 압도적으로 높다. 1980년대 후반부터 재일동포 단체들을 중심으로 '우리에게도 참정권을 인정하라'는 목소리가 점점 커지고 있고 90년대에는 '재일당(在日黨)'이란 단체가 선거권뿐만 아니라 피선거권도 일본 정부에 요구하는 운동을 전개하기도 했다.

그러한 주장에 찬동하는 일본인들도 점점 많아져서 정주외국인의 지방참정권을 인정해야 한다는 의견서를 채택해서 중앙정부에 제출하는 지방의회들의 움직임도 활발해졌다.

1995년에 최고재판소(한국의 대법원에 해당함)가 내린 판결은 정주외국인에게 법률로 지방선거권을 부여하는 것은 헌법상 문제가 없다는 것이었다. 이에 따라 정주외국인의 지방참정권을 인정하려는 사회적 분위기는 한층 더 무르익어갔다. 그리고 1998년에 일본을 방문한 김대중 대통령도 일본 정부에 재일동포의 지방참정권 인정을 요청함에 따라 이 문제는 한일간의 현안사항으로 부각되었다.

지금 일본 연립여당 3당 중 공민당(公民黨)이 이 문제에 가장 적극적이다. 공민당은 야당 각 당과 함께 영주외국인에게 지방참정권을 인정하는 법안을 국회에 제출했다. 그러나 실질적으로 정권을 장악하고 있는 자민당내 반대세력이 만만찮아서 이 법안은 아직 국회를 통과하지 못하고 계류 상태에 있다.

나는 이 법안이 하루라도 빨리 입법화되기를 바란다. 내가 보기에는 영주외국인에게는 지방참정권뿐만 아니라 국정(國政) 참정권도 당연히 인정해야 한다. 그리고 지방참정권은 영주외국인이 아닌 정주외국인에게도 인정할 필요가 있다고 생각한다. 그러나 먼저 영주외국인의 지방참정권만이라도 인정했으면 좋겠다. 그것은 납세의 의무만 있고 선거권이라는 당연히 있어야 되는 권리가 없다는 불공정한 사태를 해결하는 것이고, 또 그 지방에 사는 외국인의 의견을 행정에 반영시킨다는 진정한 국제화로의 첫걸음이 되기 때문이다.

참정권은 재일동포들에게 당연히 인정되어야 하는 정당한 권리이다. 그리고 현재 재일동포들에게 부당하게 부여되어 있는 의무도 철폐할 필요가 있다. 그 의무는 외국인등록증을 항상 휴대해야 한다는 규정이다. 일본의 현행 외국인등록법에서는 정주외국인이 외국인등록증을 휴대하지 않을 경우 처벌받을 수 있다고 규정되어 있다. 하지만 일본에서 태어나서 일본에서 자라고 계속 일본에서 살아가는 재일동포들이 항상 등록증을 휴대해야 한다는 것은 상식적으로 생각해도 이해가 가지 않는다. 나는 그 부당한 의무 철폐와 정당한 권리 인정을 되도록 빨리 실행해야 한다고 생각한다.

일각에서는 '외국인의 참정권을 인정하는 것보다 외국인이 일본 국적을 취득할 때 심사기준을 완화시키고, 또 그 절차를

간소화하는 것이 적절하다'는 의견도 있다. 하지만 그것은 확실히 국제화에 역행하는 어리석은 발상이다. 그 의견에서는 오로지 외국인을 일본으로 동화시키려고 하는 국가주의적 발상의 냄새가 짙게 배어 있다. 나는 선진이다 후진이다란 표현을 별로 좋아하지 않기 때문에 그런 표현을 쓸 기회가 거의 없지만 위와 같은 국가주의적 발상이야말로 아주 후진적 발상이라고 말할 수밖에 없다.

그리고 행정은 서비스업이다란 시각에서 봐도 '서비스는 우리가 알아서 할 테니까 당신들은 서비스요금만 꼬박꼬박 내시오'식의 태도는 너무나 오만하고 불성실한 태도가 아닐까 싶다.

〈호르몬 문화〉를 아시나요?

　1990년 9월, 일본에서 〈호르몬 문화(ほるもん文化)〉라는 약간은 낯선 이름의 잡지가 창간되었다.
　그 후 10년이 지나면서 〈호르몬 문화〉는 약 1년 남짓만에 1권씩 발간됨으로써 이제 당초의 목표인 제10호 발행을 눈앞에 두고 있다(2002년 1월 현재).
　이 〈호르몬 문화〉란 잡지에는 재일동포 2, 3세들로 구성된 편집위원들이 스스로 원고를 쓰고 또 외부 사람들에게 집필을 의뢰해서 20편 정도의 논고·수필·소설 등이 매번 게재된다.
　〈호르몬 문화〉 편집부에선 재일동포를 둘러싼 여러 문제 가운데 매호마다 하나의 주제를 선정해서 그 문제에 관한 다양한 글을 실으려고 한다. 지금까지 거론된 주제는 직업문제·가족문제·교육문제·참정권문제 등이다.
　그런데 왜 〈호르몬 문화〉인가?
　이 '호르몬'은 성장호르몬이나 여성호르몬 등 인체에서 분비되는 호르몬을 의미하는 것이 아니라 소나 돼지 내장을 가리키는 말이다.

육식문화가 그리 발달되지 않았던 일본에선 일반사람들이 소 내장이나 돼지 내장을 먹는 습관이 없었기 때문에 내장을 그냥 버리는 경우가 많았다. 그런 사실에 착안한 재일동포들이 그 내장을 공짜로 아니면 헐값으로 입수해서 양념으로 맛을 냄으로써 내장구이 장사를 시작했다. 당시 일본 사회에서 차별과 편견 속에서 살아가야 했던 재일동포들에게는 그 내장구이 장사는 생계를 유지하기 위한 중요한 사업이었다.

재일동포들이 가장 많이 모여 사는 오사카에선 버릴 물건을 호르몬이라고 사투리로 말한다(우연히 의학용어의 호르몬과 같은 발음이지만 앞에서 말한 것처럼 양자간에는 아무 관련도 없다). 많은 일본인들에겐 내장은 그냥 버리는 것, 즉 호르몬이었는데 그것을 이용한 요리가 재일동포들에 의해 일본 사회에 정착됨으로써 호르몬은 내장요리의 대명사가 되었다.

지금 많은 일본인들이 호르몬 요리를 즐겨 먹는다. 오사카에 있는 한 유명한 식당에 들어가려면 줄을 서서 기다려야 할 정도다. 값도 만만찮다. 그런데 흥미로운 것은 1990년대에 들어서 그때까지 보기가 징그럽다고 호르몬을 기피해 왔던 젊은 여성들까지 칼로리가 낮고 미용에도 좋다며 호르몬 음식점들을 찾기 시작한 것이다.

바로 그 90년대초에 태어난 〈호르몬 문화〉 창간호 편집 후기에서 초대 편집장이었던 정아영(鄭雅英)씨는 그러한 현상을 비꼬면서 호르몬 요리 탄생의 경위나 세상 사람들로부터 냉대를 받다가 환대를 받는 불안정한 모습이 재일동포 2세, 3세들에게는 남의 일 같지 않다고 토로하고 있다.

〈삼천리(三千里)〉, 〈청구(青丘)〉, 〈민도(民禱)〉 등 재일동포들이 일본에서 창간한 잡지들은 재일동포에 대한 일본인들의 오해와 편견을 수정하고 재일동포를 둘러싼 일본 사회의 여러 문제들에 대한 진지한 의논을 야기하는 데 아주 큰 역할을 해왔다고 말할 수 있다.

〈호르몬 문화〉는 이들 선배잡지들이 계속해온 그러한 역할을 수행하는 것과 동시에 보다 넓고 자유로운 시야에서 문제 제기를 하고 있다. 나는 창간호 이래 〈호르몬 문화〉를 애독해왔는데 지금도 가끔 되돌아 읽고 많은 시사를 받는다. 민족간의 관계나 소수민족을 주로 연구하는 나에게는 〈호르몬 문화〉는 아주 유익한 참고서가 된다.

그리고 〈호르몬 문화〉에 실린 글들 중에는 심각한 주제를 다루면서도 절묘한 유머를 담은 것들이 많아서 읽기가 편한 것도 내가 〈호르몬 문화〉를 즐겨 읽는 이유의 하나다.

사람을 설득시키거나 사람들의 주의를 환기하려고 할 때 유머는 아주 효과적인 무기가 된다. 〈호르몬 문화〉가 보여주는 유머정신은 1세, 그리고 고참 2세 세대가 이끌어온 선배잡지들에서는 찾아보기 어려운 것이었다. 내가 보기엔 그것은 2, 3세 세대 편집위원들의 젊고 뛰어난 감각과 탁월한 전략에서 나온 것 같다.

우리는 흔히 '재일동포 문제'란 표현을 쓴다. 그러나 말할 나위도 없지만 문제는 재일동포측에 있는 것이 아니라 일본인, 일본 사회에 있는 것이다. 즉 우리 일본인과 일본 사회가 변하지 않는 한 재일동포 문제도 영원히 해결되지 못한다는 말이다.

일본 사회가 내포한 여러 문제점을 지적할 때 '너희 일본인들은 반성하라!'식으로 큰소리로 외치는 것보다는 〈호르몬 문화〉가 진행하는 것처럼 유머를 섞어서 냉철하게 그리고 낮은 목소리로 말하는 것이 훨씬 효과적으로 느껴진다.

얼마 전 서울로 여행을 온 일본인들을 안내할 기회가 있었다. 나는 그들이 느끼는 한국에 대한 인상을 물어봤다. 그들은 '위안부문제 등에 관한 일본 정부의 대응을 규탄하는 집회 모습을 TV에서 많이 봤는데 우리는 일본 정부에 문제가 있다고 생각하면서도 그러한 극렬한 한국인들의 모습에 솔직히 거부감을 느낀다'고 대답했다.

발을 밟힌 사람의 항의 태도가 너무 거칠다고 밟은 사람측이 큰소리하는 것같이 들릴지도 모르지만 감정표현을 억제하는 습성이 강한 일본인들에겐 직선적이고 거센 표현만을 쓰는 것은 때로는 거부감을 유발시킬 수도 있다는 것이다.

그런 의미에서 〈호르몬 문화〉의 전략이 시사하는 바는 크다. 예를 들어 지금 내 앞에 있는 〈호르몬 문화〉 제2호에 실린 '일을 하면 일본 사회가 보인다'(이용복〔李容福〕씨 작)란 제목의 글에는 다음과 같은 표현들이 나온다.

나는 일본국의 서민을 싫어한다! 일본국 서민들이 무엇을 말해도 결코 들어주어서는 안 된다. 그들은 결국 일본국의 자기억압문화의 노예와 같은 존재가 아닌가.

그 말만 뽑아서 읽으면 그 필자는 굉장히 반일적이고 너무 직선적이고 거센 표현을 쓰는 것처럼 보인다. 그러나 그 글 전체를 다 읽어보면 일본 사회뿐만 아니라 자기 자신에 대해서도 유머 섞인 시각으로 냉철하게 관찰하려고 하는 필자의 시선을 이해하게 된다. 예를 들어 필자가 자기 직업편력을 소개하는 부분에서 다음과 같은 말들이 나온다.

안코로모치(소가 들어가 있는 찰떡이 아닌 팥소로 떡을 싼 일본 특유의 찰떡)를 고객들 앞에서 직접 쳐서 파는 실연판매를 했다. 매일 떡을 치는 것은 즐거웠지만 머릿골이 소가 되어버렸다.

나는 출발하기 전에 제대로 확인하지 않았던 내 실수를 짐짓 모르는 체하고 미치도록 화를 냈다.

(전략) 뭐라고 말할 수 없는 쓰라리고 하도 썰렁한 내 모습을 느끼지 않을 수 없었다.

그래서 그 글을 다 읽은 사람은 필자가 일본인을 싫어한다기보다 억압을 싫어하고, 그리고 그 억압을 없애려고 하지 않고 자기가 받은 억압을 남에게 전가하려는 안일함과 비겁함을 싫어한다는 것을 충분히 알게 된다.
참된 유머는 남을 웃음거리로 삼는 것이나 이상한 몸짓이나 말투를 구사하는 것만으로 창출할 수 있는 것이 결코 아니다. 거기에는 자기 자신에 대한 냉철한 통찰력이 필요한데 그것은 열린 시야의 소유자만이 가질 수 있는 것이다.

〈호르몬 문화〉의 매력은 바로 그 열린 시야와 폭넓은 사고방식에 있는 것 같다. '재일동포 문제'는 다름 아닌 일본 사회의 문제, 즉 일본인 자체의 문제이다. 그래서 그 문제를 생각하는 마당에서 일본인을 배제하면 안 되고 오히려 그들의 관심을 끌어야 한다. 큰소리로 상대방을 규탄하지 않고 유머를 섞어서 읽기 쉬우면서도 깊이 있는 논의를 전개하는 〈호르몬 문화〉의 전략은 상당히 효과적으로 보인다.

〈호르몬 문화〉 사람들의 문제의식은 일본 사회의 문제를 지적하는 것만으로 그치지 않는다. 더 나아가서 재일동포 사회 내부의 문제, 예를 들어 여성 차별문제, 장애인 차별문제 등에도 깊은 관심을 가지고 논의를 야기하려고 한다.

〈호르몬 문화〉를 발행하는 곳은 재일동포가 운영하는 작은 출판사다. 솔직히 말해서 〈호르몬 문화〉는 돈이 되는 잡지가 아니다. 적자를 내지는 않지만 이익을 낳는 것도 아니다. 책자를 만드는 노력이나 시간 등을 생각하면 수지가 맞을 리가 없다.

그러한 수지가 맞지 않는 〈호르몬 문화〉를 10년에 걸쳐서 계속 발행해온 그 신간사(新幹社)란 출판사의 고이삼(高二三) 사장의 자세는 그야말로 숭고하다고 말할 수밖에 없다. 그리고 각자 본업이 아주 바쁜데도 불구하고 한푼도 보수를 받지 않고 원고를 쓰고 묵묵히 편집작업을 계속해온 편집위원들에게 나는 진심으로 깊은 경의를 표한다.

내가 〈호르몬 문화〉 편집위원인 P씨와 우연한 기회로 처음 만난 것은 1997년이었다. 같이 식사를 하려고 들어간 식당에서 나는 그에게 물어봤다.

"선생님은 싫어하시는 음식이 있습니까?"

그 질문에 잠시 침묵한 P씨는 무표정하게 대답했다.

"글쎄……, 싫어하는 음식은 없지만 싫어하는 사람은 많아요……."

그는 항상 이런 식으로 좀 가시가 있는 절묘한 유머를 구사한다. 그것은 상대방을 편하게 만드는 P씨 특유의 화술이다. 일본의 모 대학교수인 P씨는 학생들에게 강의할 때도 그런 유머를 반드시 섞어서 이야기한다.

재일동포 3세인 P씨는 대학교 4학년이 된 1979년 일본 내 대기업 스무 곳에 원서를 내고 면접시험을 봤다. 하지만 결과는 외국계 은행 한 곳을 빼고 다 불합격이었다. 학과 내에서 5등 이내의 아주 좋은 성적을 유지해온 그는 자기보다 성적이 훨씬 나쁜 다른 학생들을 잇달아 합격시킨 일본기업에 크게 실망했다. 그리고 P씨를 채용하려고 한 외국계 은행 인사담당자도 본명이 아닌 일본식 이름을 쓰는 것을 입사조건으로 그에게 요구했기 때문에 P씨는 그것을 거절했다.

그래서 그는 일반기업으로의 취직을 포기하고 대학원에 진학해서 학자로의 길을 걷게 되었지만 그 길 역시 편한 것이 아니었다. 인맥을 중요시하는 일본의 대학교 인사 관례 때문에 정치력이 약한 지도교수 밑에서 석사, 박사 과정을 지낸 P씨는 순수한 자기 힘만으로 대학교 교원 일자리를 찾을 수밖에 없었다.

P씨는 꾸준히 학술논문을 쓰고 발표하고 대학원 게시판에 교원 모집 공지가 나올 때마다 응모해 왔지만 그를 채용하려는 대학교는 없었다. 대학교로의 취직을 거의 포기한 1988년, 그는

드디어 도쿄에 있는 모 대학교 전임강사로 채용되었다.

대학교원이 된 P씨는 한국에 대한 일본인 학생들의 편견을 수정하기 위해 그들에게 한국 노래를 가르치거나 '한국 요리를 먹는 회'를 자택에서 여는 등 꾸준한 노력을 계속했다. 그리고 P씨의 제의에 따라 그 대학교에는 한글이 정규과목으로 신설되었다.

그 후 그의 실력을 높이 평가한 오사카(大阪) 모 대학교의 권유로 P씨는 자리를 옮기고 현재 정교수로 일하는 한편 잡지나 라디오 등에서 활발한 활동을 계속하고 있다.

P씨가 일본기업들로부터 문전축객(門前逐客 : 문앞에서 거절을 당한다는 뜻)을 당한 지 20년이 지나면서 일본 대기업에 입사한 재일동포 학생들도 많아지고 일본식 이름이 아닌 본명으로 각 분야에서 활약하는 사람들도 많아지고 있다. 그러한 일본 사회의 변화는 P씨와 같은 재일동포들과 그들의 주장에 찬동하는 일본인들간의 협조와 노력의 결과라고 생각한다.

P씨는 강의나 매스컴을 통해서 일본 사회를 그냥 공격하는 것이 아니라 절묘한 유머를 섞어서 일본 사회를 더 열린 사회로 같이 만들자고 주장하고 있다. 그것은 '너희들은 각성하라!'고 상대방을 일방적으로 규탄하는 것이 아니고 일본이란 같은 땅에서 사는 사람들에게 '같이 가자!'고 손을 내미는 것이다. 감정적인 표현을 쓰지 않고 냉철하고 차분하게 그리고 유머를 섞으면서 이야기를 전개하는 P씨의 주장에 찬동하는 일본인이 많아지고 있다는 것은 그가 행하고 있는 〈호르몬 문화〉식 전략이 일본 사회에서 상당히 효과적이란 것을 증명하고 있다.

〈호르몬 문화〉는 일단 제10호로 종간(終刊)할 예정이라고 한다. 참으로 유감이지만 그 종간이 〈호르몬 문화〉의 종말을 의미하는 것은 결코 아니다. 〈호르몬 문화〉가 지금까지 뿌려온 씨앗은 일본 사회에서 확실히 싹트고 있고 그 정신은 계속 이어질 것이다.

나도 애독자의 한 사람으로서 그 〈호르몬 문화〉 정신을 실천하고 후세대에 전해주는 작업을 미력이나마 계속할 생각이다. 냉철하고 차분하게 그리고 유머를 섞어 가면서……

어느 재일동포 친구의 심정

나는 1990년 9월부터 91년 12월까지 연세대학교 한국어학당에서 한국어를 공부하는 동안 다양한 사람들을 만나서 사귈 수 있었다. 한국에 오기 직전까지 회사원 생활을 계속해온 나에게 어학당에서의 만남은 아주 신선한 경험이었다.

회사원 시절 나는 아주 바쁜 나날을 보냈다. 아침 일찍부터 밤늦은 시간까지 일해야 했던 내가 자유롭게 쓸 수 있는 시간은 그리 많지 않았다. 그런 생활에서 내가 만나는 사람들은 거의 회사일과 관련된 사람들이었다. 물론 그런 비즈니스 때문에 만나는 사람들과의 관계에서도 즐거움은 많았다. 그러나 회사일과 관련된 인간관계에서는 아무리 편하게 지내도 나는 '회사원 카세타니 토모오'란 역할에 얽매이고 있었다. 그리고 같은 회사 선후배나 동기 입사한 친구들과도 허심탄회하게 이야기도 많이 했지만 재미있게 이야기를 하다가 회사에 관한 이야기로 귀결될 때가 많았다. 역시 내 인간관계는 회사란 울타리에서 벗어날 수 없었다는 것이다.

나는 신입사원 시절 업무를 떠난 인간관계를 맺고 싶어서 다른 회사원이나 학생들로 구성된 합창단에 들어가려고 했다. 원래 노래를 좋아했기 때문에 합창단에서 노래도 부르고 친구도 사귈 수 있으리란 생각에서였다. 하지만 밤늦은 시간까지 일해야 하는 내가 저녁 시간에 실시하는 그 합창단 연습에 참가하는 것이 도저히 불가능하다는 것을 깨달은 나는 합창단 활동을 포기했다.

결국 회사원 시절 나는 학교 동창 친구들을 빼면 업무와 관련이 없는 친구와 사귀지 못했던 것 같다. 나는 고향을 멀리 떠나서 직장생활을 했기 때문에 학교 동창 친구들을 만날 수 있는 것도 일년에 한두 번이 고작이었다. 그래서 평일에는 열심히 일하고 휴일에는 집에서 쉬거나 회사 선후배들과 노는 것이 내 일상생활이었다. 그때 인터넷이 지금처럼 발달되었더라면 내 인간관계에도 좀 발전이 있었을지도 모르지만 당시 나는 상당한 '회사인간'이었다고 회상된다.

그런 생활을 해왔기 때문에 어학당에서 연령도 직업도 다양한 사람들과 사귀는 것은 나에게 아주 즐거운 일이었다. 호주에서 온 사람, 태국에서 온 사람, 미국에서 온 사람, 캐나다에서 온 사람 등 여러 나라 여러 곳에서 온 사람들을 만날 수 있었지만 학급(당시 연세대 어학당은 입문반인 1급부터 고급반인 6급까지 6학급이 있었다)이 올라갈수록 내 반에는 일본에서 온 사람들이 많아졌다. 그것은 어학당 학생들 중 일본에서 온 사람들이 가장 많았다는 것 외에 일본어를 모어(母語)로 하는 사람들이 한국어를 배울 경우 서양어를 모어로 하는 사람들보다 실력 향상 속도가 훨씬 빠르다는 것도 이유였다.

그래서 내 주변에는 일본에서 온 일본인과 재일동포가 많아졌다. 그 사람들을 가만히 관찰하면 젊은 사람들은 일본에서 온 사람들끼리 항상 붙어 있는 경우가 많아 보였다. 항상 같이 놀고 항상 같이 다니고…….

그런 젊은이들의 모습을 보면서 나는 생각했다.

'모처럼 한국에 와서 비싼 돈을 내서 한국어를 공부하는데 왜 이렇게 일본에서 온 사람들끼리 항상 붙어 다니고 있는가? 아깝다, 아까워…….'

그런 생각을 가지고 있었던 나는 조금이라도 내 한국어 실력을 향상시킬 수 있도록 일본에서 온 사람들과 일정한 거리를 두고 사귀려고 했다. 쓸데없이 모여서 술을 마시거나 잡담하는 것보다 한국인 친구를 만나서 '무슨 말인지 못 알아듣겠어'라고 욕을 먹어도 이야기하는 것이 낫겠다. 그리고 한국인 친구와 만나지 못하면 한국만화나 TV드라마를 보는 것이 일본어로 잡담하는 것보다 훨씬 공부에 도움이 되고 신선한 자극도 얻을 수 있다는 생각으로 나는 일정거리를 유지하면서 일본에서 온 사람들과 사귀었다.

한국인들이 보기에는 좀 냉정한 이러한 교제원칙에도 불구하고 나는 어학당에서 만난 재일동포 두 명, 일본인 두 명과 지금도 좋은 관계를 유지하고 있다. 그 일본인들 중 한 명은 회사 파견으로 어학연습으로 온 신문기자였고 또 한 명은 나와 마찬가지로 회사를 퇴직하고 자비(自費)로 온 사람이었다. 그들은 위에서 소개한 내 생각과 거의 비슷한 마음을 가지고 있었다. 그래서 우리들은 일정한 거리를 유지하면서도 좋은 친구로 사귈 수 있었다.

나는 한국에서 "친구가 많아요?"란 질문을 많이 받았다. 그런 질문을 하는 사람들은 아마 친구는 많을수록 좋다는 생각을 가지고 있는 것 같다. 하지만 나는 친구도 양보다 질이라고 생각한다. 그래서 나는 그 질문을 받을 때마다 이렇게 대답했다.

"많지는 않지만 믿을 수 있는 좋은 친구가 몇 명 있어요."

어학당에서 만나서 10년 이상 지난 지금도 친분이 있는 '믿을 수 있는 재일동포 친구' 두 명 중 한 명은 일본에서 민족학교 교원으로 일을 해온 분이었다. 재일동포 2세인 그분은 편한 친구이면서도 믿음직한 선배 같은 존재이다. 그분으로부터 나는 지금도 많은 것을 배우고 있다.

그리고 또 한 명인 가수(佳秀)라는 좀 특이한 이름의 재일동포 3세는 나와 처음 만났을 때 20대 초반의 젊은이였다. 솔직히 가수의 첫인상은 그리 좋지 않았다. 우리가 처음 만났을 때 그는 나에게 왜 한국에 왔냐고 물었다. 나는 한국어를 배워서 한일양국의 가교역할을 하기 위해서라고 대답했다. 그런 내 '진지한' 대답을 들은 가수는 약간 비웃는 것 같은 어조로 말했다.

"아주 아주 훌륭한 동기로 오셨군요······."

가수는 그런 식으로 좀 삐딱한 말투로 이야기할 때가 많았다. 그러나 그와 사귀면서(물론 거리를 놓고) 나는 그가 의외로 맑은 심성을 가지고 있다는 사실을 점점 알게 되었다. 거친 말투로 건방지게 이야기하는 것처럼 보였지만 그에게는 왠지 미워할 수 없는 구석이 있었다.

어학당 시절 나는 가수와 거리를 유지하면서 지냈지만 그는 다른 일본인들 몇 명과 아주 친하게 지내고 있었다. 그러나 내가 보기에는 그 일본인들은 재일동포에 대해 이해가 좀 부족한 사람들이었다. 나는 그들로부터 재일동포에 대한 차별의식이나 편견은 느끼지 않았지만 그들은 약간 상상력이 부족한 모양이었다.

그러한 내 생각은 가수와 항상 같이 지내던 그 일본인 친구들 중 한 명이 나에게 한 고백으로 입증되었다. 어느 날 그는 나에게 이렇게 말했다.

"나는 가수한테서 '누나는 내 심정을 절대로 이해할 수 없어'란 말을 들었을 때 가장 섭섭했거든."

나는 그녀에게 다음과 같이 대답했다.

"그건 당연하지. 우리가 가수의 심정을 이해할 수는 없지. 그건 불가능한 일이야. 그래도 이해하려고 노력을 하고 여러 가지 알아보고 그 노력을 계속한다면 100% 이해할 수 없어도 50%정도까지는 이해할 수 있는 게 아닌가? '그래, 나는 이해할 수 없어!'라고 포기하는 것보다 그것이 더 좋지 않아?"

그렇게 충고한 후 어느 정도 가만히 생각해 보니 처음 가수를 만났을 때 '한일간의 가교역할을 하고 싶다'란 내 진지한 말에 왜 그가 거부반응을 보여줬는지 어느 정도 알 수 있을 것 같았다.

재일동포는 좋든 싫든 간에 한국과 일본이란 두 나라 사이에 놓여진 존재이다. 태어나서 자란 일본을 떠나 국적을 둔 한국으로 온 새파란 젊은이였던 가수와 경험한 마찰이나 정신적 갈등은 분명한 외국인 한국으로 편한 마음으로 온 일본인은 도저히 이해하지 못할 것이다. 그런 일본인인 내가 '한일양국 가교' 어쩌고저쩌고 하는 것은 당시 가수에게는 그야말로 '웃기는 소리'가 아닐 수 없었을 것이다.

　우리가 처음 만난 지 벌써 10년이 넘었다. 가수는 본국인과 결혼해서 계속 한국에서 일하고 있다. 나는 가수와 사귀면서 재일동포에 대한 내 이해가 어느 정도 깊어졌을 거라고 생각한다.

　이제 30대 중반이 된 가수는 전에 비해 말투도 상당히 부드러워지고 태도에서도 여유가 느껴진다. 그러나 그는 나에게 말하지 않아도 여전히 이렇게 생각하고 있을지도 모른다.

　'당신이 아무리 아는 척해도 내 심정을 절대로 이해할 수 없어……'

　하지만 나는 가수가 어떻게 생각해도 그와 사귀면서 그의 심정을 계속 이해하려고 노력할 것이다. 같은 일본이란 사회에서 태어나서 자란 동포로서, 어학당에서 같이 공부한 동창으로서, 그리고 무엇보다 하나의 인간으로서.

재일동포를 왜곡시킨 《남벌》

 우리 일본인들은 만화를 아주 좋아한다. 일본에서 지하철을 타면 만화책을 열심히 읽고 있는 사람을 흔히 볼 수 있고 시내에는 '만화다방'이라고 해서 편한 자리에 앉아서 커피 등을 마시면서 만화를 읽을 수 있는 한국 만화방과 비슷한 시설도 적잖다.
 일본에서 이제 만화는 완전히 '시민권'을 획득한 것 같다. 옛날에는 어른이 만화를 읽는 것을 곱지 않은 눈으로 보는 사회적 분위기도 있었지만 지금은 어린이부터 노인까지 다양한 사람들이 만화를 읽고 있다. 그리고 유력 일간지에도 만화에 관한 평론이 게재되는 등 만화에 대한 부당한 편견은 눈에 띄게 완화되었다.
 한국에서도 일본과 마찬가지로 만화는 서서히 사회적으로 제대로 인정을 받아가고 있는 것 같다. 그러나 아직도 '어른이 만화라니……'라고 얼굴을 찌푸리는 분들도 계실 것이다. 일본인인 내가 한국 만화에 대해 그분들을 계몽하는 것은 좀 건방진 일이지만 나는 만화를 우습게 보는 분들에게는 오세영씨의 단행본 《부자의 그림일기》와 허영만씨의 《오! 한강》을 권하고 싶다. 그 두 작품을 읽고 그래도 '어른이 만화라니……' 라고 말할 수 있는 분은 만화뿐만 아니라 모든 문화를 이해할 수 없는 사람일 것이다.

만화는 아주 독특한 표현 방법이다. 그림과 글이라는 두 가지 요소로 표현한다는 것이 만화의 강점이다. 문자만으로는 표현할 수 없는 세계를 그림으로 묘사하고 그림만으로는 표현할 수 없는 부분을 글로 표현함으로써 만화는 참으로 다양한 세계를 그릴 수 있다.

그리고 그림과 글의 상승효과 덕분에 만화는 대량의 정보를 비교적 쉽게 전달할 수 있다. 그래서 서점에 가면 역사나 과학에 관한 지식을 만화를 통해서 어린이들에게 전달하는 책들이 넘친다.

하지만 그러한 그림과 글의 상승효과는 때로는 부작용을 일으킬 수도 있다. 어떤 사항을 그릴 때 그 사항에 관련된 인물들의 모습을 어떻게 그리느냐에 따라 독자들의 인식도 달라질 수 있다.

예를 들어 일본인을 그린 만화를 볼 때 빡빡 깎은 머리에 콧수염을 기르고 치아가 나오고 안경을 낀 아저씨가 '이거스루 기무치라고 하무니까?' 라고 말하는 모습을 볼 때와 양복을 입은 신사가 정중하게 '마타 칸코쿠니 키타니데스(다시 한국으로 오고 싶습니다)' 라고 미소를 짓는 모습을 볼 때는 일본인에 대한 독자들의 인식은 달라질 수 있다. 즉 같은 일본인을 그려도 전자와 후자는 완전히 다르고 그것을 읽은 독자들의 일본에 대한 인식도 달라질 수 있다는 것이다.

　내가 한국에 와서 읽어본 만화에 나온 일본인들의 모습은 전자가 후자보다 압도적으로 많았다. 특히 신문 시사만화에 나오는 일본인들의 모습은 너무 틀에 박힌 느낌이 든다.

　하지만 실제로 일본인들을 만난 분들은 잘 아시겠지만 콧수염이나 나온 치아와 같은 '기호'들은 실제로 일본인들을 상징하는 것이 아니다. 요즘 일본 젊은이들은 눈이 나빠도 안경을 끼지 않고 콘택트 렌즈를 사용하는 경우가 아주 많다. 그리고 콧수염을 기르는 사람은 100명 중 1명이 있을까 말까 하다. 치아도 그렇다. 더욱 지금 빡빡 깎은 머리를 일본에서 구경하려면 절에라도 가야 할 것이다.

　그러한 현실에도 불구하고 시사만화에서 때가 묻은 일본 인상을 계속 사용하는 것은 만화가들의 악의와 태만을 반영하는 것이다.

　빡빡 깎은 머리와 콧수염은 말할 것도 없이 옛 일본 군인들의 모습이다. 즉 그 만화가들은 일제시대 때 일본 군인들과 지금 일본인들을 동일시하고 그 이미지를 독자들에게 심어주려고 노력하는 것이다. 그리고 나온 치아와 안경은 일본인들에 외모에 대한 편견을 표시한다.

　선입견은 무섭다. 우리가 서양인에 대해 가지고 있는 선입견들은 키가 크고 코가 높고 금발이고…… 등등인데 그러한 이미지는 만화나 삽화를 통해서 형성된 부분이 적잖다. 하지만 서양인도 아주 다양하다. 나는 1989년에 처음 프랑스에 갔을 때 내가 프랑스인에 대해 가지고 있었던 선입견을 재인식했다. 예를 들어서 프랑스에서는 나보다 키가 작은 사람을 얼마든지 발견할 수 있었다. 그리고 옛 식민지로부터 이주한 사람들 중에는 흑인 등 금발이 아닌 사람들도 많다. 그런 사실은 직접 현지에 가보지 않아도 조금 알아보면 알 수 있는 것이다. 하지만 만화나 삽화에 나오는 서양인상(西洋人像)에 너무나 익숙해진 어리석은 나는 프랑스에 도착해서야 선입견을 재인식한 것이었다. 기호의 호소력이란 것은 참으로 강한 것이다.

그런 의미에서 나는 《남벌》이란 만화를 아주 위험한 작품이라고 생각한다. 스포츠신문에 연재되었을 때부터 큰 화제를 일으켰고 단행본도 잘 팔린 《남벌》은 한국을 대표하는 만화가 이현세씨가 그린 작품이다.

이현세씨 작품들은 독자에 대한 호소력이 뛰어나서 사회적 영향력이 크다. 그리고 나는 한국에 오기 전에 벌써 일어로 번역된 그의 작품을 읽은 적이 있었다. 그래서 나는 이씨 작품에 대해 나름대로 관심을 가져왔고 큰 기대를 품고 《남벌》을 읽었다.

그런데 《남벌》은 솔직히 말해서 너무 실망스럽고 위험한 작품이었다. 《남벌》은 한마디로 '잘난' 한국이 '못된' 일본을 정벌한다는 내용의 국가간 권선징악 드라마이다. 거기에 등장해서 맹활약하는 사람이 재일동포 2세인 오혜성이다. 일본의 만행에 분노하는 과정에서 그는 강한 애국심을 갖게 된다. 일본 내 수용소를 탈출한 오혜성은 한국으로 건너가 특수부대에 들어가서 일본정벌에 앞장선다.

우선 이 작품을 보면서 느낀 점은 재일동포에 대한 작가의 이해부족이다. 20대 초반으로 보이는 오혜성은 한국어를 유창하게 구사하는 재일동포 2세란 설정인데 그 설정이 너무나 부자연스럽다. 현재 일본에서 사는 재일동포 2세들 나이는 거의 30대~60대이다. 그리고 일본에서 태어나 일본에서 자라난 재일동포 2세가 한국에 와서 아무 지장 없이 의사소통할 수 있다는 것 자체가 현실을 완전히 무시한 것이다.

아마 오혜성도 한국에 와서 틀림없이 들었을 것이다. 한국에 온 재일동포들이 흔히 듣는 말, 즉 "너는 한국 사람인데 우리말도 못하느냐"란 욕설을.

재일동포의 민족교육에 대한 제도적 보호 부족과 일본 사회로의 동화 때문에 한국어를 유창하게 구사할 수 있는 재일동포는 소수에 불과하다. 그러므로 재일동포가 한국에 오자마자 아무 문제없이 의사소통을 하고 또 한국 사회에 적응할 수 있는 것처럼 묘사하는 것은 재일동포에 대한 그릇된 선입견을 심어 줄 우려가 있다.

지나친 우려일지도 모르지만 나는 한국어를 배우러 온 이른바 모국유학생들이 "오혜성은 우리말도 잘하고 애국심도 강한데 너는 뭐냐?"라는 욕을 듣지 않을까 걱정된다.

《남벌》이 재일동포를 탄압하는 악랄한 일본인이란 구도를 설정한 것에도 문제는 많다. 재일동포에 대한 일본 사회의 이해는 아직 멀었고 제도적 문제도 남아 있다고 말할 수밖에 없지만 그래도 일본 사회가 확실히 달라지고 있는 것도 부정할 수 없는 분명한 사실이다.

1995년에 발생한 고베(神戶) 대지진 때 나는 혹시 1923년 간토(關東) 대지진 때의 악몽이 되풀이되지 않을까 무척 걱정했다.

그래서 급히 몇 명의 재일동포 친구들에게 전화를 걸어 보았다. 그런데 우려했던 사태는 발생하지 않았다고 했다. 오히려 피난소에서 재일동포들과 일본인들이 서로 돕고 있다는 이야기를 들었다.

그 이야기를 들은 순간, 나는 '우리 나라 사람도 조금 나아졌구나'라는 생각이 들었다. 재일동포는 한국인들의 당연한 동포이기도 하지만 우리 일본인에게도 일본 사회에서 함께 살아가는 소중한 동포이다. 이러한 재일동포와 일본인의 관계를 왜곡했다는 점에서 나는 《남벌》이 매우 못마땅한 것이다.

물론 만화나 소설은 작가가 설정한 허구의 세계란 것은 나도 잘 알고 있다. 그래서 만화나 소설 세계에서는 살인도 강도도 정당화될 수 있다. 하지만 《남벌》의 경우 그 설정이 일본이란 실제 국가와 재일동포와 일본인이란 실제 사람들을 극단적으로 왜곡한 것이기 때문에 나로서는 그냥 넘어갈 수 없다.

월드컵을 앞두고 재일본 대한민국 민단이 일본 전국의 재일동포를 대상으로 실시한 조사에 의하면 한일월드컵에서 한국과 일본 중 어느쪽을 응원하느냐란 질문에 한국을 응원한다란 회답은 42.1%, 한일 양국을 응원한다는 사람이 41.6%, 일본을 응원한다는 사람이 11.3%였다고 한다. 그리고 3세 세대에 있어서는 한국을 응원한다보다 일본을 응원한다의 비율이 높아지고 4세 세대에서는 일본 응원파가 압도적으로 많아진다고 한다.

이 조사결과는 많은 3, 4세 세대가 일본이란 국가에 충성심을 가지고 있다는 것이 아니라 그들이 태어나서 자란 일본에 친근감과 애착을 가지고 있다는 것을 반영한다고 볼 수 있다. 내가 아는 한 재일동포 선생(3세)은 민족의식이 상당히 강한 편이다. 그분은 일본 사회의 모순을 신랄하게 지적한다. 그러나 그는 그 모순을 지적하면서 일본인들에게 그 모순을 수정해서 우리와 같이 살자!고 호소한다. 그래서 그 선생 주위에는 그를 지지하는 일본인들이 많다. 그리고 그 재일동포 선생도 태어나서 자란 일본과 일본인 친구들에 대한 친근감 때문에 축구경기 한일전에서는 양쪽을 응원하고 다른 국가팀과 일본팀의 경기에서는 일본팀을 응원한다고 한다.

이러한 현실을 전혀 무시한 채 억압하는 일본인과 억압받는 재일동포란 도식을 제시하는 것은 재일동포와 일본인, 그리고 한국인과 일본인을 이간질하려고 하는 범죄적 행위가 아닐까 싶다.

위에서도 말했지만 한국에 오기 전에 나는 이현세씨의 《활》이란 작품을 일본어 번역판으로 읽고 큰 감명을 받았었다. 일제시대를 배경으로 한 이 작품은 1980년대에 일본어로 번역되어 출판되었다.

《활》은 독립운동가의 아들이 임진란(壬辰亂:나는 일본인이기 때문에 절대로 '왜(倭)'란 용어를 쓰지 않는다)때 배반자를 쏜 조상의 활로 민족 배반자인 친일파 거물과 역사 배반자인 조선총독부 정무통감을 응징한다는 내용이다.

번역자와의 인터뷰에서 이씨는 "한일관계를 개선하기 위해 작품을 그렸다"라고 말하고 있었다. 단순히 일본을 고발하는 것이 아니라 친일이란 민족내부의 문제를 거론한 《활》은 작가의 그 말과 맞아떨어지는 작품이었다고 생각한다.

그렇다면 《남벌》은 어떨까? 물론 시대 배경도 다르고 작품의 제작 시기도 다르기 때문에 단순 비교할 수는 없다. 그러나 아무리 생각해도 《남벌》은 장대한 무대장치를 세워놓고 행해지는 단순한 화풀이식의 '일본 때리기'란 인상을 지울 수 없다. 그리고 거듭 말하지만 그 작품은 그림과 글의 상승작용으로 그릇된 재일동포상(像)과 일본인상을 독자들에게 심어주고 재일동포와 일본인의 관계에 대한 오해를 일으킬 위험성이 아주 높다.

한국에는 재일동포에 대해 거의 모르면서도, 그리고 그들에 대해 알려고 하지도 않으면서도 '재일동포를 억압하는 일본인들'이란 단순한 등식만을 세우고 일본을 비판하는 사람들이 많다. 그들에게 있어서 재일동포는 일본을 공격하기 위한 구실을 제공하는 도구에 불과한 것 같다. 《남벌》의 경우도 오로지 반일이란 대명제를 내세우기 위해 재일동포들의 실상을 왜곡시켜버린 것이다.

한 가지만 더 말하고 싶다. 《남벌》에는 쪽발이놈들이란 표현이 나오는데 극중의 대사라고 해도 그 말은 역시 보기 좋은 말이 아니다. 나는 족발을 좋아하기 때문에 친한 친구에게는 "야, 쪽발이하고 족발을 먹으로 가는 것도 좋지?"라고 농담할 때도 많지만……

누나의 〈봉선화〉

　오사카는 일본에서 재일동포가 가장 많이 모여 사는 곳이다. 나는 오사카에서 태어나서 바로 그 옆에 있는 이코마 시(生駒市)란 소도시에서 자랐다. 이코마 시에는 우리 집처럼 오사카에서 이사온 사람들이 많기 때문에 그 중에는 당연히 재일동포들도 있을 것이다.
　하지만 우리가 어렸을 때 본명을 쓰고 학교에 다니는 재일동포 학생들은 지금과 비교가 안 될 정도로 너무 적었다(지금도 본명보다 일본식 이름, 이른바 통명을 쓰는 학생들이 더 많지만). 그래서 그냥 아무 생각없이 사귀던 친구들 중에 재일동포 학생들이 있었을지도 모른다. 재일동포에 대한 이해가 보통 일본인보다 좀 깊다고 자부하는 현재의 내가 회상하기엔 소학교 때와 중학교 때 같은 반에 있었던 I군와 K군은 분명히 재일동포였을 것이다.
　그런 상황에서 자랐기 때문에 내가 '이 사람은 재일동포이다'라고 알고 사귀던 학교 친구는 없었다. 그래서 내가 지금 사귀는 재일동포 친구들은 사회에 나간 후 알게 된 사람들이다.

오사카에 사는 재일동포 친구 중 김모씨란 동포 2세 여성이 있다. 그는 나보다 나이가 훨씬 위지만 항상 허물없이 대해 주는 정말 고마운 친구이다.

김씨는 내가 보기엔 키도 작고 몸도 그리 건강하게 보이지 않는 평범한 아주머니다. 하지만 그가 어떤 문제에 대해 일단 말하기 시작하면 어디서 그런 힘이 나오는지 싶을 정도로 강한 의지와 깊은 생각의 소유자라는 사실을 금방 알 수 있다. 그 힘은 10살 때 '자기 생활비는 자기가 스스로 번다'고 결심해서 완전히 자기 힘만으로 고등학교, 대학교를 졸업하고 교사가 된 김씨가 새겨온 생활자로서의 연륜에서 나오는 것 같다.

나는 일본에서의 회사원 시절 한국 유학을 결심한 후 한 1년간 월급과 상여금을 아껴 쓰고 저축을 했다. 그리고 한국에 와서 일본어 개인교사란 아르바이트 자리를 얻을 수 있었기 때문에 일본에서 가져온 돈과 합쳐서 학비와 생활비를 다 마련할 수 있었다. 그러나 일본에서 학교를 다녔을 때 학비를 스스로 낸 적은 단 한 번밖에 없다. 그것은 대학교 1학년 때였는데 여름방학 내내 열심히 레스토랑 웨이터 아르바이트를 해서 번 돈으로 낸 것이다. 하지만 그 이후 나는 용돈은 아르바이트로 해결했지만 학비까지는 벌지 못해서 등록비는 졸업 때까지 다 부모님이 내주셨다.

그래서 나는 김씨의 강한 의지와 생활력을 지극히 존경한다. 그리고 사물의 본질을 파악하는 그의 통찰력과 독설에 접하는 것을 즐긴다.

그는 평상시에는 부드럽고 상냥한 편이지만 도리에 맞지 않거나 정의에 어긋난 일에 대해서는 맹렬한 비판을 한다. 예를 들어 어떤 노조 간부의 독선적 태도에 대해 그는 다음과 같이 비판했다고 한다.

"○○ 선생님은 사장의 일인독재체제를 항상 비판하시지만 선생님 자신도 노조 안에서 일인독재체제를 만드신 게 아닌가요?"

그리고 그의 말에는 생활자로서의 무게와 균형감각이 넘친다. 나는 김씨와 이야기할 때마다 나의 말에는 아직 탁상공론적 성격이 강하다는 것을 실감한다.

김씨가 몇 년 전에 나한테 한 말은 아직 생생하게 내 머릿속에 남아 있다. 위에서 말한 것과 같이 오사카는 일본 최대의 재일동포 밀집지역이다. 그래서 김치를 비롯한 한국 음식을 파는 시장이 있다. 그 시장 일대를 코리안 타운이라고 부르는 사람들도 많다. 재일동포에 대한 편견과 차별이 점점 개선되어가는 현재 그 코리안 타운을 찾아가는 일본인들도 적잖다. 김씨는 그런 일본인 탐방객에 대해 이렇게 말했다.

"나는 일본인들로부터 코리안 타운을 안내해달라고 부탁받을 때가 많은데 그때마다 상대방에게 이렇게 말하거든. '안내할 것은 문제가 없습니다만 조건이 하나 있습니다. 아무것이나 좋으니까 시장에서 물건을 사 주세요'라고. 왜냐하면 그 시장 사람들은 거기서 뭘 하는가? 그래, 장사를 하거든. 많은 사람들이 시장에서 그냥 왔다갔다만 하면 폐만 끼치는 게 아니오?"

지금 김씨에게는 많은 일본인 친구가 있다. 그러나 그런 그도 옛날엔 일본인에게 마음을 열지 못했던 시절이 있었다. 그 큰 원인은 김씨가 초등학교, 중학교에서 만난 교사들 중에 재일동포에 대한 이해가 너무 부족한 교사가 몇몇 있었기 때문이라고 생각한다. 그리고 재일동포의 사회적 기회를 제한하는 일본 사회에 대한 불신감도 김씨가 일본인에게 마음을 닫게 된 원인이라고 말할 수 있다.

그러던 그가 일본인에게 마음의 문을 열게 된 것은 한 일본인이 불러 준 〈봉선화〉와의 만남이었다. 김씨가 낮에는 한 연구실에서 아르바이트를 하고 밤에는 야간 고등학교에 다니고 있었을 때 연구실의 한 일본인 대학원생이 그에게 "이 노래는 자네 나라 노래야"라고 하면서 일본어로 〈봉선화〉를 불러 주었다. 그때 김씨는 자기가 모르는 조국의 노래를 일본인이 알고 있었다는 사실에 놀랐다. 그리고 결코 강요하지 않고 자연스럽게 이야기하는 그 대학원생의 태도에 감동을 받았다.

그 만남은 일본인에 대한 김씨의 인식을 조금 바꿔 주는 계기가 되었다. 그리고 일본인이 부른 〈봉선화〉에 자극을 받은 그는 조국에 대해 더 알아야 한다는 생각을 굳게 했다. 그래서 자기가 다니는 야간 고등학교에서 연구모임도 만들고 열심히 활동을 전개했다. 김씨가 민족학교 교사가 된 것도 민족교육의 중요성을 그가 몸으로 실감했기 때문이다.

그는 동포 아이들을 가르치면서 또 하나의 교육에 대해 눈을 뜨게 되었다. 그것은 재일동포들 중에서도 일본 사회에서 가장 고생한 세대인 1세들에 대한 일본어 교육이었다.

어렸을 때 일본으로 건너오고 생활고 때문에 학교교육을 제대로 받지 못했기 때문에 일본어로 회화는 할 수 있지만 읽지도 쓰지도 못하는 1세 할머니들이 글을 배우는 이른바 야간학급이 일본에 몇 군데 있다.

　글을 모르는 그들에게는 기계문명의 발달은 때로는 아주 큰 불편을 줄 수도 있다. 예를 들어 옛날에는 창구에서 "오사카까지 표 한 장 주세요"라고 말하고 열차표를 샀지만, 지금은 장거리 구간을 제외하고 거의 모든 열차표를 자동판매기로 구입해야 한다. 글을 읽을 줄 모르는 1세 할머니들에게는 그것은 편의가 아니고 분명히 불편이다. 주변에 있는 사람에게 대신 표를 사달라고 부탁하는 것도 창피하고 또 귀찮은 일이다. 이와같이 기계문명의 발달에 따라 우리가 기계를 상대해야 할 기회가 많아질수록 할머니들의 불편은 커질 수밖에 없다.

　그런 불편을 조금이라도 덜어주기 위해 설립된 것이 야간 학급이었다. 민족학교에서의 교원생활을 시작한 지 8년이 지난 어느 날 김씨는 오사카의 한 야간 학급 강사로 초빙받았다. 저녁 시간 한 중학교 교실에서 개설되는 야간 학급에서 김씨가 본 것은 평생 고된 일만 해온 거친 손에 연필을 들고 열심히 글을 배우는 할머니들의 모습이었다. 김씨는 지금도 그때를 생각하면 가슴이 찡하다고 한다.

　그 후 그는 낮에는 동포초등학생들을, 밤에는 할머니들을 가르치는 생활을 15년이나 해왔고 초등학교를 퇴직한 지금은 야간 학급 전임강사로 계속 일하고 있다.

　김씨는 말한다. "몇 살이 되어도 모르는 것이 있으면 배우면 돼. 나는 그것을 할머니들을 가르치면서 배웠거든."

　나는 김씨를 편하면서도 많은 것을 시사해 주는 믿음직스러운 누나처럼 여긴다. 그런 누나에게 내가 부탁하고 싶은 것이 하나 있다. 그것은 〈봉선화〉를 다시 불러 주는 것이다.
  나는 한 10년 전에 김씨가 부르는 〈봉선화〉를 한 번 들은 적이 있다.

    울 밑에 선 봉선화야 네 모양이 처량하다……

  평소와 다르게 좀 긴장된 모습으로 시작한 김씨의 〈봉선화〉는 떨리는 듯 높고 고운 목소리 속에 무언가 말할 수 없는 강한 힘이 담겨져 있었다. 나를 비롯해 그 자리에 있었던 사람들은 숨을 죽이고 그의 노래를 들었다. 우리는 김씨의 정감과 힘이 넘치는 노래 세계에 완전히 빠져 있었다.

    ……화창스런 봄바람에 환생키를 바라노라

  노래가 끝나고 한순간 침묵 뒤에 우리는 우레와 같은 박수를 쳤다. 나는 그 전에도 그 이후도 〈봉선화〉를 몇 번 들었지만 김씨가 부른 것이 가장 인상적이었다.
  한국인에게 〈봉선화〉가 큰 의미를 가진 가곡이란 것은 그때 나도 잘 알고 있었다. 하지만 김씨에게 이 노래가 더 특별한 의미를 가진 노래였다는 사실을 그 당시의 나는 미처 모르고 있었다.
  그때부터 10년이 지난 지금까지 유감스럽게도 나는 김씨의 노래를 들을 기회를 한 번도 얻지 못했다. 김씨에 대한 이해가 부족했던 10년 전의 내가 들어도 큰 감명을 받았던 그의 〈봉선화〉를 지금 들으면 눈물이 나올지도 모른다. 하지만 나는 그 노래를 꼭 듣고 싶다. 만약 눈물이 나와도 동생이 누나 앞에서 우는 것은 전혀 부끄러운 일이 아니라고 생각하기 때문이다.

선생님은 정말로 재일동포입니까?

　재일동포에 대한 일본 사회의 편견과 차별은 점차 완화되고 있다. 대기업에 입사하거나 대학 교원이 되는 사람도 드물지 않고 재일동포와 일본인이 함께 한국어를 배우는 모습도 볼 수 있다. 재일동포 주부가 일본인 조부에게 김치 담그는 방법을 가르치는 경우도 있고, 재일동포와 일본인이 아주 자연스럽게 친구로 사귀는 모습도 흔히 볼 수 있다.
　그것은 재일동포 스스로의 노력과 그들과 공생하려고 하는 일본인들의 노력의 결실이라고 말할 수 있다. 재일동포 문제가 재일동포의 문제라기보다 일본 사회와 일본인 자체의 문제란 인식이 확실히 확산되어가고 있다.
　하지만 재일동포에 대한 편견은 아직도 남아 있다. 인터넷 게시판 등을 보면 이해하기 어려운 말을 하는 사람들의 글을 발견할 때가 있다. 나는 그런 글을 읽었을 때 그 필자의 잘못된 인식이 도대체 어디에서 온 것인가 궁금해진다. 그리고 그 사람의 너무나 빈약한 정신세계에 우울해지고 연민의 정을 느낀다.
　기억나는 이야기가 하나 있다. 내가 연세대학교 한국어학당에서 배웠을 때 어떤 일본인 학생이 "저는 편견을 가진 사람을 가장 싫어합니다"라고 말했다. 그런데 어느 날 그 사람이 일본계 미국인 학생을 만났을 때 이렇게 일본어로 중얼거렸다. "이상한 사람이네……."

나는 그때 간신히 웃음을 참았다. 이상한 사람은 자넨데…….

생김새는 우리 일본인과 똑같지만 일본어를 못하고 영어만 말하는 그 일본계 미국인 학생을 봤을 때 그 일본인 학생은 그때까지 자기가 접하지 못했던 사람을 만났다는 사실에 당황해서 속마음을 말해버린 것이다. 나는 별로 잘난 것도 없고 가진 것도 없지만 비교적 선입견없이 사물을 볼 수 있는 눈을 가지고 있다는 것이 아주 행복하다고 생각한다. 그것은 아마 내가 호기심이 강하고 자기가 모르는 것이나 경험하지 못했던 세계에 대한 관심이 아주 강해서가 아닐까 생각한다.

편견의 원천은 자기가 모르는 것에 대한 과도한 두려움과 상상력의 부족에 있는 것 같다. 미지의 사항에 대한 두려움은 누구에게도 있다. 고백하지만 나는 겁이 많은 사람이라고 스스로 생각한다. 하지만 내 경우 그 두려움보다 호기심이 더 강하기 때문에 어떤 사항이든 일단 잘 보고 나서 판단하려고 하는 것이다.

사실은 어떤 사항이든 이것은 이상하다, 그것은 안 된다라고 속단할 수 있는 경우는 그리 많지 않다. 처음엔 이상하다고 느껴진 것도 자세히 보고 생각하면 그럴 수도 있겠지라고 느낌이 달라질 때가 적잖다. 그래서 가장 무서운 것은 남의 말만 듣고 속단하는 것이다.

나는 재일동포에 대한 일본 사회의 편견은 그런 어리석은 속단 때문에 계승되어왔다고 생각한다. 그 사례를 하나 들어 보자.

약 25년 전 내가 고등학교에 들어갔을 때 같은 중학교에 다녔던 친구들 중 몇 명은 오사카에 있는 사립고등학교에 진학했다. 어느 날 그들과 이야기를 하다가 한 친구가 이렇게 말했다.

"우리 학교 근처에 재일동포들의 민족학교가 있는데 거기 학생들은 우리 학생들을 잡으러 가끔 온다고. 정말 무섭네."

하지만 그 친구는 그 장면을 본 것도 아니고 그냥 같은 반 친구들로부터 그 무서운 소문을 들었을 뿐이었다. 나는 그때 "그것은 사실인지 아닌지 모르지"라고 말했지만 적어도 그 친구 머릿속에는 재일동포 = 폭력적이란 편견의 등식이 어느 정도 새겨졌을 것이다.

그리고 그런 편견이 확산되었을 상태에서 재일동포 학생과 일본인 학생간에 마찰이 생기면 '역시 재일동포들은 폭력적이다'라고 그 편견은 증명되어버리는 것이다.

생각나는 이야기가 하나 또 있다. 내가 일본에서의 회사원 시절 한국에 관한 이야기를 부장에게 하다가 이런 말을 들었다.

"자네는 한국을 좋아하는 것 같지만 난 한국인에 대한 인상이 별로 좋지 않아. 내가 옛날에 사업을 했을 때 재일동포한테 사기를 당했거든."

재일동포 2세 작가인 정인화(鄭仁和)씨도 비슷한 이야기를 택시 기사한테서 들었다고 한다. 정씨가 한국에 취재로 갔다 온

길에서 그를 태운 택시 기사는 이렇게 말했다고 한다.

"저는요, 한국 사람을 아주 좋아해요. 같은 민족끼리 전쟁했는데도 열심히 노력해서 경제력을 길렀죠. 존경스럽죠. 하지만 재일동포는 좋아하지 않습니다. 왠지 싫거든요."

정씨가 이유를 물자 그 운전기사는 전에 자기가 사업을 했을 때 재일동포한테 어음 문제로 사기를 당했기 때문이라고 대답하고 재일동포에 대한 강한 불신감을 노골적으로 표명했다고 한다.

그러나 그렇게도 재일동포를 싫어하는 그 기사는 정씨가 재일동포란 사실을 모른 채 "손님도 긴 여행을 하셔서 피곤하시죠. 오늘은 푹 쉬시고 내일부터 다시 힘내십시오"라고 따뜻한 위로와 격려의 말을 하고 정씨 집에 도착했을 때 짐을 움직이는 것을 자발적으로 도와줬다고 한다.

만약 그 기사에게 피해를 입힌 사람이 일본인이었다면 그 기사는 "저는 일본인을 싫어합니다. "왠지 싫거든요"라고 말했을까? 절대로 그렇게 말하지는 않았을 것이다. 자기를 속인 사람은 많은 일본인들 중 일부 사람이었지 전체 일본인들이 다 사기꾼은 아니라는 사실을 그는 잘 알고 있기 때문이다.

그래도 그 택시기사도 내 옛날 상사도 자기를 속인 사람이 우연히 재일동포였다는 것만으로 재일동포 전체에 대한 편견을 갖게 되어버린 것이다. 그리고 그 '편견 바이러스'는 사람의 입을 통해서 퍼져나가는 성질을 가지고 있다. 편견은 그렇게 발생하고 확산되는 것이다.

약 20년 전의 이야기지만 내가 아는 한 재일동포 선배가 교육실습으로 오사카의 한 중학교에서 몇 주를 보냈을 때의 이야기다. 1주일 정도 지난 후 한 학생이 그 선배한테 물어봤다고 한다.

"선생님, 선생님은 정말로 재일동포입니까?"

그렇다고 대답한 선배에게 그 학생은 이렇게 말했다.

"선생님은 재일동포로 안 보여요. (다른 학생들에게) 그렇지?"

아마 그 학생은 그때까지 머릿속에서 왜곡된 재일동포 이미지를 그려 왔었던 것 같다. 그것은 자기가 직접 경험한 것이 아니고 아마 주위 사람들로부터 들은 소문을 바탕으로 그려진 것이다.

그런 왜곡된 재일동포 이미지와 실제로 만나본 재일동포의 모습이 너무나 달랐기 때문에 이처럼 어리석은 질문이 나오는 것이다. 그 학생은 그 후 내 선배한테 배우면서 어떤 것을 느꼈을까? 재일동포 중에도 일본인 중에도 다양한 사람이 있어서 속단할 수 없다고 생각했을까? 아니면 지금 우리를 가르쳐주는 재일동포 선생님은 재일동포 중 예외적인 사람이라고 계속 편견을 가지고 있을까?

내 생각으로는 그 성실한 선배로부터 배우면서 대부분 학생들은 재일동포에 대한 인식을 어느 정도 바로잡을 수 있었을 것이다. 그런 의미에서 그 교육실습은 학생들에게 아주 값진 수업이었을 것이다.

재일동포와 일본인은 공통점도 있지만 다른 점도 있다. 분명한 것은 그 공통점만을 강조해서 재일동포도 일본인도 다 똑같다라고 오해하고 동화시키려고 하는 것도, 차이점만을 부각시

켜서 이렇게 이상한 사람들과 같이 못 산다라고 배척하는 것도 둘 다 아주 어리석은 짓이라는 것이다. 얼마 전에 본 일본 잡지에 한 재일동포 기자가 쓴 칼럼이 있었다. 그 기자는 취재하러 들어간 어느 한국 음식점에서 그 집 단골손님인 일본인으로부터 다음과 같은 말을 들었다고 한다.

"재일동포도 일본인도 상관이 없죠. 다 똑같죠? 선생님도 그렇게 생각하시죠?"

기자는 그 손님에게 이렇게 대답했다.

"그렇습니까? 전혀 다르죠. 왜냐하면 저는 분명한 재일동포이니까요."

아마 그 일본인 손님은 같다는 것은 좋은 것이고 다르다는 것은 잘못된 것, 즉 다르다는 것은 틀리다는 것으로 착각하는 것 같다. 재일동포 기자의 반론은 그런 착각을 틀리다고 느꼈기 때문에 나온 것이다.

중요한 것은 서로의 차이점을 인식하고 다르다는 것이 틀리다는 것이 아니라고 이해하는 것이다. 식사할 때 숟가락과 젓가락을 쓰는 사람도 있고 젓가락만 쓰는 사람도 있다. 그리고 김씨나 이씨란 성씨를 가진 사람들도 있고 야마다(山田)나 타나카(田中)란 성씨를 가진 사람들도 있다. 유교식으로 제사를 지내는 사람들도 있고 불교식으로 제사 지내는 사람들도 있다.

우리는 그런 차이점에 대해 인식하고 그 차이가 있다는 것을 이상하다라고 판단하기보다 각자 차이가 있다는 것을 오히려 당연하다라고 받아들이는 자세가 필요하다고 생각한다.

편견바이러스의 확산을 막는 방법은 여러 가지가 있겠지만 그런 다양성의 즐거움을 후세대에게 가르치는 것도 효과적인 방법이라고 생각한다. 그런 즐거움을 가르치는 것이야말로 우리 중년세대가 젊은 세대에 줄 수 있는 큰 선물이자 의무가 아닐까 싶다.

유미리씨 왜곡 사건

　한국에서의 약 9년간 나는 서울 여러 곳에서 살았지만 그 중 광화문과 경복궁 근처에서 약 2년을 보냈다. 거기서 사는 동안 나는 많은 사람들에게 길을 가르쳐주었다.
　아시다시피 광화문과 경복궁은 서울의 중심부이기 때문에 여러 곳에서 많은 사람들이 모여든다. 집 근처를 걸어가다 보면 나에게 길을 묻는 사람도 많았다. "아저씨, 경복궁은 어느 방향이에요?"라고 물어보는 초등학생들부터 "서울경찰청은 어딥니까"라고 묻는 신사까지. 그 사람들에게 나는 거의 완벽하게 길을 가르쳐줄 수 있었다. 그 정도의 짧은 회화이면 내가 외국인이란 사실을 눈치채지 못하는 경우가 대부분이었다. 그때마다 나는 나의 한국어 발음과 억양에 대해 자그마한 자신감을 얻었다.
　그러나 이야기가 길어지면 들키고 만다. 내 정체를 알아차린 상대방은 모두가 "한국말 아주 잘 하시네요"라고 나를 칭찬해 주었다. 하지만 사실 나에게 그 말은 전혀 칭찬이 아니라 오히려 쓴소리였다.

정말로 내가 한국어를 잘한다면 길게 이야기를 해도 상대방은 내가 외국인이라고 생각하지 않기 때문에 한국말 실력에 대해 이렇다 저렇다 말할 리가 없다. 그래서 "한국말 잘 하시네요"란 말은 내 한국어 발음과 억양이 아직 멀었다는 사실을 확인시키는 아주 가슴 아픈 말이다.

내가 아직 멀었다고 간절히 느낄 때는 TV에서 나오는 자막을 읽을 때이다. 영화 자막은 말이 짧아서 거의 전부 읽을 수 있지만 외국인에 대한 인터뷰 등에서 나오는 자막은 너무 길어서 다 읽기 전에 다음 자막이 나와버린다. 전부 읽을 수 있을 때도 가끔 있지만 그렇지 못한 경우가 훨씬 많다. 그럴 때는 대충 의미는 파악할 수 있어도 자신의 한계를 재확인하게 되어서 마음이 답답해진다.

나는 케이블 TV에서 홍콩 TV방송을 자주 본다. 거기에도 중국어 자막이 나올 때가 있는데 확실히 나에게는 중국어 자막이 한국어 자막보다 훨씬 읽기 쉽다. 우리 일본인들은 초등학교부터 한자를 배우면서 많은 한자를 쓰고 읽어 왔기 때문에 한자만을 쓰는 중국어가 한글보다 읽기가 쉽다. 그리고 표의문자인 한자가 표음문자보다 한눈으로 이해하기 쉬운 것도 사실이다. 그것은 신문이나 잡지를 읽을 때도 마찬가지이다. 한자를 전혀 쓰지 않는 신문이나 잡지를 읽을 때보다 한자를 섞어 읽는 것이 훨씬 이해가 빠르다.

이와 같이 TV에 나오는 한글 자막을 읽는 것은 나에게 그리 쉬운 일이 아니지만 예외가 하나 있다. 그것은 일본인이나 재일동포들이 일본어를 말할 때 나오는 자막이다. 그때 나는 당연히 그들의 말을 완전히 알아들을 수 있기 때문에 자막이 사라지기 전에 다 읽어야 한다는 강박심리에서 벗어날 수 있다. 그런 안도감도 있어서 그런지 나는 그때 나오는 자막에 대해서는 화자(話者)의 말과 비교하는 여유까지 가지고 읽을 수가 있다.

내가 보기에는 대부분의 경우 정확히 자막이 나오고 있다고 생각하지만 가끔 '어, 이거 아닌데?'라고 느낄 때가 있다. 이야기 주제와 크게 관계가 없는 간단한 실수면 그나마 다행이지만 이야기의 핵심을 놓치거나 왜곡시키는 자막을 볼 때 내 마음은 편하지 않다.

어느 날, 나는 모 방송국에서 재일동포 작가 유미리씨의 인물탐구 프로를 봤다. 유미리씨는 재일동포 3세이다. 일본인 학교를 다니다가 자퇴한 후 연극배우가 되었다가 희곡 작가의 길을 걷게 되었다.

그 후 유씨는 《물고기 축제(魚の祭り)》란 희곡으로 일본 굴지의 희곡상인 키시다 희곡상(岸田戱曲賞)을 수상했다. 그 작품은 한국 극단에 의해 서울에서도 공연되었다. 그리고 유씨는 희곡 작가에서 소설가로 방향을 바꿨다. 어려서부터 도스토예프스키의 《카라마조프의 형제들》을 애독하고 그 작품을 모두 필사(筆寫)할 정도로 문학에 관심이 많았던 그녀로서는 당연한 선택이었을지도 모른다.

소설가로 변신한 후에도 유미리씨는 화제작을 잇달아 냈다. 그의 작품은 가족을 주제로 한 것이 많다. 《물고기 축제》도 그렇지만 그가 유명 문학상인 아쿠타가와 상(芥川賞)을 수상한 《가족 시네마(家族シネマ)》란 작품도 붕괴된 가족 성원들이 재

생(再生)을 모색하는 과정을 그리고 있다.

　작가의 작품세계와 작가 자신의 사생활을 모두 연결해서 생각하는 것은 어리석은 일이다. 하지만 유씨에 대한 인터뷰 기사 등을 보면 그가 가족에 대해 아주 강한 애정과 집착, 그리고 일종의 혐오감을 가지고 있는 것을 엿볼 수 있다. 그런 가족에 대한 복잡한 생각이 유미리씨 작품에 짙게 나타나고 있는 것처럼 느껴진다.

　이처럼 나는 유미리씨에 대해 많은 관심을 가지고 있었기 때문에 그 프로를 흥미 있게 보았다. 그 프로는 경상남도 밀양 출신이며 우수한 육상선수였던 유씨 할아버지가 어떻게 일본으로 가게 되었는가를 알아보기 위해 유씨가 한국에 와서 돌아다닌다는 내용이었다.

　그런데 그 프로에서 하나 큰 문제가 있었다. 그것은 유미리씨가 베를린 올림픽 마라톤 금메달리스트인 손기정씨와 만나고 헤어진 후의 장면이었다. 한국어를 거의 못하는 유씨는 손씨와 일본어로 이야기하고 있었는데, 화면은 손씨와 헤어진 후의 유씨 모습으로 바뀌었다. 그때 유씨가 하는 말에 맞춰서 다음과 같은 자막이 나왔다.

　"제가 한국말을 못하는 건 부모의 교육 탓이라 하셨지만, 그건 제가 공부를 안 해서이지 부모님 잘못이 아니에요. 내가 몰라서 고생하는 건 상관없지만, 그걸 강요하실 순 없어요."

　(자막 내용은 비디오 화면을 일단 정지시키고 그대로 옮긴 것이다. 제가와 내가가 통일되어 있지 않지만 화면에 나오는대로 옮긴 것이다)

　그러나 유씨가 실제로 한 말은 전혀 달랐다. 그의 말은 "제가 한국에 왔을 때 고생하는 건 괜찮지만 남에게 강요하면 안 된다고⋯⋯ 손 선생님에게 일본어를 말하도록 만들면, 역시⋯⋯(울음)"란 것이었다.

그 자막과 유씨의 말의 차이는 분명하다. 유미리씨는 한이 맺힌 일본어를 손기정씨에게 자기가 강요한 것을 자책하고 있는데, 자막은 손씨가 마치 유씨에게 한국어 공부를 강요한 것처럼 왜곡시켜버렸다.

도대체 어떻게 그런 왜곡이 일어났을까? 부모를 옹호해서 모든 것이 자기 잘못이라고 말하고, 또 손기정씨의 아픔을 헤아릴 수 있는 유미리씨의 아주 고운 심정은 시청자들에게 전혀 전달되지 않았다. 오히려 자막만 보고 "뭐야, 이 아가씨는 건방지게⋯⋯"라고 오해한 사람들도 있었지 않을까 걱정이 되었다.

사실은 유미리씨에 대한 왜곡은 그것이 처음이 아니었다. 유씨의 연극이 한국에서 상연되었을 때 그는 "이 작품을 유 선생님이 직접 한국어로 썼다고 발표해 주십시오"란 부탁을 받았는데 유씨는 그 부탁을 즉각 거절했다고 한다. 그런 무신경한 부탁을 어떻게 할 수 있는지 나는 이해할 수 없다.

자기 일도 아닌데 분수를 넘은 행동일지도 모르겠다는 마음을 가지면서도 나는 도저히 납득이 가지 않아서 그 프로 담당 PD한테 편지를 보냈다. 그 '왜곡'에 대해 어떻게 생각하느냐, 사후 처리 같은 것을 할 마음은 없느냐라는 내용을 담았다.

그 편지를 보내고 내가 연변으로 떠날 때까지의 약 1년간, 그 방송국으로부터는 아무 소식도 없었다.

제4장 내가 본 연변 조선족

악수를 합시다
나의 사랑 구육가(狗肉街)여!
두 선배님의 죽음
고량주가 좋아요
두 가지 언어 사이로
네네, 야야, 응응
인민공원으로 갑시다
다시 만난 윤동주
나를 변화시킨 사람들
사과배 향기
타향의 봄
연변 사람들의 고민
나의 은둔생활

악수를 합시다

　연변에는 〈종합신문(綜合新聞)〉이란 조선어 신문이 있다. 여기서 내가 한국어라고 하지 않고 조선어란 용어를 쓰는 것은 한국인들이 쓰는 한국어와 연변 조선족들이 쓰는 조선어는 엄연히 다르기 때문이다.
　예를 들어 한국어로는 여성이라고 쓰지만 연변 조선어로는 '녀성'이라고 표기한다. 그리고 한국인들은 여행이라고 하지만 연변 조선족들은 '려행'이라고 한다.
　그뿐만 아니라 표현에 있어서도 양자간에는 차이점이 있다. 한국 신문에서 일부 단체들이라고 할 때 연변 조선어 신문에서는 부분적 단위들이라고 표기한다. 그리고 많은 연변조선족들은 월급이란 말 대신에 '공자(工資)'란 말을 쓴다. 또 연변에선 사무실보다 '판공실'이란 말을, 졸업보다 '필업'이란 표현을 일반적으로 상용한다.
　한국인들이 괜찮다라고 할 때 연변조선족들은 '일없다'라고 말한다. 또 한국에서 이것도 (저것과) 똑같다라고 말할 때 연변에선 '이것도 (저것과) 한가지다'라고 표현한다.

그리고 말할 때는 같은 발음인데도 표기할 때는 다른 말도 있다. 한국에서는 아내라고 쓰지만 연변에서는 '안해'라고 표기하는 것이 그 예이다.

재미있는 것은 '공작'이란 말이다. 내가 연변에 와서 얼마 되지 않았을 때 학교 근처에서 우연히 만난 한 학생이 이렇게 물었다.

"선생님은 밤에도 공작을 하십니까?"

나는 연변에 가기 전에 그 공작이란 말이 한국어의 일을 의미한다는 것을 미리 알고 있었기 때문에 놀라지 않았지만 아마 그것을 모르는 한국인이 '밤에도 공작을 하십니까?'란 말을 들으면 깜짝 놀랄 것이다. 내가 간첩도 아닌데 왜 이 사람은 나를 의심하는가라고.

이러한 여러 차이점이 있기 때문에 나는 한국어와 연변 조선어를 구별하는 것이 타당하다고 생각한다. 그것이 내가 한국을 지지하지 않고 북한을 지지해서가 아니라는 것을 이해해 주시기 바란다.

연변에서 발행되는 〈종합신문〉은 〈연변일보(延邊日報)〉의 자매지이지만 〈연변일보〉보다 오락성이 강하고 한국에 관한 정보도 많기 때문에 나는 그 신문을 애독했다.

어느 날 나에게 〈종합신문〉에 글을 쓰지 않겠느냐는 제의가 왔다. 그것은 연변대학 사회과학학원 림성호(林成虎) 원장님의 사모님이 〈종합신문〉에서 근무하고 계셨기 때문이다.

그 제의를 나는 당연히 반갑게 받아들였다. 마치 그 제의를 받기 약 열흘 전에 림 원장님 내외가 나를 초대해 주신 연변대학 예술학원생들의 공연에 대한 감상을 발표하고 싶었던 나에게는 그것은 참으로 고마운 제의였다.

그 예술학원생들의 공연은 나에게 정말로 큰 감동을 주었다. 나는 예술에 관해서 특별히 아는 것이 없다. 하지만 그런 문외한의 눈을 통해서도 그 학생들의 실력이 상당히 높은 수준인 것을 충분히 알 수 있었다.

내가 특히 감명을 받은 것은 무용이었다. 그 날 학생들은 백학(白鶴)춤, 부채춤, 물동이춤 그리고 장백산 수리개춤 등 다양한 춤을 보여주었다.

검은 모대에서 떠오르는 우아한 백학춤, 파도가 천천히 오고 가는 것 같은 환상적인 부채춤, 물동이를 머리에 이고 빙빙 도는 여학생들의 청순가련한 모습이 인상적인 물동이춤, 그리고 남학생들의 패기와 약동감이 넘치는 소리개춤은 나를 완전히 사로잡았다.

내가 크게 감동한 것에는 학생들의 실력이 아주 뛰어났다는 것 외에도 한 가지 이유가 더 있었다. 그것은 공연을 보면서 그들의 조상에 대해 여러 생각들이 떠올랐기 때문이다. 가진 것이 아무것도 없는 상태에서 이 중국 땅으로 건너온 사람들이 온갖 고생을 겪으면서도 열심히 살아온 결과 연변조선족자치주란 공간을 획득했고 그 후세들이 이렇게 활기찬 모습으로 내 앞에 있다는 것은 참으로 대단하고 감동적인 일이 아닐 수 없었다. 이렇게 조선족들의 역사를 생각하면서 감상한 학생들의 공연을 나는 평생 잊지 못할 것이다.

내가 그런 심정을 담은 글을 〈종합신문〉에 발표한 지 얼마 지난 후 일본어학과 주임(主任:학과장을 의미한다)이신 권우(權宇) 선생님이 나를 불렀다. 주임실에 들어간 나를 기다리고 있었던 것은 TV출연 제의였다.

권 선생님의 말에 의하면 〈종합신문〉에 실린 내 글을 본 연변 TV의 한 PD가 조선어를 할 수 있는 나를 '토요무대'란 오락프로에 출연시키려고 생각했다는 것이었다.

토요무대란 프로는 연변TV에서 매주 토요일 밤에 방송되는 인기프로였다. 노래나 촌극, 그리고 퀴즈 등 부담없는 내용이어서 나도 시간이 날 때 그 프로를 즐겨 보고 있었다.

나는 이번 제의도 반갑게 받아들였다. 한국에서 첫 TV출연을 경험한 나의 두 번째 TV출연은 중국 연변에서 이루어졌다. 첫 번째는 드라마 출연이었지만 이번에는 노래를 부르게 되었다. 그것은 토요무대 노래특집 프로에서 나와 동료 일본 여자 선생이 〈악수를 합시다〉란 연변노래를 부른다는 것이었다.

그 노래의 가사는 다음과 같다.

    사랑의 마음으로 악수를 합시다.
    친선의 마음으로 악수를 합시다.
    서로 잡는 손길에 봄바람이 일고
    함께하는 세상이 넓어집니다.
    악수를 합시다. 악수를 합시다.
    즐겁게 반갑게 악수를 합시다.

    성공을 축하하여 악수를 합시다.

행복을 축원하여 악수를 합시다.
오늘의 만남이 노래가 되고
내일에는 끝없는 힘이 됩니다.
악수를 합시다. 악수를 합시다.
즐겁게 반갑게 악수를 합시다.

이 노래는 가사도 선율도 비교적 간단하기 때문에 나는 금방 외울 수 있었다. 다만 나와 함께 노래를 부를 일본 여선생은 조선어를 하나도 몰랐기 때문에 나는 그 선생을 위해 그 조선어 가사 발음을 일본문자(가타카나)로 표기해야 했다.

내가 해야 할 일은 하나 더 있었다. 그것은 우리들이 나오기 바로 전에 출연할 조선족 가수 두 명이 부르는 일본어 노랫말 발음을 한글로 표기하는 일이었다.

그 특집 프로는 조선족 가수 두 명이 먼저 일본 노래를 부른 후 우리 일본인 두 명이 연변노래를 부르는 것이었다. 한글 발음을 일본어로, 그리고 일본어 발음을 한글로 표기하는 것 정도는 나에게는 식은 죽먹기였다. 그리고 조선족 가수가 일본 노래를 불러준다는 것이 참으로 고마운 일이었다.

조선족 가수가 부를 예정인 노래는 〈위를 보고 걷자(上を向いて步こう)〉라는 노래였다. 약 40년 전에 나온 이 노래는 지금도 많은 일본인들로부터 사랑을 받고 있는 명곡이다. 그리고 특기할 만한 것은 그 노래가 당시 미국에서도 크게 히트를 쳤다는 사실이다. 이유는 모르지만 미국에서 그 노래는 왠지 스키야키(일본 특유의 전골요리)란 이름으로 상당한 판매량을 올렸다고 한다.

위를 보고 걸어가자 눈물이 떨어지지 않도록
생각난다 그 봄날 혼자만의 밤

　상당히 감상적인 가사 내용과 스윙재즈풍의 경쾌한 선율의 절묘한 조화가 그 노래가 크게 히트한 요인 중의 하나라고 생각한다. 물론 대부분의 미국인들은 일본어 가사를 못 알아듣고 주로 그 선율에 매혹되었을 테지만.
　일본과 미국에서 많은 사람들로부터 사랑을 받고 이번에는 중국 연변에서 불리게 되다니 그 노래를 만든 사람들은 참으로 행복한 사람들이다.
　우리가 출연한 토요무대는 호평을 받은 모양이었다. 방송이 나간 며칠 후 〈연변라디오텔레비전신문〉에 '조선족 가수가 일본 노래를 부르고 일본인 가수가 연변 노래를 부르는 장면이 아주 인상적이었다'는 시청자 편지가 소개되었다. 내가 생각했던 것보다 토요무대는 훨씬 많은 시청자를 가지고 있는 모양이었다.
　그 방송 이후 나는 시장에 갈 때마다 "덴쓰(연변에서는 TV란 말보다 한어(漢語)인 '전시(電視)'란 말을 한어 발음 그대로 '덴쓰'라고 말하는 경우가 훨씬 많다)에 나오지 않았습니까?"란 말을 듣게 되었다. 나는 그때부터 연변을 떠날 때까지 계속 많은 사람들로부터 "덴쓰에 나왔죠?"란 말을 들었다. 나에게 직접 물어보지는 않아도 시장이나 시내에서 "저 사람 덴쓰에 나온 사람이 아닌가?"라고 사람들이 속삭이는 소리를 들을 때도 많아서 나는 스타가 된 기분을 맛볼 수 있었다.
　내가 신정(新正) 때 한 동료 선생님 집에 놀러갔을 때 그 집

아이들이 나에게 다가와서 부탁했다.

"선생님, 그 〈악수를 합시다〉란 노래를 가르쳐주세요."

나는 즐거운 마음으로 아이들과 악수를 하면서 그 노래를 가르쳐주었다. 그 아이들은 나에게 일본 노래도 가르쳐달라고 요청했다. 나는 〈お正月(오쇼가츠)〉란 일본 노래를 가르쳐주고 아이들과 연변 노래와 일본 노래를 부르면서 재미있게 놀았다.

그리고 내가 자주 다녔던 연변대학 앞의 양고기 꼬치구이집에서는 내가 양고기를 먹으러 그 집에 갈 때마다 주인은 〈악수를 합시다〉를 불러달라고 말했다.

확실히 〈악수를 합시다〉란 노래는 나와 연변 사람들과의 관계를 한층 더 가깝게 만들어준 것 같다. 이제 내가 연변에 다시 가도 "그 사람 덴쓰에 나온 사람이 아닌가?"라고 속삭이는 사람은 없을 것이다. 나는 이제 스타가 아니지만 그래도 〈악수를 합시다〉를 연변에서 다시 부르고 싶다. 사랑과 친선의 마음으로 나에게 많은 도움을 주신 분들의 행복을 축원하면서…….

나의 사랑 구육가(狗肉街)여!

어떤 나라나 지방에는 그 곳 사람들이 자랑하는 음식, 즉 명물요리가 있게 마련이다. 예를 들어 한국의 경우 목포의 산낙지, 전주의 비빔밥 등을 우리는 쉽게 들 수 있다.

그러면 중국 연변에서는 어떤 음식이 명물이라고 말할 수 있을까? 내가 생각하기엔 그것은 양고기꼬치구이와 냉면 그리고 개고기요리인 것 같다.

양고기꼬치구이는 원래 조선족 음식이 아니라 몽골족이나 위글족 등 서부지방 민족들이 전해준 음식이다. 그러나 그 음식은 이제 완전히 연변 음식이 되었다고 볼 수 있다.

나를 연변대학에 추천해 주신 재일동포 선생님은 연변 음식에 대해 질문한 나에게 이렇게 대답했다.

"응, 카세타니 선생은 정말 좋겠어. 거기 양고기꼬치구이는 정말 맛있거든. 나는 그것을 다시 한번 먹고 싶네. 선생은 그것을 먹으면 나한테 감사할 거야, 하, 하, 하······."

입맛이 까다롭기 유명한 그 선생님이 그렇게 칭찬하시니까 맛이 없을 리가 없다는 확신을 가지고 나는 연길에 도착한 3일

후 동료 조선족 선생에게 부탁해서 시내의 어느 양고깃집으로 갔다.

메뉴판을 본 나는 놀랐다. 거기에는 양고기뿐만 아니라 쇠고기, 신장(콩팥), 심장, 메추리 등 다양한 종류의 고기 이름이 적혀 있었다. 우리는 양고기와 신장 그리고 심장을 주문했다. 술은 당연히 맥주였다.

연변 양고깃집은 객석 테이블 중간에 구멍이 있어서 거기에 숯을 넣고 손님이 스스로 고기를 구워서 먹는 방식이다. 꼬치란 것은 독특한 야취(野趣)가 있다. 꼬치구이를 먹을 때 우리는 꼬치를 들고 입으로 고기를 떼는 재미와 먹는 재미를 동시에 즐길 수 있다. 만약 꼬치에서 고기를 다 떼서 먹는다면 그 재미는 훨씬 떨어질 것이 분명하다.

일본에서도 꼬치요리는 인기가 있다. 특히 인기가 높은 것은 닭꼬치구이와 꼬치튀김 요리인데 양쪽 다 술안주로 제격이다. 그러나 그 음식들이 요리사가 다 조리해서 손님에게 제공하는데 비해 객석에서 손님이 직접 구워서 먹는 연변 양고기꼬치구이는 좀더 야취가 넘치는 것 같다. 나는 일본 술(청주)을 마실 때는 일본식 닭꼬치구이나 꼬치튀김을 먹고 싶지만 맥주를 마신다면 주저없이 양고기꼬치구이를 선택한다. 양고기꼬치구이와 맥주의 궁합이야말로 천생연분이 아닐까 싶다.

양고기구이를 먹을 때 나오는 양념은 각종 향신료와 조미료를 배합한 것이다. 연길 시내 시장에서는 그것을 전문적으로 파는 가게도 있다. 그 양념은 확실히 위글족의 습관을 따른 것 같다.

맥주를 마시면서 맛있게 양고기구이를 먹고 있던 나는 앞자리에 있는 동료 선생이 무언가 이상한 작업에 열중하는 것을 봤다. 그는 테이블 위에 상비(常備)되어 있는 마늘과 작은 양파(마늘도 양파도 통째로 나온다)의 껍질을 벗겨서 꼬챙이에 꿰어서 굽기 시작했다. 그 마늘과 양파꼬치구이도 고소하고 아주 맛있었다.

동료 선생이 웃으면서 나에게 물었다.

"카세타니 선생님, 이 꼬치가 무언지 아십니까?"

그때까지 먹고 마시는 것에 열중하고 있었던 나는 그때에야 내 눈앞에 있는 많은 꼬치들을 유심히 살펴봤다.

"아, 그렇군요! 역시 여기는 중국입니다."

그 집에서 사용하는 꼬치는 다름 아닌 자전거 스포크(바퀴의 살)였다. 다 아시다시피 중국은 자전거왕국이다. 그 꼬치집에서는 폐차가 된 자전거에서 스포크를 빼고 깨끗이 잘 씻은 후 꼬치로 재활용한 모양이었다. 그것을 안 후 나는 양고기꼬치구이의 야생적 매력을 더 느낄 수 있게 된 것 같았다.

냉면도 연변을 대표하는 음식이다. 한국에서는 물냉면과 비빔냉면 두 종류가 있지만 연변에서 냉면이라고 하면 무조건 물냉면을 의미한다.

그러면 한국 물냉면과 연변 냉면 사이에는 어떤 차이점이 있는가? 우선 국물이 다르다. 한국 물냉면 국물은 투명하고 담백하다. 그것을 먹는 사람들은 식성에 맞추어서 거기에 식초나 겨자를 넣는다. 반면 연변 냉면 국물은 원래부터 식초가 들어가 있고 좀 매운 조미료(아마 고추장?)도 들어가 있다. 그리고 한국

물냉면 면발은 약간 퍼석퍼석한 느낌이 드는데 연변 냉면 면발은 아주 매끄럽다. 내가 생각하기엔 구수하고 깊은 맛을 원할 때는 한국 물냉면을, 상쾌한 맛을 원할 때는 연변 냉면을 먹는 게 좋을 것 같다.

연변 명물요리에서 빼놓을 수 없는 세 번째 음식이 개고기요리이다. 내가 지금도 그리워하는 곳이 연길시의 개고기골목이다. 이 곳은 시내 중심부 동쪽에 있다. '○○狗肉店', '○○개고기집'이라고 한자와 한글로 크게 표시된 대형 개고기 집이 5, 6군데 밀집해 있는 이 골목은 연길 시내 애견가들이 모이는 명소이다. 한국에서 세례를 받고 개고기 신자가 된 나는 그 개고기골목을 순례할 때마다 감동을 느꼈다. 그런 좋은 장소가 있다니…….

물론 나는 개고기를 먹지 않는 사람들에게 억지로 권할 생각은 하나도 없다. 그러나 객관적으로 볼 때 개고기는 쇠고기나 돼지고기, 닭고기, 양고기 못지 않게 맛있고 영양이 풍부한 고기란 사실을 더 많은 사람들이 알아주었으면 좋겠다.

내가 2년간을 지낸 연변대학 교원숙소에 러시아인 선생이 한 명 있었다. 그는 내가 대단한 '애견가'인 것을 알고 자기 친구들이 러시아에서 놀러왔을 때 나에게 개고기골목을 안내해달라고 부탁했다. 개고기를 처음 먹어 본 그들은 러시아어로 '맛있다!'를 연발했다.

"사랑스러운 개를 먹다니 야만스럽다"라고 개고기를 먹는 것에 혐오감을 표명하는 분들도 있다고 한다. 하지만 가만히 보면 소도 돼지도 닭도 양도 사랑스럽지 않은 동물은 하나도 없다.

우리에게 필요한 것은 감상적, 감정적 주장이 아니라 좀더 객관적이고 냉정한 논의가 아닐까 싶다.

연변 개고기골목 개고깃집에서는 다양한 개고기 요리를 즐길 수 있다. 개고기전골은 물론, 개 갈비살이나 개고기 만두 등 여러 별미들을 쉽게 맛볼 수 있다.

내가 보기에는 한국인 중에는 개고기를 좋아해서라기보다 정력에 효과가 있다거나 몸에 좋다고 하니까 먹는 경우가 많지만 연변 조선족들은 그런 불순한 동기로 먹는 것이 아니라 순수하게 개고기맛을 즐기고 있는 것 같다. 나는 그 점에 있어서는 무조건 연변사람편이다. 한국 여성 중에는 자기가 개고기를 먹는 것을 부끄러워하는 사람들도 가끔 있지만 내가 연변에서 만난 조선족 여성들은 쇠고기나 돼지고기를 먹는 것처럼 아주 자연스럽게 개고기맛을 즐기고 있었다.

일반적으로 한국에서 먹는 보신탕이나 개고기 전골은 처음부터 너무 많은 양념이 들어가 있는 것 같다. 그렇게 과다한 양념을 쓰면 고기 특유의 맛이 사라지고 양념 맛만 날 뿐이다. 설마 신선하지 않은 질이 나쁜 고기를 사용하기 때문에 양념을 듬뿍 넣은 것은 아니겠지만……

그와 대조적으로 개고기골목 개고깃집에서 나오는 개고기 전골 국물은 아주 순하다. 매운 맛을 좋아하는 손님은 각자 식성에 맞추어서 양념을 냄비에 넣고 조절한다. 마치 위에서 소개한 냉면 국물과는 반대이다. 그리고 거기서 나오는 고기들은 처리가 잘 되어 있기 때문에 냄비에 넣고 끓여도 되고 끓이지 않아도 양념을 찍어서 그대로 먹을 수 있다. 내가 특히 좋아했던 것은 껍질이 붙어 있는 고기〔帶皮肉〕였다. 그것을 양념에 찍어 먹으면서 연변산 고량주를 마시면 이 세상에 부러운 것이 하나도 없다. 그것은 확실히 연변에서만 맛볼 수 있는 식도락이다.

일본에서 몇 년 유학을 마치고 연변으로 돌아온 어느 선생과 이야기를 한 적이 있는데 그는 이렇게 말했다. "일본 음식은 대부분 맛이 있었습니다. 하지만 일본에서는 개고기를 파는 곳이 없어서 정말 연변이 그리웠습니다."

나는 고개를 끄덕거리면서 개껍질을 씹었다. 그래, 연변대학과의 계약을 마치고 여기를 떠나면 나도 연변 개고기를 그리워할 거야…….

연변에서 먹는 개고기 요리가 맛있는 데에는 확실한 이유가 있다. 첫째, 연변에서는 개고기를 식품으로 인정하고 상설 시장에서 항상 거래하고 있다. 시장에 가면 모피를 벗긴 채 다리를 위로 진열된 불쌍한, 아니 맛있게 보이는 개들을 볼 수 있다. 중요한 손님을 초대할 때나 축하모임을 열 때 연변조선족들은 집에서 개고기요리를 만들 때가 많다. 그래서 연변사람들은 개고기맛을 잘 알고 있다. 때문에 개고기 요릿집들도 맛있게 조리해야 손님을 끌어들일 수 있다는 것이다. 둘째, 개고기골목에는 대형 개고깃집들이 밀집되어 있다. 그런 치열한 경쟁에서 살아남기 위해 각 음식점은 맛에 신경을 쓰지 않을 수 없다.

그래서 나는 개고기골목이 연변의 자랑스러운 식생활문화거리라고 생각한다. 민족의 전통음식인 개고기요리의 매력을 외국인에게도 알리기 위해 한국에도 개고기골목이 있으면 좋겠다. 그러나 지금 여러 상황을 생각하면 한국에 개고기골목이 형성될 때까지는 아주 많은 시간이 걸릴 것 같다.
 내가 생각하기에는 냉정한 홍보활동을 장기적으로 계속하는 것과 동시에 먹는 쪽에서도 보신이라든가 정력 때문에 개고기를 찾는 것보다 먼저 개고기맛 자체를 즐기는 자세가 필요하지 않을까 싶은데…….

두 선배님의 죽음

연변에서 보낸 2년간은 나에게 참으로 귀중한 시간이었다. 소수민족, 민족관계에 관심이 많은 나에게 연변이란 땅과 거기서 생활하는 사람들은 아주 많은 것을 가르쳐주었다.

나는 한국에서와 마찬가지로 연변에서도 많은 분들한테 신세를 졌다. 나는 일본어를 가르치는 업무를 수행하는 한편 방학 등 시간적 여유가 많을 때 연구도 진행시켰다. 한국에서 재한화교를 연구해온 나는 연변에서는 조선족들의 생활습관이나 언어습관, 그리고 민족의식 등에 대한 내 인식을 깊이 있게 만들고 싶었다. 한반도에서 태어나서 연변에 온 사람들의 생활습관이나 언어습관 등이 어떻게 변해가고 있는지, 아니면 어떻게 유지되어 있는지, 또 연변에서 태어나서 자란 사람들은 어떤 생활문화를 유지하고 있는지, 그들은 축구경기를 볼 때 중국과 한국 아니면 중국과 북한의 경우 어느 쪽을 응원하는지 등등……. 나는 연변조선족에 관한 여러 사항에 큰 관심을 가지고 있었다.

내가 먼저 만나고 싶었던 사람들은 나이 든 조선족 노인들이었다. 그분들은 일제시대에 한반도로부터 연변에 오거나 만주국(滿洲國) 시절의 연변에서 태어나서 자란 분들이어서 그 당시의 사회적 상황이나 민족관계, 그리고 해방 후의 변화 등에 대해 몸으로 경험해 온 분들이기 때문이다. 그들은 역사의 증인이기도 하고 조선족 생활문화를 형성한 첫번째 세대이기도 하다.

그러나 조선족 노인을 만나서 이야기를 듣고 싶어도 어디에 가서 어떻게 하면 좋을지 그 방법을 몰랐다. 무작정 시장이나 길에서 만난 노인에게 부탁할 수도 없어서 연변대학 주변에 있는 노인정을 찾았다.

나는 노인들이 항상 모이는 장소를 몇 번 찾아서 어느 정도 친해진 후 거기에 오시는 분들한테 이야기를 듣는 것이 좋다고 생각하고 있었다. 그렇게 하면 상대방도 편하고 나에게 솔직한 이야기를 해줄 거라고 생각했기 때문이다.

연변대학 근처에는 노인정이 두 군데 있었다. 하지만 거기에 노인들이 항상 모이는 것이 아니었다. 그들이 가끔씩 모임을 가질 때 나 같은 외부인이 찾아오는 것은 큰 방해가 될 수밖에 없기 때문에 나는 노인정에서 노인들을 만나려고 하는 '작전'을 포기했다. 그러면 어떻게 하면 좋을까 고민하는 나에게 좋은 정보를 제공해주신 분이 연변사회과학원 역사연구소의 강룡권(姜龍權) 선생님이었다. 강 선생님은 연변대학 구내에 퇴직한 교원이나 직원들이 모이는 '노간부처(老幹部處)'란 곳이 있고 거기에 항상 조선족 1세, 2세들이 모인다고 가르쳐주셨다. 나는 강 선생님 조언 덕분에 그 노간부처를 찾아서 노인분들을 만날 수 있게 되었다. 그리고 거기서 친해진 김영복(金榮福) 선생님을 통해서 조선족 1세, 2세분들로부터 귀중한 이야기를 들을 수 있었다.

함경북도 출생인 김영복 선생님은 내가 노간부처를 찾아갈 때마다 따뜻하게 맞이해 주셨다. 조선족 1세인 김 선생님 자신의 체험담이나 그분이 소개해 주신 조선족 1, 2세분들한테서 들은 여러 이야기는 나에게 조선족 역사와 생활세계를 생생하게 가르쳐주는 그야말로 최상의 교재가 되었다. 그런 좋은 교재를 제공해 주신 김 선생님을 비롯한 노간부처 분들께 나는 깊은 감사의 말씀을 드리고 싶다.

내가 연변에서 지내던 1999년, 연변TV에서 〈연변아리랑〉이란 특집 다큐멘터리프로가 시리즈로 방영되었다. 조선족의 역사·문화·현황·미래의 전망 등 다양한 내용을 담은 이 시리즈 프로의 주제가는 다음과 같다.

조상의 뼈가 묻힌 고향 땅을 멀리 떠나
쪽박차고 두만강을 울며 넘던 아리랑고개
음~ 아리랑고개
아리랑 연변아리랑 아리랑 연변아리랑
연변아리랑

나는 김영복 선생님을 비롯한 조선족 1, 2세 분들한테서 여러 귀중한 이야기를 들은 덕분에 다큐멘터리프로 〈연변아리랑〉에 나오는 여러 내용들을 더욱 실감 있게 이해할 수 있었다. '연변아리랑'의 당사자들로부터 직접 이야기를 들을 수 있다는 것은 너무나 고맙고 귀중한 체험이 아닐 수 없었다.

그리고 노간부처의 존재를 나에게 가르쳐주신 강룡권 선생님도 나에게 많은 도움을 주신 분이었다. 역사학자이신 강 선생님은 나에게 노간부처를 가르쳐주셨을 뿐만 아니라 스스로 조선족 1세 집에 나를 데려다 주기도 하셨다.

그러나 나는 이제 강 선생님을 뵙고 감사의 말씀을 드릴 수 없다. 왜냐하면 그분은 이미 세상을 떠나셨기 때문이다. 그는 조사 여행 도중 1999년 6월에 유감스럽게도 객사(客死)했다.

흑룡강성(黑龍江省) 출신인 조선족 2세 강 선생님은 학자로서 참으로 존경스러운 분이셨다. 그는 문서에 남아 있지 않는 조선족 역사를 발굴하기 위해 혼자 자전거를 타고 세 번이나 답사·조사 여행을 다녔다. 그리고 그 세 번째 조사 여행을 다 마치기 전에 쓰러지신 것이다.

강 선생님은 세 번의 답사와 조사를 통해서 항일운동가들의 발자취를 알아봤다. 그리고 일제에 의해 강제 징용된 남성들과 종군위안부로 피해를 입은 여성들을 직접 만나서 귀중한 증언을 수집했다. 강 선생님이 돌아가신 후 출간된 《강제 징병자와 종군위안부의 증언》이란 책을 보면 그의 업적의 일단을 엿볼 수 있다.

이 책은 강제 징용자 41명, 종군위안부 피해자 9명의 회상을 자세히 기록한 증언집이다. 모두 70~80대인 그 피해자들의 증언은 만약 강 선생님이 그들을 찾아서 인터뷰를 하지 않았더라면 영원히 발표되지 않았을 것이다. 그런 의미에서 강 선생님은 조선족 역사연구에 있어서 커다란 업적을 남겼다고 볼 수 있다.

강룡권 선생님이 답사·조사에 심혈을 쏟아온 것은 민족의 역사를 발굴해서 기록해야 한다는 사명감 때문이었다고 나는 생각한다. 그러나 그런 민족의식과 별도로 조사에 관한 강 선생님의 진지한 자세와 기록 정신은 나에게 좋은 본보기가 되었다.

그런 학자로서의 성실한 자세와 더불어 선생님이 자기 집에 나를 초대해 주시고 먹여주신 오곡밥과 귀밝이술의 맛도 나는 평생 잊지 않을 것이다. 그리고 선생님의 모교이자 내 근무처였던 연변대학 앞에서 함께 먹은 개고기전골 맛도……

강 선생님을 나에게 소개해 주신 분은 연변과학기술대학에서 근무하는 한국인 교수인 김재민(金在玟) 선생님이었다. 김 선생님도 강 선생님과 마찬가지로 높은 학식과 고결한 인격으로 많은 사람들로부터 존경과 신뢰를 받는 분이었다. 선배 일본인 강사의 소개로 김 선생님을 알게 된 나는 몇 번 그의 연구실을 찾아가는 사이에 선생님의 인품에 매료되었다.

한국에서도 잘 알려져 있지만 연변을 방문하는 한국인 중에는 한국의 강한 경제력을 자기 능력이라고 착각해서 오만한 태도로 행동하는 사람들이 적잖다. 나도 그런 추한 유학생이나 추한 선생님들을 볼 때가 있었지만 김 선생님으로부터는 그런 느낌을 조금도 느낄 수 없었다.

김 선생님으로부터 느낄 수 있었던 것은 연변학생들의 성장을 비는 따뜻한 애정과 한국어도, 한어(漢語)도 제대로 못하는 일본인 강사들에 대한 깊은 배려뿐이었다. 일본에서의 유학 경험이 있는 김 선생님은 일본어에 능숙했고 한어실력도 상당한 수준이었다. 과학기술대학에서는 교양과목으로 일본어가 채택되어 있는데 거기서 가르치는 일본인 강사들은 한결같이 김 선생님에게 의지하고 많은 도움을 받고 있었다. 자신의 일도 아주 바쁘신 데도 불구하고 항상 여유로운 미소로 학생들이나 일본인 강사들을 대해주는 김 선생님의 모습에서 나는 많은 것을 배웠다. 상당한 태권도 실력의 소유자이면서도 그런 내색을 전혀 보이지 않았던 그의 겸손함도 나를 감탄시켰다.

강룡권 선생님과 김재민 선생님은 내가 진심으로 선배님으로, 그리고 형님으로 모시고 싶었던 훌륭한 분이셨다.

강룡권 선생님의 객사 소식을 침울한 목소리로 나에게 전해주신 김 선생님도 그때부터 한 6개월 후에 세상을 떠날 거리라고는 나는 상상도 하지 못했었다. 그러나 김재민 선생님은 2000년 2월 2일 서울에 있는 병원에 입원한 채 백혈병으로 돌아가셨다.

나에게 큰 도움을 주신 그 두 선배님의 죽음은 정말로 억울하고 아까운 일이었다. 강 선생님은 50대 중반, 김 선생님은 40대 중반의 너무나 젊은 나이에 돌아가신 것이다. 두 분의 죽음은 연변사회에 있어서 아주 큰 손실이 아닐 수 없었다. 연변에서 지낸 2년 동안 나는 억울하다거나 못마땅하다고 느낄 때가 거의 없었다. 하지만 두 선배님의 죽음은 정말로 억울하고 납득할 수 없는 운명의 부조리였다.

세속적 욕망이 강한 나는 두 선배님처럼 무사(無私)한 마음으로 깨끗하게 살지는 못할 것이다. 그러나 연구자로서 그리고 하나의 사회인으로서 두 선배님한테서 배운 것을 내가 조금이라도 실천에 옮겨가는 것이 그분들의 은혜에 보답하는 길이리라.

고량주가 좋아요

 연변 사람들이 일반적으로 마시는 술은 맥주(麥酒)와 고량주(高粱酒)이다. 학생 등 젊은 사람들은 맥주를 좋아하고 나이든 분들은 고량주를 즐기는 경우가 많은 것 같다.
 연변에는 빙천맥주, 통칭 BC맥주란 상표가 있다. 그 회사 공장은 연변대학 바로 근처에 있기 때문에 우리는 언제든지 신선한 맥주를 마실 수 있었다. 연변의 명물요리인 양고기꼬치구이를 먹을 때는 그 BC맥주가 잘 어울린다. 가벼운 맛이지만 상쾌하고 부드러운 그 맥주를 나는 좋아했다.
 하지만 그 맥주보다 내가 더 즐겨 마신 것이 고량주였다. 나는 연변에서 생활하는 동안 완전히 고량주 팬이 되었다.
 술은 크게 양조주(釀造酒)와 증류주(烝溜酒)로 나눌 수 있다. 양조주는 곡물에 물을 가하고 효모를 넣고 발효시킨 술이다. 일본의 청주(淸酒)는 쌀을 원료로 한 것이고 한국 막걸리는 쌀이나 소맥을 발효시킨 것이다. 그리고 맥주는 보리를 원료로 하고 와인은 포도에서 만든다.
 그러면 한국 소주는 어떤 원료로 만들어진 것일까? 우리가 식품을 사서 그 포장을 보면 대개 주원료가 표시되어 있다. 예를 들어 라면의 경우 소맥분, 감자전분 등 면의 주원료와 글루타인산나트륨, 염분 등 수프 주원료가 같이 씌어 있는 것이 보통이다. 술의 경우도 슈퍼마켓에서 파는 막걸리 플라스틱병에는 쌀, 소맥 등 원료가 분명히 표시되어 있다.

그러면 한국 애주가들이 즐기는 소주(燒酒)는 어떨까? 물론 안동소주 등 고급소주들의 병에는 쌀 등 원료 곡물 이름이 표기되어 있다. 하지만 식당이나 가정에서 일상적으로 소비되는 일반소주에는 원료표기가 하나도 없고 그냥 희석식 소주라고 씌어 있을 뿐이다.

그 희석식 소주란 것은 무엇인가? 그것은 주정도(酒精度)가 100%에 가까운 고순도(高純度) 알코올에 물을 붓고 20~25%정도로 희석시킨 후 감미료나 향료를 첨가해서 맛을 낸 것이다. 그 희석식 소주는 안동소주와 같은 진짜 소주와 완전히 다른 제품이다.

일본에도 소주가 있다. 일본 소주는 갑류소주(甲類燒酒)와 을류소주(乙類燒酒)로 분류되는데 갑류는 바로 희석식 소주를, 그리고 을류는 곡류 등을 원료로 한 진짜 소주를 가리킨다.

일본 남부지방인 큐슈(九州)는 진짜 소주인 을류소주의 본고장이다. 쌀소주, 보리소주, 고구마소주, 메밀소주 등 각 지방마다 자랑하는 소주가 있고 각각 그 술을 즐겨 마시는 팬들도 많다. 그리고 오키나와(沖繩)에도 쌀을 원료로 한 아와모리(泡盛)란 유명한 소주가 있다. 나는 그들 중 큐슈의 쌀소주와 고구마소주, 그리고 오키나와의 아와모리를 좋아한다. 쌀소주는 부드럽고 고구마소주는 구수하다. 그리고 아와모리의 깊은 맛은 그야말로 절묘하다고 말할 수밖에 없다.

그러면 희석식 소주인 갑류수의 원료인 순수 알코올은 어떻게 만들어지는가? 많은 경우 그것은 사탕수수에서 만들어진다. 사탕수수를 짜서 수액(樹液)을 빼면 더 이상 쓸모가 없을 것 같지만 거기에 물을 붓고 발효시킨 후 증류시키면 알코올이 나올 수 있다는 것이다. 그 알코올을 정제한 것이 폐당밀(廢糖蜜) 알코올이라고 한다. 즉 사탕을 짜서 남은 찌꺼기로부터 만든 알코올이란 뜻이다.

폐당밀 알코올은 순도가 100%에 가깝다. 위에서 말한 바와 같이 그것이 바로 희석식 소주 원료가 된다. 일본 기업들은 남미국가로부터 대량의 폐당밀 알코올을 수입해서 희석식 소주를 제조하고 있다.

순도 100%라고 하면 무언가 좋은 것 같은 느낌이 들지만 실제로는 순도 100% 알코올은 아무 향기도 없고 아무 맛도 나지 않는다. 그래서 희석식 소주는 감미료나 향료 등을 첨가해서 인공적으로 맛을 내고 있다. 이와 달리 을류소주는 쌀이나 고구마 등 원료 성분이 남아 있다는 불순함 때문에 고소하고 깊은 향과 맛을 즐길 수 있다.

요리를 먹으면서 술을 마실 때 나는 희석식 소주를 마시고 싶지 않다. 인공적인 향기와 맛밖에 없는 그 술은 요리의 맛을 망치는 것 같은 느낌이 들기 때문이다.

내가 항상 아쉽다고 느끼는 것은 한국 음식점에서 쇠고기나 돼지고기 등을 안주로 술을 마실 때 희석식 소주를 마실 수밖에 없다는 것이다. 한국 음식에는 정말로 맛있는 것들이 아주 많다. 돼지껍질구이나 아바이순대, 닭한마리 등은 일본에서 결코 맛볼 수 없는 별미들이다. 그런 걸작 음식들을 먹을 때 마실 수 있는 도수 높은 술이 가짜 술인 희석식 소주밖에 없다는 것은 너무나 아쉽고 슬픈 일이다.

모처럼 맛있는 음식인데…… 솔직히 희석식 소주의 공업적 향과 맛은 요리의 맛을 돋보이게 하기는커녕 그 맛을 떨어뜨린다. 나는 그 맛없는 희석식 소주를 마시면서 우울한 기분이 든다. 술은 물론 취하기 위해 마시는 것이지만 취하기만을 위해 마시는 것은 결코 아니다. 술맛을 즐기면서 천천히 취하고 싶은 사람에게 희석식 소주는 너무나 잔인한 독주이다. 나는 맛있는 음식을 먹으면서 그런 가짜 술밖에 마실 수 없는 나를 포함한 한국의 술꾼들 신세가 참으로 딱하게 느껴진다.

연변에 도착한 그 날 나는 연변대학 선생님들과 연길 시내 한 식당에서 저녁식사를 했다. 소의 혈관을 볶은 음식이나 돼지고기와 야채를 볶은 음식 등 기름진 요리와 냉채 등 시원한 요리, 그리고 육회나 파전 등 다양한 음식 접시가 탁자 위를 메우고 있었다.

요리를 맛있게 먹으면서 우리는 맥주와 고량주를 마셨다. 그때 나는 처음으로 연변 고량주를 맛보았다. 그 술에서는 확실히 곡물 맛이 났다. 술병을 보면 주정도는 38도였다. 나는 그 날 결국 고량주를 거의 한 병(500cc) 마셨다.

다음날 아침 나는 상쾌한 기분으로 일어났다. 어제 마신 고량주는 맛도 좋았지만 뒤끝도 없었다. 나중에 시장에 가서 알아보니까 그 고량주는 안동소주처럼 고급술이 아니라 극히 일반적인 술이었다. 또 시장에는 병으로 된 고량주 외에도 비닐팩 고량주도 있었다. 우유팩처럼 비닐로 포장된 고량주가 많이 쌓여 있는 모습은 아주 신기했다. 값을 물어본 나에게 주인이 말한 가격은 병으로 된 고량주의 6분의 1정도였다. 나는 그 값싼 고량주가 과연 병으로 된 고량주처럼 제대로 술맛이 날까 궁금해서 당장 그 팩고량주를 사서 숙소에서 맛을 봤다. 그랬더니 의외로 맛이 부드럽고 곡물 맛도 나는 것이었다.

내가 보기에는 중국에서 파는 고량주 중에는 곡식을 증류시킨 원주(原酒)와 위에서 말한 희석된 알코올을 배합한 것도 있는 것 같다. 하지만 한국 일반소주처럼 곡물이 한 알도 들어가 있지 않는 순수 희석식 소주를 마실 기회는 한 번도 없었다. 술을 사랑하는 나에게는 그것은 정말로 다행이었다.

연변에서 여러 종류의 고량주를 마시면서 나는 희석식 소주가 얼마나 맛없고 몸에 좋지 않고 또 술꾼들을 우습게 여기는 술인지 재확인할 수 있었다. 열심히 일을 하면서 모처럼 친구를 만나서 기쁜 마음으로 마시는 술인데, 이렇게 맛있는 음식들이 많은데 우리는 왜 맛없는 가짜 술을 마셔야 되는가? 그것은 너무하지 않을까란 생각이 든다.

2년 동안 실컷 고량주를 마시고 한국에 돌아온 나는 밖에서 소주를 마실 때마다 연변 고량주가 생각난다. 아, 이 맛있는 한국 음식에 연변 고량주가 있으면 얼마나 좋을까⋯⋯ 곡물향기가 나는 고량주를 그리워하면서 나는 과학 냄새가 나는 희석식 소주를 마신다. 이렇게 중얼거리면서⋯⋯.

"우리에게 무슨 죄가 있어서 이런 알코올에 물을 부은 소독액 같은 술을 마시게 되었는가. 이 술이 몸에 해로운 가짜 술이라고 다 알면서 오늘도 마시는 나도 참으로 어리석은 놈이군……. 정말 우리는 언제까지 이 가짜 술을 마셔야 되는가……."

두 가지 언어 사이로

　연변조선족자치주의 공용어는 조선어와 한어(漢語)이다. 우리는 흔히 한어를 중국어라고 말하지만 사실 그 말은 정확한 표현이 아니다. 중국에서는 조선어·몽골어·티베트어·위글어 등 여러 민족의 언어가 각 민족자치지역에서 공용어로 보장되어 있다. 그런 상황을 생각하면 조선어나 몽골어도 여러 중국어 중의 하나라고 말하는 것이 적당하다. 왜냐하면 중국어란 표현은 중국에서 사용되는 공용어란 의미가 있기 때문이다. 다민족국가인 중국에서 가장 많은 인구를 가진 민족이 한족이고 그들의 언어가 바로 한어이다. 그래서 여러 중국어 가운데 가장 많은 사람들이 쓰는 언어가 한어이기 때문에 한어가 전국 공통어로 불리고 있을 뿐이다.
　나는 한국인과 이야기할 때 그런 것을 일일이 말로 설명하기가 귀찮아서 그냥 중국어란 표현을 쓸 때가 많지만 사실은 그 중국어란 표현을 쓰고 싶지 않다. 한어를 중국어라고 하면 조선어나 몽골어 등 다른 중국어를 무시하는 것 같은 느낌이 들기 때문이다. 그래서 여기서는 중국어와 한어의 차이점을 분명히 말해 두고자 한다.

마찬가지로 한국어란 표현도 한국에서 사용되는 공용어라는 의미이기 때문에 중국 연변에서 사용되는 조선어를 한국어라고 말할 수는 없다. 그리고 무엇보다도 그 이전에 연변 조선족들이 사용하는 조선어와 한국인들이 쓰는 한국어 사이에는 적잖은 차이가 있다(이 책 중 〈악수를 합시다〉를 참조 바람). 그래서 '연변 조선족들의 공용어는 한국어와 중국어이다'란 표현은 완전히 잘못된 것이다. 그들의 공용어는 조선어와 한어이다.

조선어와 한어는 한자어를 많이 사용하는 공통점이 있지만 발음이나 억양에 있어서 현저한 차이점을 가지고 있다. 그리고 문법도 많이 다르다. 예를 들어 "저는 당신을 사랑합니다"라고 한어(漢語)로 말할 때 '我(나) 愛(사랑하다) 你(당신)'식으로 어순이 거꾸로 된다.

그런 언어구조상 많은 차이가 있는 두 가지 언어를 연변 조선족들은 공용어로 사용하고 있다. 물론 나는 그 사실을 연변에 오기 전부터 잘 알고 있었다. 그리고 한국에서 화교들과 사귀면서 그들이 한국어와 한어를 유창하게 구사하는 모습도 많이 봤다. 그러나 실제로 연변에 와서 시내 곳곳에서 조선족들이 두 가지 언어를 유창하게 구사하는 모습을 보면 나는 감탄할 수밖에 없었다.

예를 들어 시장 상인들은 손님을 보고 조선족인 것 같으면 "뭘 사십니까"라고 조선어로 말을 걸고, 한족이다 싶으면 "마이 쉔머?(뭘 사세요?)"라고 한어로 말한다. 조선족인지 한족인지 구별이 어려울 때는 한어로 이야기한다. 그래서 먼저 한어로 대화를 하다가 서로가 조선족이란 사실을 알게 된 후 조선어로 언어를 바꾸는 경우도 적잖다.

연길에 온 지 얼마 안 되었을 때 나는 시내 상점에 갔다. 가게 안에서 주인은 한어로 손님과 이야기하고 있었다. 그 손님이 나가자 나는 서투른 한어로 말을 걸었다. 어색한 내 한어를 들은 주인은 조선어로 대답을 해주었다. 그때 전화가 울렸다. 주인은 "(여보세요)?"라고 한어로 전화를 받고 계속 한어로 이야기했다. 구조가 많이 다른 조선어와 한어를 상대방에 따라 자연스럽게 바꿔 말하는 그의 모습은 참으로 존경스러웠다. 그러나 조선족들에 있어서는 그것은 극히 일상적인 일이다.

나는 연변대학에서 일본어를 전공하는 조선족 학생들을 가르치면서 이렇게 격려할 때가 많았다.

"여러분들은 조선어를 모어로 하고 한어를 제2언어로 소학교부터 공부했기 때문에 두 가지 언어에 능숙합니다. 그리고 중학교부터 지금까지 일본어를 열심히 공부해 왔죠. 그 세 가지 언어를 유창하게 구사할 수 있는 사람은 그리 많지 않거든요. 앞으로 그 능력은 여러분들에게 정말 큰 재산이 될 것이니까 그 세 가지 언어 실력을 열심히 닦으세요."

이런 내 기본적 생각은 지금도 달라지지 않는다. 내가 가르친 제자들 중에도 언어능력을 인정받고 일본 기업이나 한국 기업에서 활약하는 사람들이 몇 명 있다.

하지만 실제로 공부하는 입장에서는 그것이 그리 쉬운 일은 아닌 것 같다. 먼저 학생들의 학습부담의 문제가 있다. 조선족 학교에 다니는 학생들은 소학교부터 조선어와 한어를 배우고 중학교에 올라가면 외국어를 배우기 시작한다. 한편 한족학교에서는 소학교에서도 중학교에서도 조선어를 가르치지 않는다. 즉 조선족 학생들은 한족 학생보다 언어학습에 더 많은 시간을 투자해야 한다는 것이다.

중국도 대입경쟁이 치열하다. 대입시험에 있어서 소수민족 학생들에 대해서는 점수를 약간 가점(加點)해 주는 제도가 있기는 하지만 세 가지 언어를 공부해야 하는 조선족 학생이 대입공부에서 한족 학생들보다 불리하다는 것은 분명한 사실이다.

그리고 한국과 관련이 있는 일을 하지 않고 연변을 떠나서 중국의 다른 대도시에서 일을 하려고 할 때 그들에게 가장 필요한 것은 한어능력이다. 북경(北京)이나 대련(大連), 그리고 상해(上海) 등 다른 대도시에서 활약하려면 조선어보다 한어가 더 필요하다는 것이다.

그런 사정을 반영하는 것이 최근 눈에 띄는 조선족 학생들의 한족학교로의 유출 현상이다. 한 조사에 의하면 1999년 현재, 연변자치주 내 조선족 소학생의 9.2%, 중학생의 8.5%가 한족학교에서 배우고 있다고 한다. 또 모 교육관계자는 2000년 현재, 연변내 한족학교에는 한 반(약 50명)에 10명 이상의 조선족 학생이 있지 않을까라고 추측한다.

그런 현상은 농촌지역 조선족인구 감소에 따라 조선족학교가 폐교, 또는 통합됨으로써 한족학교에 다닐 수밖에 없는 학생들이 많아지고 있다는 것도 이유이지만, 조선족학교에 다니다가 한족학교로 전학하는 조선족 학생들의 증가현상을 반영하는 것이라고 볼 수 있다.

나는 연길시에 사는 어느 한족 중학생(중2)과 이야기할 기회가 있어서 그 사항에 대해서 물어봤다. 지금 그 학생이 공부하는 반에 조선족 학생이 몇 명 있느냐는 내 질문에 그는 "모두 60명인 우리 반에는 조선족 학생이 20명이나 있다"고 대답했다.

내가 아는 어떤 조선족 부모는 딸을 중학교 2학년까지 조선족학교에서 공부시킨 후 한족학교로 편입시켰다. 또 다른 부모는 "지금 우리 아들은 소학교 3학년인데 한어를 더 익히기 위해 한족학교로 보낼까 생각중"이라고 토로했다.

나는 2000년에 연변대학 조선족 대학생을 대상으로 설문조사를 실시했다. "만약 당신에게 어린 동생이 있을 경우 어느 학교에 보내고 싶습니까?"란 질문에 연변출신 대학생들의 회답은 '조선족학교로 보낸다'란 대답(소학교 71%, 중학교 63%)이 '한족학교로 보낸다'란 회답(소학교 20%, 중학교 28%) 보다 많았지만 후자의 비율이 만만찮다. 그 학생들이 거의 전부가 조선족 소학교, 중학교를 졸업한 학생이란 사실을 고려하면 그들이 자신의 한어능력에 불만과 불안감을 느끼고 있다는 것을 그 조사결과에서 엿볼 수 있다. 학생들끼리의 대화를 들어보아도 'ㅇㅇ는 한어를 잘한다', 'ㅇㅇ는 한어를 못한다'란 이야기가 자주 나온다.

이와 같이 조선족사회에서 한어가 차지하는 비중은 점점 커지고 있다. 하지만 많은 조선족들은 자기 언어에 큰 자부심과 애착을 가지고 있는 것 같다. 위의 조사결과를 봐도 그것을 짐작할 수 있다. 어린 동생이 있을 경우 '한족학교로 보낸다'란 대답은 중학교의 경우 28%를 차지하고 있지만 소학교의 경우 그 비율은 20%로 떨어진다. 그것은 한족학교에 자녀를 보낼 경우에도 '먼저 민족어인 조선어를 익힌 후 한어를 시키자'라고 생각하는 경향이 강하다는 것을 말해주고 있다.

연변 사람들의 조선어에는 구수한 맛이 있다. 시장이나 상점에서 물건을 사고 나갈 때 주인들은 한결같이 "또 오시오, 예?"라고 말해준다. 나는 그 '예?'를 듣는 것을 아주 좋아한다. 그 '예?'에는 코와 목에서 나오는 음성의 미묘한 조화가 있고 또 연변 사람들의 따뜻한 정이 담겨져 있어서 그 매력에 끌리는 것 같다.

현재 한국에는 연변에서 온 많은 조선족들이 생활하고 있다. 내가 듣기에는 일부 한국인들은 그들이 말하는 조선어를 '이상하다'고 비아냥거리는 경우가 있다고 한다. 그래서 어떤 조선족들은 일부러 한국어식 억양이나 표현을 쓰려고 노력한다는 것이다. 그 일부 한국인들은 정말로 불쌍한 사람들이라고 말할 수밖에 없다. 연변 사람들의 조선어가 지닌 따뜻하고 구수한 맛을 느낄 수 없는 그들의 감수성의 빈곤함이 너무나 불쌍하다고 나는 생각한다. 그리고 한국어밖에 할 줄 모르는 그들이 조선어와 한어란 두 가지 언어를 구사할 수 있는 조선족을 비웃는 것이 얼마나 우스운 것인지조차 모르는 그 무지함도 너무 딱하다.

조선어와 한어란 두 가지 언어 사이에서 살아가는 조선족들의 고민이나 갈등에 대해 나는 깊이 이해한다고 말할 수 없다. 그리고 중국 내 소수민족으로서의 조선족에 대해 아직도 모르는 것이 너무나 많다. 하지만 나는 앞으로도 연변대학에 가면 조선족 학생들에게 예전과 똑같은 말을 할 것이다. 당신들의 언어능력은 큰 재산이 된다고. 그리고 나도 그들에 뒤지지 않도록 한국어와 한어, 그리고 내 모어(母語)인 일본어 실력을 열심히 닦아야 한다고.

네네, 야야, 응응

"니들 아직 '야야' 하니? 우리는 아까 '응응' 하자고 했잖아?"

학생들 모임에서 이렇게 말하는 것을 듣고 나는 무슨 말인지 통 알 수 없었다. '야야하다'가 무슨 뜻인가? '응응'은 대답인 것 같은데…… 도대체 무슨 말인가? 암호 같네…….

학생들의 설명을 듣고 나는 '아, 이것이 연변 학생들의 문화구나!'라고 무릎을 쳤다.

'응응하다'는 반말로 이야기하는 것을 의미하고 '야야하다'는 반말과 존대어의 중간표현으로 대화하는 것을 뜻한다. '야'란 말은 네와 응의 중간표현이란 것이었다. 연변 학생들은 같은 반에 있는 학생끼리 이야기할 때 별로 친하지 않은 학생에게는 그 중간표현을 쓸 경우가 많다. 예를 들어 "다음 시간에 카세타니 선생 온다고 했소?"란 질문에 "야"로 대답한다는 것이다.

그래서 모두(冒頭)에 나온 학생의 말은 '했소?', '그렇게 하오' 등 중간표현을 쓰지 말고 말을 놓자고 제의한 것이다.

그리고 더 재미있는 것은 학생들은 선후배 간에서도 그 중간 표현을 많이 쓴다는 것이다. 또 한국 학생들이 자주 쓰는 형,

오빠, 누나, 언니란 표현들을 거의 쓰지 않고 이름을 그냥 부르는 것이 일반적이란 사실도 아주 신기했다.

"길동아!"
"어, 놀부야, 수업이 끝났소?"
"야, 지금 우체국으로 가야 돼. 근데 어제 졸업 사진을 찍었소?"
"야, 놀부도 내년엔 찍어야지."

이것이 졸업을 눈앞에 둔 4학년생 길동이와 3학년생 놀부의 회화란 것을 알면 한국 학생들은 놀랄 것이다. 한국 학생들이라면 틀림없이 이렇게 말할 것이다.

"길동이형!"
"어, 놀부야, 수업이 끝났어?"
"네, 지금 우체국으로 가야 돼요. 근데 언제 졸업 사진을 찍었어요?"
"응, 너도 내년엔 찍어야지"

만약 한국에서 후배 학생이 선배를 길동아!라고 불렀더라면 그 후배는 며칠 입원해야 할 신세가 될 것이 확실하다. 하지만 연변에서는 길동아!라고 부르는 것이 전혀 이상하지 않다. 물론 교원에게는 연변 학생들도 '네'라고 반드시 존대어를 쓴다. 그리고 선배가 후배에게 반말을 쓸 경우도 있지만 한국처럼 무조건 선배가 후배에게 반말을 쓰지는 않는다.

그 차이는 바로 인간관계의 차이라고 말할 수 있다. 즉, 한국은 선후배간의 위계질서가 아주 엄격하지만 연변에서는 보다 평등한 관계가 성립되어 있다는 것이다. 한국 학생들은 네네와 응응 두 가지 관계밖에 맺지 않지만 연변 학생들은 '네네'와 '응응', 그리고 '야야' 세 가지의 인간관계의 척도를 가지고 있다.

나는 연변대학에서 학번에 1, 2년 차이가 있는 선후배 학생들이 함께 노는 장면을 많이 봤는데 한국 학생들처럼 선배가 후배에게 함부로 일을 시키거나 막 욕하는 모습을 발견할 수 없었다.

선후배간에서도 야야하는 연변 학생들 습관은 처음에는 신기했지만 연변에서 생활하면서 그 모습에 익숙해졌다. 그리고 2년 후 한국으로 돌아온 내 눈에는 학번을 따지고 나이를 따지면서 신경을 곤두세우는 한국 학생들의 모습이 신기했다.

내가 연변에서 친하게 지내던 한 조선족 선생이 현재 한국에서 유학생활을 보내고 있다. 대학원에서 박사과정을 밟고 있는 그는 지도교수가 여러 배려를 해주시는 분이어서 순조롭게 학교생활을 보내고 있는 것 같았다. 지난번에 오래간만에 만난 그는 여전히 잘 지내고 있는 모양이었다.

술을 마시면서 이것저것 이야기를 하다가 그는 다음과 같은 이야기를 했다. 어떤 교수가 학생들에게 번역이나 조사를 시키고 그 업적을 마치 자기가 다 한 것처럼 발표하거나 책을 낸다는 것이었다.

사실 일본에서도 그런 사례가 가끔 있다. 제자가 진행하는 연구가 학계에서 주목을 받을 것 같으면 자기를 공동연구자로 발표해달라고 요구하는 교수의 이야기를 나는 일본 학자들로부터 몇 번 들은 적이 있다.

내가 그런 이야기를 하자 그 조선족 선생은 "연변대학에는 그런 선생님은 없었죠?"라고 웃으면서 잔을 기울였다. 물론 2년이란 짧은 기간 동안에 보고 들은 것만으로 속단할 수 없지만 적어도 내가 보기에는 제자들의 업적을 가로채려고 하는 교수는 없었다.

한국이나 일본에서 그런 착취가 이루어지는 것은 사제관계가 너무 수직적이어서 교수가 과다한 권력을 행사할 수 있기 때문이라고 생각한다. 즉 대학 내에 일종의 견고한 도제제도가 확립되어버렸기 때문에 제자들이 일방적으로 착취를 당할 위험성이 있다는 것이다. 물론 제자를 착취하는 악질교수는 한국에서도 일본에서도 일부이지만 대학 내 도제제도가 계속되는 한 착취 희생자는 그치지 않을 것이다.

학생들을 지도하고 후배들을 도와야 하는 입장에 있는 우리들은 야야 관계에서 배울 점이 있지 않을까? 학생이나 후배에게 함부로 일을 시키거나 자기 연구를 위해 그들을 이용하는 것은 남의 귀중한 시간을 빼앗고 노동력을 착취하는 범죄행위이다. 내가 존경하는 마광수(馬光洙) 교수가 몇 년 전에 쓰신 글이 기억이 난다. 마 교수는 그 글에서 학생을 아랫사람으로 여기고 함부로 대하는 대학교수들의 오만함을 통렬하게 비판했다. 나는 마 교수의 주장을 전폭적으로 지지한다. 윗사람에게는 네네 하고 아랫사람에게는 응응하는 관계에만 얽매이고 있으면 인간으로서 소중한 것을 간과해버릴 수도 있다고 생각한다.

인민공원으로 갑시다

나는 연변에서의 생활을 시작하자마자 연길시 지도를 구입했다. 내가 생활하는 도시가 어떤 모양인가를 먼저 대강 알아보겠다는 마음에서였다.

나는 지도 보는 것을 좋아한다. 그것은 아주 재미있는 일이다. 일본 지도를 보는 것도 재미있고 외국 지도를 보는 것도 재미있다. 옛날에 내가 살았던 지방이나 여행을 간 적이 있는 지방의 지도를 보면 그때 추억이 떠오르고 아직 가보지 못한 나라나 지방의 지도를 보면 거기에 대한 흥미가 증폭된다.

지금 내 방에는 세계지도가 붙어 있는데 남극이 위에 있고 북극이 밑에 있다. 즉 나는 남쪽을 위로 놓고 지도를 붙인 것이다. 그것은 몇 년 전에 책에서 읽어서 재미있다고 느낀 방법을 흉내낸 것인데 사물을 여러 각도로 보는 데 어느 정도 도움을 주는 것 같다.

연길시는 동서남북으로 길이 비교적 규칙적으로 정비되어 있기 때문에 지도를 본 나는 금방 시내 구조를 이해할 수 있었다. 나는 먼저 내가 지금 있는 연변대학을 찾았다. 연변대학은 시내

서쪽에 위치한다. 그리고 연변대학 오른쪽에 씌어 있는 인민공원(人民公園)이란 빨간 글자가 눈에 띄었다.
"아, 역시 여기는 중국이구나."
그 인민(人民)이란 말에 약간 감회를 느낀 나는 다음날 인민공원(人民公園)으로 가봤다. 연변대학에서 동쪽으로 걸어서 약 10분 거리에 있었다. 입장료를 내고 공원 안으로 들어가면 거기에는 연못이나 동물원 그리고 각종 놀이 기구 등 아주 다양한 위락시설들이 설치되어 있었다.
나는 "시내 한가운데에 이러한 공간이 있다니, 아주 좋구나" 하고 중얼거리면서 공원 안을 산책했다. 동물원을 지나서 계단을 오른 다음 놀이터를 지나니 내 눈앞에 널따란 소나무숲이 펼쳐졌다. 소나무 밑에는 사람들이 모여서 음식을 먹거나 술을 마시거나 하며 재미있게 놀고 있었다. 나는 그 소나무숲이 한눈에 마음에 들었다. 그래, 언젠가 기회가 있으면 나도 여기서 멋지게 놀자.
그때부터 몇 개월 후 드디어 그 소나무숲에서 놀 수 있는 기회가 왔다. 그날 아침 나는 학생들에게 음식솜씨를 자랑하려고 내가 잘하는 돼지고기와 야채 고추장볶음을 만들어 숙소를 나왔다. 이미 학생들은 숙소 바로 옆에 있는 연변대학 정문 앞에서 나를 기다리고 있었다.
공원에 도착한 우리들은 곧바로 소나무숲으로 향했다. 휴일이어서 그런지 곳곳에서 노는 사람들의 모습이 눈에 띄었다. 우리도 적당한 곳에 자리를 잡아서 맥주를 마시기 시작했다.
연길시에는 빙천 맥주란 맥주회사가 있다. 그 공장은 바로 연변대학 학생 기숙사 옆에 있다. 그래서인지도 모르지만 연변대학 학생들은 맥주를 좋아한다. 연대생(延大生)들이 맥주를 좋아하는 것은 중국에서도 한국에서도 마찬가진 것 같다. 연변대학 학생들은 약간은 자조적으로 "우리는 맥주대학생입니다"라고 가끔 말한다. 그러나 내가 보기에는 과음하는 학생은 그리 많지 않고 대부분의 학생들은 검소하게 생활하고 있는 것 같다. 과음이라고 하면 나야말로 과음선생이지…….

학생들과 인민공원에 간 그 날도 나는 상당량의 맥주 그리고 흰술(白酒:중국식 소주)을 마셨다. 나는 기본적으로 낮술을 하지 않는다. 하지만 그 날 마신 낮술은 정말로 맛있고 기분이 좋은 술이었다. 그것은 내가 가고 싶었던 소나무숲에서 학생들과 재미있게 놀면서 연길시의 인민이 된 것 같은 느낌이 들었기 때문이다.

6월 1일은 중국의 어린이날이다. 아동절(兒童節)이라고 하는 이 날에는 인민공원 주변 교통은 마비상태가 되고 시내 곳곳에서 모여든 사람들로 공원 안은 온통 북새통이 된다. 한복을 곱게 차려입은 어린이들의 모습을 볼 수 있는 그 날을 나는 좋아했다.

일본이 패전한 날인 8월 15일은 노인절(老人節)이다. 그 날에는 할머니 할아버지들이 모여서 소나무숲에서 어깨춤을 추는 모습을 볼 수 있다. 사실은 옛 만주국 시대에는 이 공원 안에 일본식 신사(神社)가 있었다. 연길신사(延吉神社)라고 불렸던 그 신사는 해방되면서 철거되었지만 그때 만들어진 계단은 아직 공원 내에 남아 있다. 그런 역사적 사실을 생각하면 노인절에 소나무숲에서 어깨춤을 추는 노인들의 모습을 보는 나의 고개는 자연히 숙여지고 엄숙한 기분이 든다.

그리고 9월 3일, 연변조선족자치주 설립 기념일에도 인민공원에는 많은 인파가 모인다. 그 날에는 어린이부터 노인까지 남녀노소 모두가 이 곳에서 즐겁게 지낸다. 재미있는 것은 조선족자치주 설립 기념일인 그 날에는 한족 어린이들도 곱게 차려입는다는 것이다. 그것은 조선족과 한족이 공존하는 연변의 모습을 반영하는 것 같다. 2000년 9월에 다시 서울로 돌아온 나는 다음해인 2001년 5월에 연길시를 다시 방문했다. 약 일주일간의 체류기간 중 많은 사람들과 재회할 수 있어서 정말로 뜻깊은 여행이었다. 특히 반가웠던 것은 학생들과 인민공원에서 놀 수 있었던 것이다. 다시는 그 소나무숲에서 학생들과 맥주를 마시면서 놀 수 있는 기회가 오리라고 기대조차 하지 않았던 나에게 그것은 뜻밖의 반가운 선물이었다.

뭐니뭐니해도 일 년만에 만난 학생들의 한층 성장한 모습이 대견스러워서 나는 그 날도 좀 과음해버렸다. 그 날 나를 초대한 학생들을 나는 한 학기밖에 가르치지 않았다. 그리고 그 강의 내용도 그들의 선배들이 받았던 수업에 비하면 솔직히 준비가 안 되어서 약간 부실했기 때문에 나는 그들에게 미안하게 생각하고 있었다. 그래서 나는 그 학생들의 마음씨가 너무나 고마웠다.

이미 연변대학을 완전히 떠난 내가 학생들과 인민공원 소나무숲에서 놀 수 있는 날은 아마 다시 오지 않을지도 모른다. 하지만 나는 앞으로도 연변을 계속 방문하고 싶다. 거기서 다시 내가 가르친 제자들과 만날 기회가 있을 것으로 기대한다. 지금 연길시 지도를 보면서 나는 그때를 상상해 본다. 그들을 만나면 나는 꼭 이렇게 제의할 것이다.
"자, 옛 연길인민(延吉人民)과 함께 갑시다. 인민공원으로!"

다시 만난 윤동주

죽는 날까지 하늘을 우러러 한 점 부끄럼이 없기를

이것은 너무나 유명한 윤동주의 〈서시(序詩)〉의 서두다.
다 알려진 바와 같이 윤동주는 1917년 당시 간도(間島)라고 불렸던 연변에서 태어났다. 그는 연길(延吉)에서 약 20킬로미터 떨어진 용정(龍井)에서 중학교를 다녔다. 그 후 윤동주는 서울 연희전문학교(현재의 연세대학교)에 다니다가 일본으로 유학을 갔다. 그는 일본 도시샤(同志社)대학에 재학중인 1943년 '불온 독서회'에 참여했다는 혐의로 일본 경찰에 체포되었다. 윤동주는 일본 남부지방인 후쿠오카(福岡) 형무소에 수감되어 결국 1945년 2월에 옥사했다.
현재 연세대학교 교정에는 윤동주의 시비(詩碑)가 있다. 그리고 일본 도시샤대학에도 비슷한 시비가 하나 있다.
나는 일본 도시샤대학에 있는 시비는 아직 못 봤지만 연세대학교 시비는 몇 번 본 적이 있다. 그 시비에 관해서 지금도 잊지 못할 추억이 하나 있다. 고려대학교 민족문화연구소에서 한국어를 배우는 재일동포와 일본인 학생들을 안내해서 연세대에 갔을 때였다. 가을비가 내리는 가운데 시비 앞에 선 젊은 학생들은 합장(合掌)하며 눈을 감았다. 나도 그들을 따라 손을 모은 채 중얼거렸다.

"죽는 날까지 하늘을 우러러……."

그 윤동주의 〈서시〉가 일본어로 번역되어 교과서에 게재되었다는 사실을 나는 연변에 갈 때까지 모르고 있었다. 나는 어느 날 연길 시내에 있는 일본어학원에서 일하는 젊은 일본인 강사와 이야기를 나누고 있었다. 화제가 용정에 관한 것으로 흐르고 나는 "거기에는 윤동주란 유명한 시인의 생가와 묘소가 있는데 한번 가보고 싶어요"라고 말했다.

20대 초반인 그 젊은 강사는 한국에 관해서 별로 관심이 있는 것처럼 보이지 않아서 나는 '이 선생은 아마 윤동주를 모르겠지'라고 생각했다. 일본 젊은이와 윤동주에 관해서는 웃지 못할 우스운 이야기가 하나 있다. 1992년경 연세대학교 어학당에서 한국어를 배우고 있었던 한 젊은 일본인 학생이 이렇게 말했다고 한다.

"윤동주? 나는 동동주는 아는데……."

모른다는 것은 죄가 될 수도 있다. 나는 그 이야기를 듣고 쓴웃음이 나왔다. 만약 그 학생이 한국인 앞에서 그런 소리를 하면 맞아죽을지도 모른다고 생각하면서…….

그런데 뜻밖에도 그 젊은 일본인 선생은 예상하지 못했던 대답을 해주었다. '동동주 망언사건'으로부터 7년이 지나서 상황은 크게 달라지고 있었다.

"아, 윤동주…… 저는 학교에서 그 시인의 시를 배웠어요. 교과서에 나오거든요."

그 말에 나는 크게 놀랐고 또 아주 기뻤다. 이 젊은 선생이 윤동주를 알다니……. 가만히 생각하면 나는 윤동주에 관해서 대학교를 졸업한 후 한국에 관한 책을 몇 권 읽고서야 알게 되었다. 즉 학생시절에는 윤동주의 '윤'자도 몰랐다는 것이다. 그런 의미에서는 나도 그 동동주 망언 학생과 크게 다르지 않는다. 하지만 이제 많은 일본인 학생들이 학교에서 〈서시〉를 읽고 윤동주란 시인에 관해서 조금이라도 알 수 있는 기회가 마련되어 있다는 것이다. 우리나 그 망언을 한 그 학생이 중학교, 고등학교에서 배웠을 때와 비교하면 한일관계는 확실히 성숙되어가고 있다는 것이 그 교과서 사건은 말해주고 있지 않을까 싶다.

나는 한일관계에 관한 신문기사나 뉴스보도에 각별히 관심을 기울이고 있는데 내 눈에 비치는 일본 교과서에 관한 한국 매스컴 보도는 역사왜곡에 관한 것만 대대적으로 나오는 것 같다. 〈서시〉를 배우는 일본 학생들 모습도 좀 보도해줬으면 좋겠는데…….

용정은 항일운동으로서도 유명한 곳이다. 1919년 3월, 한반도에서의 3·1독립운동에 이어 간도에서도 대대적인 항일운동이 전개되었다. 3·1운동 소식이 전해지자 연길과 용정 학생들은 강연회나 유인물 등을 통해서 항일운동에 앞장섰다. 그리고 3월 13일 여러 반일단체들이 연합하여 용정에서 대규모 항일대회가 열렸다. 그 대회를 시작으로 4월말까지 각지에서 항일시위가 벌어지고 많은 사람들이 거기에 참여했다.

용정에서는 지금도 3월 13일의 봉기를 3·13투쟁이라고 부르고 해마다 기념행사를 실시한다. 나는 1999년 3월 그 3·13투쟁 관련 행사에 참석차 용정으로 갈 기회가 있었다. 나를 인도해 주신 분은 연변사회과학원 역사연구소의 강룡권(姜龍權) 선생님이었다.

조선족 역사연구가인 강 선생님은 내가 윤동주에 관심이 있다고 말하자 그의 모교를 안내해준다고 말씀하셨다. 윤동주가 배웠던 은진(恩眞)중학교는 현재 다른 5개 중학교와 통합되어 용정중학교로 변했다. 용정중학교가 있는 곳은 옛 은진중학교가 있었던 자리가 아니지만 그래도 용정중학교는 윤동주 모교와 다름없다.

강 선생님을 따라 나는 용정 시내로 들어갔다. 용정은 아담하고 차분한 분위기의 도시였다. 용정중학교는 시내 중심부로부터 약간 북서쪽에 있었다. 교문을 지나 오른쪽에 윤동주를 기념하는 석비(石碑)가 당당하게 서 있었다.

나는 여기 연변에서 다시 그를 만날 수 있었다.

잘 생각하면 나는 윤동주의 발자취를 거꾸로 돌아다니고 있는 것 같다. 연변에서 태어나서 서울로 간 윤동주는 일본으로 건너가서 도쿄(東京), 교토(京都)로 옮겨서 후쿠오카(福岡)에서 그 생(生)을 마감했다. 내가 태어난 오사카(大阪)와 자란 나라(奈良)는 바로 그가 유학생활을 보낸 교토 옆에 있다. 그후 서울로 유학을 온 내가 한국어를 배웠던 연세대학교는 다름 아닌 윤동주의 모교였다. 그리고 나는 서울에서 연변으로 일터를 옮겨서 이제 그가 다녔던 중학교까지 왔다는 것이다.

용정에는 윤동주의 생가와 묘소가 있다. 그의 묘소를 발견한 사람은 한국 학계에서도 잘 알려져 있는 일본인 석학 오무라 마스오(大村益夫) 교수이다. 오무라 교수는 1985년부터 1년 동안 연변대학에서 일본어를 가르치면서 조선족문학을 연구하는 일에 몰두했다. 그는 많은 조선족 작가의 작품들을 일본어로 번역해서 출판했다. 그것은 참으로 값진 업적이라고 생각한다(새삼스럽게 내가 그런 말을 하는 것도 아주 건방진 일이지만). 그리고 오무라 교수가 연변에서 남긴 업적 가운데 주목할 만한 것이 윤동주의 묘소를 발견했다는 것이다. 연변에서 장기 체류한 최초의 일본인 학자로서 아주 큰 업적을 남긴 오무라 교수를 나는 진심으로 존경한다. 그가 발견한 윤동주 묘소를 나는 언젠가 방문하고 싶다.

연변에서 생활하는 동안 나는 결국 윤동주 생가에도 묘소에도 한 번도 가보지 않았다. 마음만 먹으면 갈 수 있었지만 나는 일부러 가지 않았다.

왜냐하면 지금 나에게는 그의 모교에서 석비를 보는 것만으로 충분하다고 생각했기 때문이다. 그의 생가와 묘소를 보는 것은 좀더 뒤로 미루는 것이 좋지 않을까란 생각이 들어서 나는 거기에 가지 않았다. 만나고 싶은 사람을 만날 때 당장 만나는 것도 좋지만 일부러 뒤로 미뤄서 만나는 것이 기쁨이 한층 더하지 않을까? 그리고 내가 좀더 성숙된 모습으로 그를 다시 만나는 것이 더 좋지 않을까?

죽는 날까지 하늘을 우러러 한 점 부끄럼이 없기를

현재의 나보다 몇 년 더 지난 내 모습이 부끄럼이 적고 좀더 당당하지 않을까란 생각도 들기 때문에 나는 당분간 윤동주 생가와 묘소에 갈 생각이 없다. 속물근성이 강한 나는 '한 점 부끄럼이 없기를' 까지 바라지는 않겠지만······.

나를 변화시킨 사람들

　1998년 9월초 나는 일본어 초빙강사로 연변대학 일본어학과에 부임했다. 나와 친한 재일동포 교수님의 소개로 1년 계약으로 근무할 예정이었다. 거기에 가서 실제로 일을 시작하기 전까지 솔직히 나는 연변에서 일본어를 가르치는 것을 아주 쉽게 생각하고 있었다.

　나는 1992년 3월부터 1998년 7월까지 약 6년간 모 변호사 사무실에서 일본어를 가르쳐왔다. 그리고 고려대학교 서창캠퍼스에서 일본어 초빙 강사로, 또 사회학 일본어 문헌강독을 담당하는 시간 강사로서도 일을 한 경력을 가지고 있었다. 그 외에도 한 기업체의 일본어 단기학습과정의 강사로서, 그리고 모 호텔 사장이나 대학교수의 일본어 개인교사로서 일을 한 적도 있었다. 나는 일본어교육을 전공한 사람이 아니지만 그래도 나름대로 쌓은 경험과 실력에 어느 정도 자신감을 가지고 있었다. 그리고 한국어를 구사할 수 있다는 것도 내 자신감을 증폭시켰다. '동료 일본인 선생이 두 명 있다고 하는데 아마 내가 가장 잘할 걸'이란 거만한 생각까지 가지고 있었다. 지금 생각하면 얼굴이 빨개지지만······.

　강의를 시작했을 당시 나는 내가 한국에서 가져온 교재와 학과 사무실에 있는 책에서 적당하게 뽑아 복사해서 교재로 쓰면 될 것이라고 생각하고 있었다. 하지만 실제로 수업을 진행하면서 그것으로는 전혀 안 된다는 것을 알게 되었다.

　나는 한국에서 짧지 않은 기간 일본어를 가르쳐왔다. 그때 내 교수방법은 시판의 교재를 사용하면서도 그것에 얽매이지 않고 학생들에게 수시로 질문을 하거나 즉석연습을 시키면서 진행하는 방식이었다. 말하자면 나와 학생들이 늘 회화하는 것 같은 상황 속에서 수업을 진행한다는 것이다. 그런 방법은 개인지도나 소수의 학생을 대상으로 할 때는 효과적이다. 하지만 30명 정도를 대상으로 가르칠 때는 그 방법은 좀 문제가 있었다.

　개인이나 소수학생들을 가르칠 때는 학생들은 늘 나와 자연스럽게 대화할 수 있지만 학생이 30명이나 되면 수업시간에 발언 기회가 주어지지 않는 학생도 당연히 발생한다. 그럴 경우 학생들은 지루함을 느끼게 마련이다.

　곰곰이 생각해 보니 나는 한국에서 15명을 넘는 학생들에게 일본어를 가르친 적은 한 번도 없었다. 나는 내가 너무나 안일한 생각을 가지고 연변에 왔다는 것을 새삼스럽게 실감한 것이다.

　많은 학생들에게 지루한 느낌을 주지 않고 그들에게 필요한 지식을 전달하고 일본어에 대한 이해를 깊게 해주려면 어떻게 하면 좋을까? 자연스럽게 회화하면서 진행하는 방법을 쓸 수 없는 상황에서 내가 선택한 것은 연습문제를 배부하고 그것을 풀면서 수업을 진행하는 방식이었다. 시판 교재에 나오는 연습문제는 딱딱한 문장들이 많아서 그대로 복사해서 학생들에게 시켜도 지루함을 느낄 것 같았다. 그래서 나는 그 시판 교재들을 참고해서 스스로 연습문제를 작성하는 것이 상책이라고 생각했다.

물론 강독과 같은 과목의 경우 시판교재를 그대로 써도 큰 문제가 없었다. 하지만 어법・어휘에 관한 과목의 경우 연습문제가 주교재가 되었다. 그리고 작문지도에 있어서도 실수하기 쉬운 표현들에 대해서 연습문제를 풀지 않으면 학생들은 감을 잡기가 어려울 것 같아서 연습문제 작성은 어느새 빼놓을 수 없는 작업이 되었다.

학생들은 일방적으로 강의를 듣는 것보다 연습문제를 풀면서 설명을 듣고 때로는 일본에 관한 이야기도 들으면서 받는 내 수업이 싫지 않은 모양이었다. 나도 그런 학생들을 보면서 보람을 느꼈다.

연습문제를 작성하는 것은 쉬운 일이 아니었다. 학생들에게 꼭 필요한 사항을 포함하면서도 어느 정도 오락성도 가미한 재미있는 교재를 만들려고 나는 나름대로 애를 썼다. 하지만 연변대학 일본어학과 학생들은 내가 궁리해서 연습문제를 만든 보람을 느끼게 해주는 학생들이었다.

중학교부터 일본어를 학습해온 그들에게 강의할 때 교원들은 일본어만을 사용한다. 적잖은 개인차는 있지만 전반적으로 학생들의 실력은 높았다. 내가 보기에는 조선족 학생들은 일본어 학습에 있어서 아주 훌륭한 소질을 지니고 있다. 그 이유는 그들 대부분이 조선어를 모어로 하고 한어(漢語)를 제2언어로 자연스럽게 구사한다는 점에 있다. 그들의 모어인 조선어는 일본어와 어순이 똑같고 수사법이나 어법에 있어서도 많은 공통점을 가지고 있다. 그리고 한어는 말할 것도 없이 한자로 되어 있기 때문에 조선어와 한어란 두 가지 언어에 능숙한 조선족은 아주 높은 일본어 잠재적 능력을 가지고 있는 것이다.

당초 1년을 예정했던 연변대학에서의 근무를 나는 결국 1년 연장했다. 연변에 와서 얼마 되지 않았을 때 쓴 일기와 1년이 지난 시점의 일기를 지금 비교하면 내 심정에 상당한 변화가 일어났다는 것을 알 수 있다. 1998년 9월 일기를 보면 '작문지도는 담당하고 싶지 않다. 30명이나 되는 학생들이 쓴 문장을 일일이 첨삭한다는 것이 얼마나 힘든 일일까'란 말이 나온다. 그러나 1999년 9월 일기에는 '작문지도를 담당할 수 있어서 다행이다. 학생들이 쓴 작문을 읽으면 그들을 이해하는 데도 도움이 된다'라고 1년 전과 전혀 다른 말이 씌어져 있다.

내 마음을 변화시킨 것은 분명히 학생들이었다. 연변 학생들을 지도하는 사이에 뛰어난 소질을 가진 그들의 성장을 좀더 도와주고 그 성장과정을 지켜보고 싶다는 생각이 나의 연변생활을 더 연장시키고 당초 생각하지도 않았던 연습문제 작성이나 작문지도에 열중하게 만든 것이다.

학생들 외에도 내 생각을 변화시킨 사람이 한 명 더 있었다. 나보다 2년 전부터 연변대학 일본어학과에서 초빙강사로서 일하고 있었던 타카야나기 마리(高柳眞理) 선생이 그 사람이다.

타카야나기 선생과 나는 한 학기밖에 같이 근무하지 않았지만 나는 그분한테서 교원으로서 많은 것을 배웠다. 타카야나기 선생은 미국에서 일본어를 가르친 후 중국 연변에 와서 근무하고 있었다. 그는 담당수업 외에도 여러 가지로 학생들을 위한 일을 하고 있었다. 그는 점심시간이나 저녁시간 등 수업이 없는 시간을 이용해서 빈 교실에서 일본 연속극 비디오를 학생들에게 보여주고 있었다. 그리고 '櫻新聞(사쿠라 심붕)'이란 일본어 학과 학생신문의 고문으로서 원고 교정이나 타자 등 번거로운 일을 맡고 있었다.

오로지 학생들을 위해 그는 매일 열심히 일을 해왔다. 1학년생의 회화지도를 담당했을 때 타카야나기 선생은 30명 넘는 학생들이 같이 회화를 공부해도 효과가 없다고 생각해서 반을 두 개로 나누어서 똑같은 내용의 회화지도를 두 번 하기로 결심했다. 그리고 각 학생마다 지도 카드를 작성해서 자주 실수하는 점이나 좋아진 점 등을 일일이 기입함으로써 섬세한 지도를 실시했다.

그런 모습을 보면서 나는 '아마 내가 가장 잘할걸'이란 오만한 생각을 가지고 연변에 왔다는 것을 아주 창피하게 생각했다. 학생들을 위해 헌신적으로 노력하는 타카야나기 선생을 보고 나는 깊이 반성했다. 그래, 나는 아직 많이 멀었구나…….

나는 타카야나기 선생이 하는 만큼 헌신적으로 일을 할 수도 없고 그런 마음도 없었다. 그러나 적어도 그 선생을 보기가 부끄럽지 않을 정도로는 열심히 해야 한다는 생각이 들었다.

이처럼 좋은 소질을 가지고 있는 연변 학생들과 성실한 선배 일본인 강사 덕분에 나는 안일한 생각을 버리고 좀더 열심히 일을 하게 되었다는 것이다. 그 과정을 통해서 나는 교원으로서 확실히 성장할 수 있었다고 생각한다. 학생들의 성장과정을 지켜보면서 내 자신도 많이 성장할 수 있었다는 것은 너무나 행복한 일이다. 그 계기를 제공해 준 연변 학생들과 타카야나기 선생에게 깊은 감사의 마음을 전하고 싶다.

사과배 향기

 연변의 풍경으로 내가 먼저 떠올리는 것은 언덕이다. 그리고 그 언덕 위에 펼쳐지는 사과배밭 모습이 지금도 눈에 선하다.

 사과배란 것은 배와 사과를 교배한 연변 특산 과일이다. 기본적으로는 배맛이 나지만 약간 사과맛과 향기도 느낄 수 있는 아주 맛있는 과일이다. 그리고 봄에는 참으로 고운 하얀 꽃을 볼 수 있어서 사과배는 연변에 없어서는 안 될 중요한 풍물들 중 하나라고 말할 수 있다.
 연변대학에서 첫 학기를 마치고 맞이한 신정 휴가 때 동료인 전영남(全永男) 선생이 나를 자기 고향인 안도현(安圖縣)까지 안내해 주었다. 우리 숙소가 있는 연길시에서 버스로 약 1시간 반 정도 떨어진 안도로 가는 길에서 나는 차창 넘어 펼쳐지는 널찍한 언덕 풍경에 눈을 빼앗겼다. 나는 '아, 이것이 연변의 풍경이구나'라고 왠지 흐뭇한 기분이 들었다.
 언덕의 매력은 너그러움에 있다. 완만한 경사는 보는 사람에게 안정감과 여유를 느끼게 한다. 그 너그러움은 연변 사람의 성격과 공통되는 부분이 적잖은 것 같다.

  인간은 환경의 영향을 많이 받는다. 소위 말하는 섬나라 근성이란 일본인에 대한 비판은 좁은 공간에서 살아가는 일본인들이 대국적 사고를 하지 못하고 편협한 시야로 사물을 보는 경향이 있다고 비꼬는 말이다.

  나는 그 말에 의문을 느끼는 부분도 있다. 섬이란 환경을 닫힌 공간이라고 받아들이지 않고 오히려 그 만큼 해외로 나가기 쉬운 환경이라고 해석한다면 섬나라 근성이라고 일괄해서 말하기는 어렵다고 생각하기 때문이다. 하지만 만약 그 섬에서 사는 사람들이 해외로 눈을 돌리지 않고 섬 내부에만 너무 신경을 쓴다만 이른바 섬나라 근성을 가지게 될 위험성은 크다. 그래서 나는 환경과 인간의 성격간에는 어느 정도 연관성이 있다고 믿는다.

  내가 연변에서 만난 분들 중에는 언덕처럼 너그러운 인간적 매력을 가진 분들이 많았다. 위에서 소개한 전영남 선생은 신정 때나 아버님 생신 때 등 3번이나 나를 자기 집으로 초대해 주고 잠자리까지 마련해 주었다. 낯선 외국인에게 전 선생 부모님이나 누님들은 아주 따뜻하게 대해 주셨다. 그리고 그 조카들(림이, 향화, 향숙이)과 노래도 부르고 춤도 추면서 즐겁게 놀았던 것도 잊지 못한다. 연변대학 일본어학과 교원 여행으로 안도에 갔을 때 우리는 전 선생 집에서 머물렀기 때문에 결국 나는 2년 동안에 4번이나 신세를 진 셈이다.

  지금도 연변에는 널찍한 언덕이 펼쳐진다. 그리고 봄에는 거기서 사과배가 향기로운 꽃을 피운다. 그러나 그 꽃은 조선족들의 피와 땀 위에 핀 것이란 사실을 나는 알고 있다.

연변대학 사회과학학원 림성호(林成虎) 원장님은 나에게 여러 이야기를 해주셨다. 림 원장님의 친척이 일본 경찰에 의해 고문을 당했다는 실화나 림 원장님이 일본어를 가르치는 것에 강하게 반대하는 친척들도 있었다는 이야기 등 나는 그분한테서 귀중한 이야기들을 들을 수 있었다. 또 해방 직후에는 일본인, 또는 일본인의 앞잡이란 오해를 받고 수많은 조선족들이 죽음을 당했다는 이야기를 들은 나는 널찍한 언덕 위에 핀 하얀 사과배꽃의 의미를 다시 한번 생각하지 않을 수 없었다.

배와 사과가 융합된 사과배는 한반도문화와 한족(漢族)문화가 융합된 조선족문화를 상징하는 것 같다. 그런 융합현상은 식생활이나 언어생활에서 자주 관찰할 수 있다.

내가 정월 보름날에 어느 조선족 선생님 집에 초대를 받아서 놀러갔을 때 식탁에는 귀밝이술과 오곡밥이 놓여져 있었다. 그리고 그 옆에는 돼지고기와 야채를 기름으로 볶은 요리 등 기름기가 많은 음식을 담은 접시도 나란히 있었다.

언어면에 있어서도 융합현상은 현저하다. 나는 어느 날 동료이자 내 사부이신 고영선(高英善) 선생님과 식품상점(食品商店)에서 술을 마시고 있었다. 식품상점이란 것은 식품점과 식당을 겸한 좀 특이한 상점인데, 고 선생님은 어느 식품상점의 음식이 맛있는지를 잘 알고 있었기 때문에 나는 그를 사부로 모시고 따랐다. 나는 고 선생님과 또 다른 술동무인 권영진(權寧振) 선생님과 함께 식품상점에서 자주 술을 마시고 연변 사람들의 생활문화를 배울 수 있었다. 그리고 그들은 한국에서는 쓰지 않는 연변조선족 특유의 표현 등에 대해서도 나에게 자주 가르쳐주셨다. 그래서 고영선 선생님과 권영진 선생님은 나의 소중한 술동무이자 사부였다.

그 날 우리 뒷자리에 앉은 손님들이 약간 큰 소리로 이야기하고 있었기 때문에 우리들 귀에 자연히 그들의 이야기가 들어왔다.

"내가 어제 추쯔(出租;chuzu) 타고 샹반(上班;shangban)했는데……"

나는 도대체 무슨 말인지 전혀 알아들을 수가 없었다.

"고 선생님, 무엇을 타고 뭘 했단 말입니까?"라고 묻자 고 선생님은 "택시를 타고 출근했다는 거예요. 한어(漢語)를 섞어서 말하니까 못 알아들었죠?"라며 웃었다.

연변조선족들이 공자(工資: 월급을 가리킴)나 공작(工作: 일을 가리킴) 등 한어식으로 한자어를 쓸 경우가 많을 뿐만 아니라 그 한자어들을 그냥 한어식으로 발음하고 조선어 회화에서 사용하는 경우도 많다. 위에서 소개한 말 외에도 정하다 대신 '定(ding)하다'란 표현을 조선족들은 자주 쓴다. 그리고 전화번호를 말할 때 2395를 이삼구오라고 읽을 때도 있지만 'er san jiu wu'라고 한어 발음으로 읽을 때가 더 많다.

그런 현상이 조선족들의 한족 사회로의 동화를 의미하는 것일까? 나는 그렇게 생각하지 않는다. 왜냐하면 내가 出租타고 上班했다는 표현을 보면 '내가'나 '타다', '하다' 등 문장의 골격이라고 말할 수 있는 부분은 전혀 흔들리지 않기 때문이다. 만약 그것이 동화라고 한다면 우리가 일상적으로 사용하는 '터프하다'든가 '샤프하다'는 표현들도 문제삼아야 할 것이다.

　내가 연변에서 본 한국인들 중에는 이러한 연변조선족들의 문화를 이해하지 못하고 한국에서의 생활습관이나 언어습관이 어디에서도 그대로 통한다고 착각하고 있는 경우가 적잖았다. 하지만 한국이 아닌 연변에서 오랫동안 생활하려면 한국어에 없는 연변 특유의 조선어 표현들을 당연히 배워야 하는 것이 아닐까?

　터프하다든가 샤프하다란 표현은 이제 당당한 한국어 표현이라고 말할 수 있다. 그것과 마찬가지로 'chuzu' 타고 'shang-ban' 하다든가 'ding' 하다란 표현도 연변조선족의 생활에서 자연 발생한 당당한 연변조선어 표현이라고 나는 생각한다.

　사과배 향기와 마찬가지로 그 표현들도 조선족들의 피와 땀 위에 빚어진 연변조선족문화라고 말할 수 있지 않을까?

타향의 봄

　젊은이들에 대해 이해하려고 하면 그들이 좋아하는 음악을 들어보는 것이 하나의 유효·적절한 방법이다. 나는 그런 생각을 가지고 연변대학에서 공부하는 조선족 학생들을 대상으로 2000년 5월부터 7월에 걸쳐 설문조사를 실시했다.
　'당신이 좋아하는 가수나 배우 등 연예인 이름을 써 주십시오.' 이런 질문에 어떤 회답이 올까 나는 아주 궁금했다.
　총 121장의 회답지를 회수하고 집계한 나는 아주 흥미로운 조사결과를 얻을 수 있었다. 조선족 학생들이 뽑은 연예인 인기 제1위는 홍콩 스타 류덕화(劉德華)씨였다. 획득 표수는 22표로 압도적 지지를 받고 있다. 2위는 14표를 얻은 안재욱씨, 3위는 류씨와 같은 홍콩 스타 장학우(張學友)씨가 13표로 뽑혔다. 4위 이하를 보면 HOT가 11표를 얻은 것을 비롯해서 핑클(8표), 유승준씨(7표), 이정현씨, 주현미씨, 김정환씨, 조성모씨, 젝스키스(이상 6표), 설운도씨, 최진실씨(이상 5표) 등 조선족 학생들 사이에 한국 연예인이 상당한 인기를 얻고 있는 것을 알 수 있다.

그리고 류덕화씨와 장학우씨에 이어 장우(張宇)씨(12표), 나영(那英)씨, 사정봉(謝霆鋒)씨(이상 10표), 정이건(鄭伊健)씨(6표), 임현제(任賢齊)씨, 왕비(王菲)씨, 장신철(張信哲)씨(이상 5표) 등 한족·홍콩·대만 연예인들의 인기도 만만치 않았다.

연변에서 한국 가요의 인기는 대단하다. 음반가게에 가면 한국 최신가요를 담은 테이프를 쉽게 구입할 수 있고 지방방송국인 연변TV에서도 한국 가수들이 노래 부르는 모습을 녹화한 비디오나 한국 배우가 나오는 연속극 등을 수시로 방영하고 있다. 덕분에 나는 한국에서 보지 못했던 인기 연속극〈그대 그리고 나〉를 연변에서 볼 수 있었다.

연변의 중심도시인 연길 시내를 돌아다니면 여러 곳에서 한국 가요가 흘러온다. 내가 연길에 있었을 때 김정환씨의〈사랑을 위하여〉, 이정현씨의〈와〉, 코요테의〈순정〉등이 인기가 있었다. 연변대학에서 학생들이 노래를 부르고 춤을 추고 촌극을 하는 공연을 몇 번 볼 기회가 있었는데 그때도〈사랑을 위하여〉,〈요즘 여자 요즘 남자〉,〈사랑으로〉등 많은 한국 노래가 등장했다.

외국인 교원들의 숙소 바로 옆에는 연변대학부속유치원이 있었다. 원아(園兒)들이 운동장에서 놀 때 가끔 한국 노래가 흘러나오는데, 한때 이정현씨의〈와〉가 자주 흘러나오는 시기가 있었다. 그 무렵 나는 유치원 옆을 지나가다가 원아들이〈와〉에 맞추어서 춤을 추는 모습을 봤다.

'오, 오, 오, 오, 오, 오, 오, 오 독한 여자라 하지 마……
사랑했으니 책임져.'

교육상 좀 문제가 있는 것 같은 가사도 아랑곳없이 무심하게 춤추는 아이들 모습은 아주 귀여웠다. 나도 끼여서 같이 춤을 추고 싶었지만 지나가는 학생들의 눈이 무서워서 참았다.

이와 같이 한국 가요를 즐기는 조선족 학생들은 제2언어로 한어(漢語)를 자연스럽게 구사할 수 있기 때문에 홍콩·대만 연예인이나 한족 연예인이 부르는 노래나 출연한 영화 등도 완전히 알아듣고 즐길 수 있다. 그렇게 한어 노래나 영화에 익숙한 학생들이 노래를 잘하고 연기도 잘하는 멋진 류덕화씨를 좋아하게 되는 것은 지극히 당연한 것 같다.

그러면 조선족 학생들은 한국 연예인, 홍콩·대만·한족 연예인이 부르는 노래를 따라 부르기만 하고 있다는 것인가? 전혀 그렇지 않다. 학생들은 한국·홍콩·대만·한족 가수들의 노래도 좋아하지만 연변 가수들 노래도 많이 즐겨 듣는다. 그것은 내가 실시한 조사결과를 보면 쉽게 알 수 있다.

학생들이 특히 좋아하는 가수는 김성삼씨과 구련옥씨이다. 위에 조사에서 김씨는 12표, 구씨는 11표란 많은 표를 얻어서 당당히 상위권에 들어갔다. 2위와 3위의 획득 표수가 14표와 13표인 것을 생각하면 그들의 인기는 정상급이라고 말할 수 있을 것이다.

나는 연변에 와서 한 달 정도 지난 어느 날 연길 시내 음반가게에서 '연변 최신곡 묶음'이란 제목의 테이프를 샀다. 테이프에는 그 제목과 함께 〈타향의 봄〉이라고도 씌어져 있었다.

그 〈타향의 봄〉을 부르는 가수가 바로 김성삼씨였다. 그 테이프에는 〈타향의 봄〉 외에도 김씨의 또 다른 노래도 들어가 있었고 구련옥씨가 부르는 노래도 3곡 수록되어 있었다.

그들 노래를 들은 나는 김씨와 구씨가 아주 훌륭한 가수란 사실을 알게 되었다. 그들의 곡은 반주가 비교적 간단했기 때문에 가수 실력을 판단하기가 쉬웠다. 〈화장을 고치고〉란 노래가 있지만 나는 가수 목소리보다 반주소리가 요란한 너무 '화장을 한' 노래를 좋아하지 않는다. 물론 좋은 반주는 노래의 매력을 더 증폭시키지만 배보다 배꼽이 크면 안 된다.

김성삼씨와 구련옥씨는 정감 넘치는 목소리의 소유자들이다. 그리고 듣는 사람에게 부담을 주지 않는 비교적 담백한 창법을 구사한다. 실력이 없는 가수가 담백하게 노래를 부르면 듣는 사람은 단조롭게 느낀다. 그리고 그런 노래는 몇 번 들어도 들은 후에 아무것도 남지 않는다. 또 실력이 없는 가수들은 필요이상으로 큰 목소리로 절규하거나 일부러 꾸민 목소리로 불러서 듣는 사람에게 부담을 주게 마련이다. 하지만 김씨와 구씨의 경우 담백하게 노래를 불러도 단조로운 느낌은 전혀 들지 않았고 노래가 끝난 후에도 여운을 느낄 수 있었다.

나는 특히 김성삼씨의 〈타향의 봄〉이 인상에 남았다. 그 노랫말은 다음과 같다.

> 봄이 왔다고 제비들도 고향에 갔으련만
> 고향으로 가고파도 갈 수 없는 이 사연을
> 그 누가 알아주랴 안타까운 이 내 심정을
> 구름 넘고 나는 새야 이 내 마음 전해다오

새봄이 오면 돌아온다고 안해와 약속했건만
　　그 약속을 지킬 수 없는 이 내 마음 괴로워라
　　그 누가 들어주랴 타향의 슬픈 노래를
　　산을 넘고 들을 지나 정든 님께 전해다오

　위의 '안해'란 표기는 연변 특유의 표기인데 말할 나위도 없이 아내를 의미한다. 연변조선족이 〈타향의 봄〉이란 노래를 부른다고 하면 '아, 조선족들은 중국이란 타향에서 고생하는구나'라고 큰 오해를 하실 분들도 적잖을 것이다. 하지만 그들에게 중국 연변은 타향이 아니라 고향이다.

　한반도에서 태어나서 자란 후 연변으로 온 조선족 1세들 중에는 한반도를 고향으로 생각하는 분들도 적잖다. 그래도 그분들에게도 연변은 이제 타향이 아닌 것 같다. 함경북도에서 태어나서 11살 때 연변으로 온 60대 후반의 한 조선족 1세는 이렇게 말했다.

　"고향이라는 말을 들으면 조선과 연길이 머릿속에 떠오릅니다."

　중국에서 태어나서 성장한 조선족 2, 3, 4세 등 세대가 내려갈수록 중국에 대한 애착이 강해지고 한반도를 보다 객관적인 눈으로 보는 경향이 현저하게 나타나게 된다.

　2000년 6월 역사적인 남북정상회담이 열렸을 때 연변조선족들도 그 추이를 큰 관심을 가지고 지켜보고 있었다. 연변대학과 대학주변 아파트에서는 위성방송을 통해서 한국이나 일본 TV 방송을 시청할 수 있기 때문에 나도 그 보도를 계속 보고 있었다. 그 중에는 연변조선족의 반응을 보도하는 프로도 있었다. 그 프로에서 조선족에게 이번 남북회담은 부부싸움을 하던 친정 부모가 화해한 것 같다는 나레이션이 나왔다.

위에서 소개한 "고향이라는 말을 들으면 조선과 연길이 머릿속에 떠오릅니다"라고 말씀하신 1세와 같은 노인분들은 그런 느낌을 받을지도 모른다. 그러면 젊은 세대는 어떻게 생각하고 있을까? 나는 다음날 한 학생에게 어제 한국 아나운서가 한 말을 어떻게 생각하느냐고 물어봤다. 그 학생은 "그런 생각은 좀 이상한 것 같습니다"라고 거부감을 표시했다.

많은 조선족 젊은이들은 자기가 조선족이란 확고한 정체성을 가지고 있다. 내가 만난 조선족 학생들은 거의가 조선족끼리 결혼하는 것이 바람직하다고 생각하고 있었고, 자기 언어를 지켜야 한다는 의무감을 가지고 있었다. 하지만 그들은 그런 강한 민족의식을 가지는 한편 '나는 중국인이다'란 국민의식도 확고하게 가지고 있었다.

조선족 학생들은 노래방에서 한국 가요를 부르고 연변TV에서 방송되는 〈그대 그리고 나〉를 즐겨 본다. 하지만 그들은 류덕화씨가 부르는 〈我是中國人(나는 중국인이다)〉란 노래도 애창하고 중국과 한국의 국제축구경기를 보면서 그들 거의 전부가 중국을 응원한다. 단일민족국가 환상에 빠져 있는 한국인에게는 그것을 이해하기가 어려울 것이지만 연변조선족들은 그 두 가지 정체성을 양립시키고 있다.

그래서 조선족에게는 중국 연변은 틀림없는 고향일 것이다. 그렇다면 〈타향의 봄〉의 타향은 어디를 가리키는 것인가? 내가 보기에는 그것은 한국이나 일본 등 외국을 의미하는 것 같다.

 중국 정부의 개혁·개방정책의 침투와 한국 등 외국과의 교류의 활성화에 따라 현재 많은 조선족들이 연변을 떠나 외국에서 일을 하고 있다. 내가 조사한 결과에 따르면 2000년 7월 현재 연변출신 대학생 82명 중 가족이나 친척이 외국에 체류중이라고 회답한 학생은 72%(59명)의 높은 비율을 차지하고 있다. 그 중 '한국에 체류하고 있다'라고 회답한 사람은 29명으로 가장 많았고, 일본에 체류중이라고 회답한 사람도 13명이나 있었다. 그 중에는 한국이나 일본에서 유학하는 가족·친척도 포함되어 있지만 이른바 '노무수출(勞務輸出)'로 중국을 떠난 사람들이 많다는 것이 확실하다.

 이러한 실상을 고려하면 〈타향의 봄〉의 가사 내용이 무엇을 의미하는지를 잘 알 수 있을 것이다. 즉 그 노래는 한국이나 일본 등 외국에서 일하는 조선족 남성이 고향인 연변을 그리워하고 아내를 그리워한다는 내용이라고 해석하는 것이 타당하다.

 지금 이 순간에도 많은 조선족들이 타향에서 땀을 흘리고 있다. 자녀들의 학비를 마련하기 위해, 가족들에게 보다 풍요로운 생활환경을 제공하기 위해 그들은 열심히 타향에서 일하고 있다. 나는 그들 모두가 무사히 일을 마치고 고향으로 돌아가서 가족들과 평화롭게 살기를 진심으로 빈다. 한국에서 많은 분들의 도움을 받고 편하게 타향살이를 하는 노총각인 나에게는 그들의 안타까운 심정을 안다고는 말할 수 없지만…….

연변 사람들의 고민

 연변대학에서 공부하는 학생들은 조선족과 한족(漢族)이 대부분이다. 그리고 내가 근무한 일본어학과 학생들은 조선족이 압도적으로 많다. 2년 동안에 내가 가르친 학생들은 한족 학생 4명, 만족(滿族) 학생 1명을 제외하고 다 조선족 학생들이었다.
 내가 보기에는 학생들은 민족이 달라도 잘 협조해서 사이 좋게 지내고 있는 것 같았다. 한족 학생이나 만족 학생은 조선어를 잘 모르기 때문에 그들과 이야기할 때 조선족 학생은 기본적으로 한어를 사용한다. 그래도 항상 조선족 학생들과 지내기 때문에 한족 학생, 만족 학생들도 간단한 조선어는 알아들을 수 있는 것 같았다. 어느 날 학생들과 함께 노래방에 간 적이 있었다. 그때 그 반에서 유일한 한족 학생이 한국 가요를 불렀다. 의외로 정확한 그의 발음에 놀란 나는 옆자리 학생에게 "○○는 조선말 할 줄 아네?"라고 물었더니 아주 간단한 말은 할 수 있고, 듣는 것도 어느 정도 가능하다는 것이었다.
 일본에는 鄕に入りては鄕に從え(고오니 이리테와 고오니 시타가에)란 속담이 있다. 그것은 입향순속(入鄕循俗)과 같은 내용이

다. 즉 어떤 나라나 지방에 가면 거기 사람들 습관을 따르는 것이 좋다는 뜻이다. 나는 시험에서 학생들에게 그 속담을 사용해서 문장을 쓰라는 문제를 낸 적이 있다. 그때 한 학생이 다음과 같은 답을 썼다.

「鄕に入りては鄕に從え」란 속담대로 한족인 그녀도 우리 기숙사에서 함께 생활하는 사이에 김치를 좋아하게 되었다.

그 학생의 말대로 연변에서 생활하는 한족들은 김치도 먹고 냉면도 먹고 개고기도 즐겨 먹는다. 나는 연길에서 택시를 탈 때마다 운전기사에게 물어봤다. 조선어를 할 줄 아느냐는 내 질문에 한족 운전기사의 경우, 할 줄 안다는 대답은 거의 없었다. 그러나 김치를 먹느냐, 냉면을 먹느냐, 개고기를 먹느냐란 다른 질문에는 거의 전부 '먹는다. 맛있다' 라고 대답했다.

식생활문화에 있어서는 조선족과 한족은 서로 영향을 주고받고 있는 것 같다. 한족들은 김치·냉면·개고기 등 조선족 음식을 즐겨 먹고 조선족들도 돼지고기와 야채볶음 등 기름기 많은 음식이나 물만두 등을 잘 먹는다. 이렇게 두 가지 문화가 융합하는 연변 음식문화는 독특한 매력을 지니고 있다.

그러나 현재 연변조선족들 중에는 조선족 사회의 미래에 위기의식을 갖고 있는 사람들도 많다.

그들이 우려하는 것은 연변 내 조선족 인구비율의 저하현상이다. 1999년 현재 연변조선족자치주에서 조선족이 전체인구에서 차지하는 비율은 약 39%이지만 한족은 약 58%를 차지하고 있다. 자치주 설립 당시에는 조선족 비율이 약 62%, 한족 비율은 약 36%였는데 지금은 그 비율이 완전히 거꾸로 되었다.

그리고 출생률의 저하를 우려하는 목소리도 크다. 중국은 현재 인구억제 정책에 따라 아이를 하나밖에 낳을 수 없지만 소수민족들은 2명까지 낳을 수 있다. 그러나 최근 조선족사회에선 아이를 하나만 낳으면 된다는 풍조가 지배적이다. 그것은 자녀 양육비 문제나 조선족 여성들의 사회활동 범위의 확대 등 여러 원인에 의한 것인데 내가 아는 조선족 30대~40대 가정을 봐도 거의 아이 하나밖에 갖지 않고 있었다.

그리고 연변을 떠나 중국 각지의 대도시로 이주하는 사람들이나 유학을 가거나 이른바 노무수출(勞務輸出)로 해외로 나가는 사람들도 해마다 늘어나고 있다. 이러한 추세를 반영해서 1996년부터는 인구비율뿐만 아니라 인구 자체도 감소세를 계속하고 있다.

연변대학 일본어학과는 원래 일본어 교원을 육성하는 목적으로 설치되었다. 그래서 지금도 학생들은 4학년이 되면 자기 모교를 찾아 교육실습생으로 중학생·고등학생들을 가르친다. 그러나 그들이 졸업한 후 중학교·고등학교에서 봉직하는 경우는 극히 소수이다. 즉 그들의 대부분에게는 그 교육실습이 최초이자 최후의 교원생활이 된다는 것이다. 학생들의 교원 기피현상은 경제적 이유에 의한 것이다.

현재 중국에서 중학교, 고등학교 교원 봉급은 높지 않다. 개혁·개방바람이 강하게 부는 중국에서 청도(靑島), 북경(北京), 상해(上海) 등 대도시에 가면 교원으로 받는 봉급보다 훨씬 많은 봉급을 받을 수 있기 때문에 졸업생들은 대부분 대도시를 향한다. 그리고 일본으로 유학을 가려고 하는 학생들도 눈에 띄게 많아지고 있다.

졸업 후 모 외국계 기업에 취직한 한 졸업생은 다음과 같이 말했다.

"저는 원래 중학교에서 일본어 선생을 하고 싶었거든요. 하지만 월급이 너무 적습니다. 우리집 형편이 별로 좋지 않아서 저는 돈을 벌어야 합니다. 그래서 지금 근무하는 회사에 취직했어요."

우수한 인재가 교육현장이 아니라 기업으로만 흘러나가는 것은 교원으로서 너무나 안타까운 일이지만 나로서는 어쩔 수 없는 문제이기 때문에 그냥 그 추세를 지켜보고 있을 수밖에 없다.

많은 사람들이 우려하는 또 하나의 문제가 한족으로의 동화(同化)문제이다. 위에서 말한 바와 같이 지금 개혁·개방 바람에 따라 연변을 떠나서 중국 각 지방 대도시로 가려는 사람들이 많아지고 있는 상황이다. 연변을 떠나서 중국 각 도시에서 활동할 때 한어(漢語) 실력이 한족보다 떨어지는 조선족이 불리할 경우도 있다. 그래서 자녀를 한족학교로 보내는 부모들이 많아지고 있다. 그렇게 한족학교에 다니는 조선족 학생이 많아지면 그들은 점점 한족화되어버리지 않을까라고 걱정하는 의견도 적잖다.

동화문제를 우려하는 사람들은 한족화만을 걱정하는 것이 아니다. 한 교육관계자는 다음과 같이 말하고 있다.

"연변 고유의 문화가 점점 없어지지 않을까 걱정이 됩니다.

한편으로는 한족으로의 동화가 진행하고 또 한편으로는 한국으로의 동화가 일어나고 있는 것 같아요."

연변과 한국의 경제적 교류, 인적 교류의 활성화에 따라 한국 대중문화가 연변에 큰 영향을 미치고 있는 것은 틀림없는 사실이다. 대중가요, TV드라마, 옷차림 등 한국의 유행물은 그대로 연변으로 흘러온다. 료령성(遼寧省) 출신인 한 조선족 젊은이는 연변 조선족들에 대해 이렇게 비판했다.

"저는 연변에 와서 억지로 한국어식으로 말하려고 하는 사람들 모습을 봤는데 그것은 정말로 보기 싫었습니다."

그러나 내가 만난 많은 조선족 학생들은 조선족으로서의 민족적 정체성과 중국인으로서의 국민적 정체성을 확고하게 갖고 있는 것 같았다. 그리고 한반도 문화와 한족문화가 융합한 독특한 조선족으로서의 생활문화를 가지고 있었다.

많은 학생들은 할 수 있으면 조선족끼리 결혼하는 것이 좋다고 생각하고 있다. 그리고 장래 만약 한어(漢語)를 익히기 위해 자녀를 한족학교에 보낼 경우에도 초등학교는 조선족학교에 보내고 중학교부터 한족학교에 보내고 싶다고 생각하는 사람들이 많다는 사실은 그들의 확실한 민족적 정체성을 보여주는 일례이다.

한편 그들에게 "중국과 한국의 국제축구경기를 보면서 어느쪽을 응원하니?"라고 물어보면 주저없이 다음과 같은 대답이 나온다.

"그야 당연히 중국이죠."

조선족 학생들 대부분은 추석 때 한족(漢族)의 습관인 월병

(月餠)을 먹는다. 추석에 고향에 가지 못해서 기숙사에 남아 있었던 학생들이 내 방으로 놀러왔을 때 자기들끼리 "너 월병 먹었어? 난 아직 안 먹었는데……"라고 이야기하는 모습을 본 나는 그 습관이 완전히 조선족의 생활에 정착된 것을 실감할 수 있었다. 그리고 학생들은 식당에서 기름을 많이 사용한 음식을 즐겨 먹는다. 그 습관도 한족의 영향을 받은 것이다.

하지만 그들은 김치나 된장국, 냉면, 개고기 등도 즐겨 먹고 정월 보름날에는 귀밝이술을 마시고 오곡밥을 먹는다.

이처럼 많은 연변조선족들은 두 가지 문화가 융합된 복합문화 속에서 나는 중국인이고 조선족이다 는 확고한 정체성을 가지고 생활한다는 것이다.

그런 그들이 만약 자녀를 한족학교에 보낼 경우에도 그들 집에서는 음식이나 연중행사 등 조선족의 생활문화를 확실히 전달할 것으로 추측된다. 그리고 아무리 한국 대중문화가 홍수처럼 유입되어도 그들은 국제 축구경기에서 여전히 중국을 응원할 것이다. 몇십 년 이어온 중국 조선족들의 문화, 그리고 연변조선족자치주의 문화는 강인한 힘을 내재하고 있다. 나는 내 제자들이 흔들리지 않고 지금의 정체성과 생활문화를 유지하고 그것을 후세로 전해준다면 조선족 사회의 미래는 결코 어둡지 않다고 생각한다. 확고한 정체성과 생활문화가 있으면 아무리 강력한 다른 문화의 힘이 작용할 경우에도 일방적인 동화는 일어나지 않을 것이다.

나의 은둔생활

2년에 걸친 연변에서의 생활도 드디어 끝날 때가 왔다. 2000년 9월 18일 아침 동료 선생님들과 학생들의 배웅을 받고 나는 연변대학을 출발했다. 대학 외사처(外事處)가 준비해 준 차로 나는 연길 공항으로 향했다.

공항까지 와주신 분들에게 "다시 연길로 꼭 오겠습니다"라고 작별인사를 한 나는 출발구로 들어갔다. 무거운 트렁크를 맡기고 다음 순서는 출국심사였다. 이제 떠나는구나……. 연길에서 만난 많은 사람들의 얼굴이 떠올랐다. 그분들과 언제 다시 만날 수 있을까…….

간단하게 끝날 것으로 생각했던 출국심사는 이상하게도 시간이 오래 걸렸다. 왜 그렇게 시간이 걸리는가? 비행기 출발시간도 얼마 남지 않았는데…….

출국심사관은 나에게 말했다.

"이 여권에는 선생님이 중국에 입국했다는 표시가 없는데 어떻게 된 것입니까?"

아, 그렇구나! 내가 2년 전에 서울에서 연길로 왔을 때 가지고 있었던 여권은 2000년 6월에 실효되었다. 지금 내가 심사관에게 보여준 여권은 약 3개월 전에 심양(沈陽) 일본영사관에 가서 새로 발급받은 것이었다. 그래서 나는 그 사정을 설명하고 주머니에서 외국인교원신분증을 꺼냈다.

"자, 여기 있습니다. 여기에 쓰여 있죠. 1998년 9월부터 지금까지 제가 연변대학에서 근무했다는 사실을 여기를 보시면 알 수 있죠?"

"네, 그러네요. 그러면 그 실효된 여권을 보여주세요."

나는 다시 주머니를 찾았다. 아차, 내 실수! 나는 어제 짐을 쌀 때 그 여권을 무심코 트렁크 안에 넣어버린 것이 생각났다. 나는 아까 맡긴 트렁크를 찾으려고 했지만 일단 맡긴 짐을 다시 찾는 데엔 의외로 시간이 걸렸다. 그 사이에 내가 탈 예정이었던 서울행 비행기는 이미 연길을 떠나버렸다.

할 수 없이 나는 다시 공항 로비에 나왔다. 큰 트렁크와 작은 가방 두 개를 들고 나는 밖으로 나가려고 했지만 그 짐을 혼자서 움직일 수 없었다. 결국 조금 전에 헤어진 일본어학과 권우(權宇) 주임에게 전화를 걸어서 도움을 요청해야 했다. 마지막까지 나는 권 선생님에게 많은 신세를 지고 말았다.

권우 선생님은 내가 연변대학 일본어학과에서 편하게 일을 할 수 있도록 2년간 여러 가지로 배려해 주셨다. 애주가이신 그분은 객지생활을 하는 노총각인 나를 딱하게 생각해서 수없이 술도 사주셨다. 깨끗하게 떠나지 못해서 권 선생님에게 번거로움을 끼쳐버린 것은 정말로 면목이 없었다.

다시 공항으로 오신 권 선생님과 외사처 허성우(許成禹) 과장과 함께 나는 다시 연길 시내로 돌아왔다. 아까 배웅해주신 분들에게 말한 약속이 이렇게 빨리 실현되리라고 생각하지는 않았는데…….

환불을 받고 다시 비행기표를 예약하려고 했는데 서울로 가는 직행편은 9월 21일까지 없었다. 장춘(長春)이나 심양(沈陽)을 거쳐서 서울로 가려면 하룻밤을 머물러야 하기 때문에 귀찮다. 나는 결국 21일까지 교원 숙소에서 기다리기로 했다.

쑥스러운 마음으로 다시 숙소 방으로 돌아온 나는 이틀 동안의 은둔생활을 시작했다. 숙소는 연변대학 정문 바로 옆에 있고 맞은편에는 학생 기숙사가 있기 때문에 나는 되도록 외출하지 않고 방 안에서 책을 읽거나 TV를 보면서 지냈다. 술은 한 방울도 마시지 않았다.

은둔생활이란 말을 쓰면 남북정상회담에서의 김정일 국방위원장의 농담이 기억나는 분들도 계실 것이다. 그때 김 위원장은 서양언론들이 자신을 은둔생활을 하는 것처럼 보도한다고 비꼬았는데 나는 설마 나 자신이 은둔생활을 하리라고는 생각도 하지 않았다. 하지만 그 은둔생활은 의외로 뜻깊은 시간이 되었다.

은둔생활의 이틀 동안 나는 연변에서 보낸 2년간을 차분하게 뒤돌아볼 수 있었다. 그리고 일본인 전쟁고아 출신 여성을 만날 수 있었다는 것도 귀중한 체험이었다. 한족(漢族) 양부모 밑에서 자랐다는 그 여성의 말을 나는 거의 알아들을 수 없었다. 한어(漢語) 실력이 형편없는 나는 교원숙소 종업원 동춘란(董春蘭)씨 통역 덕분에 그 여성과 이야기를 나눌 수 있었다. 친부모를 찾으러 10월에 일본에 갈 예정이라고 말한 그분은 내가 나온 신문기사(연길 시내에서 헌혈을 한 나에게 관심을 가진 〈연길만보(延吉晚報)〉란 〈한어(漢語)〉 신문사에서 취재온 적이 있었다. 그때 한족기자와 이야기할 때도 춘란씨가 통역을 해주었다. 그녀는 나의 믿음직한 한어통역관이었다)를 보고 일본인을 만나고 싶어서 일부러 내 숙소까지 찾아왔다는 것이었다.

연변을 비롯한 중국 동북지방에 수많은 일본인 전쟁고아 출신자들이 살고 있다는 사실을 나는 책이나 뉴스를 통해서 잘 알고 있었다. 하지만 연변에서 생활하는 2년간에 그들을 만날 기회를 얻을 수 없었다. 그래서 그 여성은 내가 처음으로 직접 만나서 이야기를 나눈 일본인 전쟁고아 출신자였다. 역사란 것은 과거의 일이 결코 아니라 현재에 연결되어 있고, 그리고 미래로 이어가는 것이란 사실을 나는 한국에서 만난 전쟁피해자들이나 연변조선족 노인들의 이야기를 통해서 느끼고 있었다. 그리고 나는 그 사실을 그 여성과 이야기하면서 다시 한 번 실감할 수 있었다.

만약 내가 문제없이 예정대로 연길을 떠났더라면 우리는 결코 만나지 못했을 것이다. 내 어리석은 실수가 오히려 나에게 귀중한 체험을 제공해 준 것이었다. 새옹지마(塞翁之馬)란 말을 나는 실감했다(물론 권 선생님과 외사처에 대한 미안한 마음은 가지면서……).

하지만 생활면에 있어서는 식료품을 사러 맞은편에 있는 상점에 갈 때마다 학생들에게 들킬까봐 조마조마했다. 그러다가 이튿날 아침 빵을 사러 숙소 대문 앞에 나간 나는 한 학생과 만나고 말았다.

"아, 선생님!"이라고 외친 그 학생을 건물 뒤로 데려간 나는 다른 학생들에게 절대로 말하지 말아달라고 부탁해서 다시 숙소로 돌아갔다. 역시 악사(惡事)는 들키는 법이다.

그 사건 외에는 별다른 문제없이 나는 은둔생활을 마쳤다. 9월 21일, 나는 이번에는 무사히 서울로 떠났다. 나와 연변의 관계를 더 깊게 만들어준, 짧았지만 뜻깊은 은둔생활을 회상하면서.

한국인 · 조센징 · 조선족　　　값 10,000원

2002년 6월 5일　초판 1쇄 발행

지은이　카세타니 토모오
펴낸이　윤　형　두
펴낸데　범　우　사

등 록　1966. 8. 3.　제 10 - 39호
121-130　서울시 마포구 구수동 21-1호
전 화　717-2121 · 2122/FAX 717-0429

＊ 파본은 교환해 드립니다.　　교정 · 편집/김길빈 · 김지선
ISBN 89-08-04226-1 03810　(홈페이지) http://www.bumwoosa.co.kr
　　　　　　　　　　　　　　(E-mail) bumwoosa@chollian.net

범우비평판 세계문학선

작가별 작품론을 함께 실어 만든

① 토마스 불핀치
- 1-1 그리스·로마 신화 최혁순 값 10,000원
- 1-2 원탁의 기사 한영환 값 10,000원
- 1-3 샤를마뉴 황제의 전설 이성규 값 8,000원

② 도스토예프스키
- 2-1.2 죄와 벌 (상)(하) 이철 (외대 교수) 각권 8,000원
- 2-3.4.5 카라마조프의 형제 (상)(중)(하)
  김학수 (전 고려대 교수) 각권 9,000원
- 2-6.7.8 백치 (상)(중)(하) 박형규 각권 7,000원
- 2-9.10,11 악령 (상)(중)(하) 이철 각권 9,000원

③ W. 셰익스피어
- 3-1 셰익스피어 4대 비극 이태주 (단국대 교수) 값 10,000원
- 3-2 셰익스피어 4대 희극 이태주 값 10,000원
- 3-3 셰익스피어 4대 사극 이태주 값 10,000원
- 3-4 셰익스피어 명언집 이태주 값 10,000원

④ 토마스 하디
- 4-1 테스 김회진 (서울시립대 교수) 값 10,000원

⑤ 호메로스
- 5-1 일리아스 유영 (연세대 명예교수) 값 9,000원
- 5-2 오디세이아 유영 값 8,000원

⑥ 밀턴
- 6-1 실낙원 이창배 (동국대 교수) 값 9,000원

⑦ L. 톨스토이
- 7-1.2 부활 (상)(하) 이철 (외대 교수) 각권 7,000원
- 7-3.4 안나 카레니나 (상)(하) 이철 각권 10,000원~12,000원
- 7-5.6.7.8 전쟁과 평화 1.2.3.4 박형규 각권 10,000원

⑧ 토마스 만
- 8-1 마의 산 (상) 홍경호 (한양대 교수) 값 9,000원
- 8-2 마의 산 (하) 홍경호 값 10,000원

⑨ 제임스 조이스
- 9-1 더블린 사람들 김종건 (고려대 교수) 값 10,000원
- 9-2.3.4.5 율리시즈 1.2.3.4 김종건 각권 10,000원
- 9-6 젊은 예술가의 초상 김종건 값 10,000원
- 9-7 피네간의 경야(抄)·詩·에피파니 김종건 값 10,000원

⑩ 생 텍쥐페리
- 10-1 전시 조종사 (외) 조규철 값 8,000원
- 10-2 젊은이의 편지 (외) 조규철·이정림 값 7,000원
- 10-3 인생의 의미 (외) 조규철 (외대 교수) 값 7,000원
- 10-4.5 성채 (상)(하) 염기용 값 8,000원
- 10-6 야간비행 (외) 전채린·신경자 값 8,000원

⑪ 단테
- 11-1.2 신곡 (상)(하) 최현 값 9,000원

⑫ J. W. 괴테
- 12-1.2 파우스트 (상)(하) 박환덕 값 7,000원

⑬ J. 오스틴
- 13-1 오만과 편견 오화섭 (전 연세대 교수) 값 9,000원

⑭ V. 위고
- 14-1.2.3.4.5 레 미제라블 1.2.3.4.5 방곤 각권 8,000원

⑮ 임어당
- 15-1 생활의 발견 김병철 값 12,000원

⑯ 루이제 린저
- 16-1 생의 한가운데 강두식 (전 서울대 교수) 값 7,000원

⑰ 게르만 서사시
- 17 니벨룽겐의 노래 허창운 (서울대 교수) 값 13,000원

출판 35년이 일궈낸 세계문학의 보고

대학입시생에게 논리적 사고를 길러주고 대학생에게는 사회진출의 길을 열어주며,
일반 독자에게는 생활의 지혜를 듬뿍 심어주는 문학시리즈로서
범우비평판은 이제 독자여러분의 서가에서 오랜 친구로 늘 함께 할 것입니다. (全冊 새로운 편집 · 장정 / 크라운변형판)

- ⑱ E. 헤밍웨이
  - 18-1 누구를 위하여 종은 울리나 김병철(중앙대 교수) 값 10,000원
  - 18-2 무기여 잘 있거라(외) 김병철 값 12,000원
- ⑲ F. 카프카
  - 19-1 성(城) 박환덕(서울대 교수) 값 10,000원
  - 19-2 변신 박환덕 값 10,000원
  - 19-3 심판 박환덕 값 8,000원
  - 19-4 실종자 박환덕 값 9,000원
- ⑳ 에밀리 브론테
  - 20-1 폭풍의 언덕 안동민 값 8,000원
- ㉑ 마가렛 미첼
  - 21-1.2.3 바람과 함께 사라지다(상)(중)(하) 송관식 · 이병규 각권 10,000원
- ㉒ 스탕달
  - 22-1 적과 흑 김붕구 값 10,000원
- ㉓ B. 파스테르나크
  - 23-1 닥터 지바고 오재국(전 육사교수) 값 10,000원
- ㉔ 마크 트웨인
  - 24-1 톰 소여의 모험 김병철 값 7,000원
  - 24-2 허클베리 핀의 모험 김병철 값 9,000원
  - 24-3.4 마크 트웨인 여행기(상)(하) 박미선 각권 10,000원
- ㉕ 조지 오웰
  - 25-1 동물농장 · 1984년 김회진 값 10,000원
- ㉖ 존 스타인벡
  - 26-1.2 분노의 포도(상)(하) 전형기 각권 7,000원
  - 26-3.4 에덴의 동쪽(상)(하) 이성호(한양대 교수) 각권 9,000~10,000원
- ㉗ 우나무노
  - 27-1 안개 김현창(서울대 교수) 값 6,000원
- ㉘ C. 브론테
  - 28-1.2 제인 에어(상)(하) 배영원 각권 8,000원
- ㉙ 헤르만 헤세
  - 29-1 知와 사랑 · 싯다르타 홍경호 값 9,000원
  - 29-2 데미안 · 크눌프 · 로스할데 홍경호 값 9,000원
  - 29-3 페터 카멘친트 · 게르트루트 박환덕(서울대 교수) 값 9,000원
  - 29-4 유리알 유희 박환덕 값 12,000원
- ㉚ 알베르 카뮈
  - 30-1 페스트 · 이방인 방 곤(경희수) 값 9,000원
- ㉛ 올더스 헉슬리
  - 31-1 멋진 신세계(외) 이성규 · 허정애 값 10,000원
- ㉜ 기 드 모파상
  - 32-1 여자의 일생 · 단편선 이정림 값 9,000원
- ㉝ 투르게네프
  - 33-1 아버지와 아들 이정림 값 9,000원
  - 33-2 처녀지 · 루딘 김학수 값 10,000원
- ㉞ 이미륵
  - 34-1 압록강은 흐른다(외) 정규화(성신여대 교수) 값 10,000원
- ㉟ T. 드라이저
  - 35-1 시스터 캐리 전형기(한양대 교수) 값 12,000원
  - 35-2.3 미국의 비극(상)(하) 김병철 각권 9,000원
- ㊱ 세르반떼스
  - 36-1 돈 끼호떼 김현창(서울대 교수) 값 12,000원
  - 36-2 (속)돈 끼호떼 김현창(서울대 교수) 값 13,000원
- ㊲ 나쓰메 소세키
  - 37-1 마음 · 그 후 서석연 값 12,000원
- ㊳ 플루타르코스
  - 38-1~8 플루타르크 영웅전 1~8 김병철 각권 8,000원
- ㊴ 안네 프랑크
  - 39-1 안네의 일기(외) 김남석 · 서석연(전 동국대 교수) 값 9,000원
- ㊵ 강용흘
  - 40-1 초당 장문평(문학평론가) 값 9,000원
  - 40-2 동양선비 서양에 가시다 유영(연세대 교수) 값 10,000원
- ㊶ 나관중
  - 41-1~5 원본 三國志 1~5 황병국(중국문학가) 값 10,000원
- ㊷ 귄터 그라스
  - 42-1 양철북 박환덕(서울대 교수) 값 10,000원
- ㊸ 아쿠타가와 류노스케
  - 43-1 아쿠타가와 작품선 진웅기 · 김진욱(번역문학가) 값 8,000원
- ㊹ F. 모리악
  - 44-1 떼레즈 데께루 · 밤의 종말(외) 전채린(충북대 교수) 값 8,000원
- ㊺ 에리히 M. 레마르크
  - 45-1 개선문 홍경호(한양대 교수 · 문학박사) 값 12,000원
  - 45-2 그늘진 낙원 홍경호 · 박상배(한양대 교수) 값 8,000원
  - 45-3 서부전선 이상없다(외) 박환덕(서울대 교수) 값 12,000원
- ㊻ 앙드레 말로
  - 46-1 희망 이가영(국민대 대우교수) 값 9,000원
- ㊼ A. J. 크로닌
  - 47-1 성채 공문혜(번역문학가) 값 9,000원
- ㊽ 하인리히 뵐
  - 48-1 아담 너는 어디 있었느냐(외) 홍경호(한양대 교수) 값 8,000원
- ㊾ 시몬느 드 보봐르
  - 49-1 타인의 피 전채린(충북대 교수) 값 8,000원
- ㊿ 보카치오
  - 50-1,2 데카메론(상)(하) 한형곤(외국어대 교수) 각권 11,000원

범우사
서울시 마포구 구수동 21-1호
TEL 717-2121, FAX 717-0429
http://www.bumwoosa.co.kr
(천리안 · 하이텔 ID) BUMWOOSA

범우희곡선

연극으로 느낄 수 없는 시나리오의
진한 카타르시스, 오랜 감동 …!

① **세일즈맨의 죽음** 아서 밀러/오화섭 옮김
고도로 발달된 산업사회에서 생겨난 물질 만능주의, 내적 갈등을
예리하게 파헤친 밀러의 대표작.

② **코카시아의 백묵원** 베르톨트 브레히트/이정길 옮김
동독의 극작가로서 현대극의 완성자라 불리는 브레히트의 시적·
서사적 대작.

③ **몰리에르 희곡선** 몰리에르/민희식 옮김
희극작가로 유명한 몰리에르의 작품 〈서민귀족〉, 〈스카팽의 간계〉,
〈상상병 환자〉를 모았다.

④ **간계와 사랑** 프리드리히 실러/이원양 옮김
괴테와 함께 고전주의의 쌍벽을 이루는 독일의 시인이며 극작가인
실러의 희곡.

⑤ **욕망이라는 이름의 전차** 테네시 윌리엄스/신정옥 옮김
미국 희곡의 금자탑, 극문학의 정점.
옛 추억과 이상 속에서 사는 삶과 비열한 삶의 대립.

⑥ **에쿠우스** 피터 셰퍼/신정옥 옮김
현실의 굴레와 원초적 욕망 사이에서 분열된 삶의 절규와
인간의 자유를 심도있게 표출.

⑦ **뜨거운 양철지붕 위의 고양이** 테네시 윌리엄스/오화섭 옮김
현대문명이 지닌 인간의 온갖 죄악과 부패와 비정상적 관계인
한 가족을 다룬 작품.

⑧ **유리동물원** 테네시 윌리엄스/신정옥 옮김
겨울안개처럼 슬픔의 빛깔과 가락만을 간직한 사람들이 엮어내는
환상의 추억극.

⑨ **빌헬름 텔** 프리드리히 실러/한기상 옮김
완전무결한 존재의 자유와 현실세계의 조화를 위해 투쟁하는 인간의 모습을
그린 작품.

⑩ **아마데우스** 피터 셰퍼/신정옥 옮김
인간의 원초적 감정의 실체를 날카롭게 파헤친 무대언어의 마술사
피터 셰퍼의 역작.

⑪ **탤리 가의 빈집(외)** 랜퍼드 윌슨/이영아 옮김
현대의 체호프라 불리는 윌슨의 대표적인 작품
〈탤리 가의 빈집〉과 〈토분 쌓는 사람들〉 수록.

⑫ **인형의 집** 헨리 입센/김진욱 옮김
개인과 가정과 사회의 관계 속에서 일어나는 갈등과 모순을
사실주의적으로 드러낸 입센의 회심작.

⑬ **산 불** 차범석 지음
민족사의 비극을 바탕으로 인간 본연의 삶과 사랑에 대한 갈증을
그려내고 있는 한국 리얼리즘 희곡의 걸작.

⑭ **황금연못** 어니스트 톰슨/최 현 옮김
노부부의 사랑과 신뢰, 죽음을 앞두고 겪는 인간적 갈등과
초월을 다룬 작품.

⑮ **민중의 적** 헨리 입센/김석만 옮김
지역 온천개발을 둘러싸고 투자인 지역주민들과
개발계획자들 간의 흥미있는 대립을 그린 입센의 대표 작품.

⑯ **태(외)** 오태석 지음
생의 근원적인 문제를 신화적, 우의적인 형태로 표현한 가장 한국적인 작품.

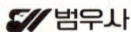 범우사

서울시 마포구 구수동 21-1호 TEL 717-2121, FAX 717-0429
http://www.bumwoosa.co.kr (천리안·하이텔 ID) BUMWOOSA